新・社会科学のためのデータ分析入門
導入編

DATA ANALYSIS FOR SOCIAL SCIENCE:
A FRIENDLY AND PRACTICAL INTRODUCTION

新 社会科学のための データ分析入門

導入編

エレーナ・ローデ Elena Llaudet
今井耕介 Kosuke Imai
訳＝原田勝孝 Masataka Harada

岩波書店

DATA ANALYSIS FOR SOCIAL SCIENCE:
A Friendly and Practical Introduction
by Elena Llaudet and Kosuke Imai
Copyright © 2023 by Princeton University Press

First published 2022 by Princeton University Press, Princeton.
This Japanese edition published 2025
by Iwanami Shoten, Publishers, Tokyo
by arrangement with Princeton University Press, Princeton
through The English Agency (Japan) Ltd., Tokyo.
No part of this book may be reproduced or transmitted in any form or by any means,
electronic or mechanical, including photocopying,
recording or by any information storage and retrieval system,
without permission in writing from the Publisher.

私の学生たちへ
エレーナ・ローデ

クリスティーナ，渓志，未咲へ
今井耕介

序　文

　本書を通じて，社会科学のためのデータ分析が誰にとっても身近なものになることを願っています。データから結論を導き出し，社会科学研究の長所と短所を評価できるということは，すべての人が身につけるべき重要なスキルです。このスキルは，データサイエンティストとしての仕事につながるだけでなく，社会が直面する重要な問題をよりよく理解し，それらに対処するのに役立ちます。

　この出版プロジェクトは，エレーナが耕介に，『社会科学のためのデータ分析入門（原題：*Quantitative Social Science*）』（プリンストン大学出版局，2017年，通称 QSS）で取り扱われている教材をより身近なものにするためにいくつかの提案をしたことから生まれました。本書では QSS と同様，出版された研究で用いられた現実世界のデータを分析しながら，社会科学のためのデータ分析の基本を学ぶことができます。しかし，本書は，統計学やコーディングの予備知識がなく，数学のバックグラウンドもほとんどない学生にも理解できるように，より少数の必須の概念に重点を置いています。私たちの目標は，データサイエンティストになるための障壁を低くし，計量社会科学研究の面白さをより広く共有することです。

　本書の制作にあたり，多くの方々が知識や才能を活かして協力してくださいました。まず何より，私たちの文章を推敲し，私たちのビジョンを実現するために数え切れないほどの時間を費やしてくれたキャサリン・サージェントに感謝します。彼女はプロジェクト開始当初からの欠かせない存在で，本書は彼女の細部へのこだわり，編集の専門知識，そして明るさによって大いに助けられてきました。また，フィードバックをくださったすべての方々，特に学生や，アーリーアダプター，レビューアーの方々に感謝します。なかでも，アリシア・クーパーマン，マイケル・デンリー，マックス・ゴープラウド，フロリアン・ホーレンバッハ，ジャスティン・レイナウィーバー，エミリー・マルティチ

ェンコ，ダビ・コーデイロ・モレイラ，レオニード・ピーサキン，シーラ・ショイアマン，タイラー・シムコ，ロバート・スミス，オマール・ワソウ，ヘヨン・ユーに感謝します。また，このプロジェクトに取り組むことを勧めてくれたプリンストン大学のエリック・クラハン，そして査読や制作プロセスをできるだけスムーズに進めてくれたブリジット・フラナリー＝マッコイとアレナ・チェカノフに感謝します。さらに，エレーナは，常にアドバイスとサポートを提供し，友情を育んでくれたハーバード大学のスティーブン・アンソラベヒア教授に特別な感謝を捧げたいと思います。

　最後に，このプロジェクトを通じて，ずっと愛と忍耐をもって支えてくれた家族と友人に感謝します。エレーナは，大西洋の反対側にいるにもかかわらず，いつも寄り添ってくれた母親のディディと兄弟のホルへに感謝します。また，友人たち，特にブルブル，バティスト，エミールには，この数年間，私を物心両面で支え，元気づけてくれたことに感謝します。耕介は，公私ともにすべてを可能にしてくれたクリスティーナとの一生涯のパートナーシップに感謝します。また，渓志と未咲には，パンデミックのときでさえ，家族で楽しい時を過ごすことができたことに感謝します。

2022 年 1 月
アメリカ合衆国マサチューセッツ州ケンブリッジにて
エレーナ・ローデ，今井耕介

目 次

序 文

1 イントロダクション ———————————————— 1

1.1 本書の概観 …………………………………………… 3
1.2 各章の概要 …………………………………………… 4
1.3 本書の使い方 ………………………………………… 5
1.4 なぜデータ分析を学ぶのか？ ……………………… 6
1.4.1 コードの学習　7
1.5 準 備 ………………………………………………… 8
（1）ファイルのダウンロードと保存　8
（2）RとRStudioのダウンロードとインストール　8
（3）RStudioを使いこなす　9
1.6 Rの紹介 ……………………………………………… 10
1.6.1 Rで計算をする　11
1.6.2 Rでオブジェクトを作成する　13
1.6.3 Rで関数を使ってみよう　16
1.7 データを読み込んで理解する ……………………… 20
（1）作業ディレクトリを設定する　21
（2）データセットを読み込む　22
（3）データを理解する　23
（4）収録された変数の種類を明らかにする　28
（5）観察数を明らかにする　29
1.8 平均値を計算し，解釈する ………………………… 30
1.8.1 データフレーム内の変数にアクセスする　30
1.8.2 平均値　31
1.9 まとめ ………………………………………………… 35

2 無作為化実験による因果効果の推定 —— 37

- 2.1 STAR プロジェクト …………………………………… 37
- 2.2 処置変数と結果変数 ……………………………………… 38
  - 2.2.1 処置変数 39
  - 2.2.2 結果変数 40
- 2.3 個別因果効果 ……………………………………………… 40
- 2.4 平均因果効果 ……………………………………………… 45
  - 2.4.1 無作為化実験と平均の差推定量 47
- 2.5 少人数学級は生徒の成績を向上させるか？ ………… 52
  - 2.5.1 R の関係演算子 53
  - 2.5.2 新しい変数の作成 55
  - 2.5.3 変数の部分集合化 57
- 2.6 まとめ …………………………………………………… 63

3 社会調査研究による母集団の特徴の推論 —— 65

- 3.1 英国における EU 国民投票について ………………… 65
- 3.2 社会調査研究 …………………………………………… 66
  - 3.2.1 無作為抽出 67
  - 3.2.2 潜在的な問題点 68
- 3.3 Brexit への支持の測定 ………………………………… 70
  - 3.3.1 国民投票の結果を予測する 73
  - 3.3.2 度数表 73
  - 3.3.3 比率表 74
- 3.4 Brexit を支持したのは誰？ …………………………… 75
  - 3.4.1 欠損データの処理 76
  - 3.4.2 二元度数表 81
  - 3.4.3 二元比率表 82
  - 3.4.4 ヒストグラム 85
  - 3.4.5 密度ヒストグラム 88

3.4.6　記述統計　93
3.5　英国全体における教育と離脱派票との関係 ……… 101
　　3.5.1　散布図　103
　　3.5.2　相　関　107
3.6　まとめ …………………………………………………… 115

4　線形回帰を用いた結果の予測 ——————————— 117

4.1　GDPと夜間光放射量 …………………………………… 117
4.2　予測変数，観察結果と予測結果，および予測誤差 …… 118
4.3　2つの変数の関係を直線で要約する ………………… 120
　　4.3.1　線形回帰モデル　121
　　4.3.2　切片の係数　124
　　4.3.3　傾きの係数　125
　　4.3.4　最小2乗法　127
4.4　過去のGDPを利用してGDPを予測する方法 ……… 129
　　4.4.1　GDPと過去のGDPの関係　131
　　4.4.2　自然対数変換　137
4.5　夜間光放射量を用いたGDP成長の予測 …………… 142
4.6　決定係数R^2を用いた
　　　モデルのデータ適合度の測定 ………………………… 146
　　4.6.1　本章の3つの予測モデルは
　　　　　　データにどの程度適合するのでしょうか？　149
4.7　まとめ …………………………………………………… 151
4.8　付録：対数-対数線形モデルの傾きの解釈 ………… 151

5　観察データによる因果効果の推定 ——————————— 155

5.1　ロシア国営テレビによる
　　　2014年ウクライナ情勢の報道 ……………………… 155
5.2　観察データによる因果効果推定における問題点 …… 156

- 5.2.1 交絡変数　157
- 5.2.2 なぜ交絡因子が問題なのか？　158
- 5.2.3 無作為化実験における交絡因子　161

5.3 ウクライナ人の投票行動に及ぼす
ロシア系テレビ放送の影響 …………………………………… 162
- 5.3.1 平均の差推定量を計算するための単回帰モデルの使用　164
- 5.3.2 重回帰モデルを用いた交絡因子の統制　172

5.4 ロシア系テレビ放送が
ウクライナの選挙結果に与えた影響 …………………………… 179
- 5.4.1 平均の差推定量を計算するための単回帰モデルの使用　182
- 5.4.2 重回帰モデルを用いた交絡因子の統制　185

5.5 内的妥当性と外的妥当性 …………………………………………… 187
- 5.5.1 無作為化実験と観察研究　187
- 5.5.2 無作為化の役割　188
- 5.5.3 本章の2つの因果分析はどの程度優れているのか？　189
- 5.5.4 第2章の因果分析は
どの程度優れていたのでしょうか？　190
- 5.5.5 決定係数 R^2　191

5.6 まとめ ………………………………………………………………… 191

6 確　率 ───────────────────── 193

6.1 確率とは何か？ ……………………………………………………… 193

6.2 確率の公理 …………………………………………………………… 194

6.3 事象，確率変数，および確率分布 ………………………………… 197

6.4 確率分布 ……………………………………………………………… 198
- 6.4.1 ベルヌーイ分布　198
- 6.4.2 正規分布　202
- 6.4.3 標準正規分布　208
- 6.4.4 おさらい　215

6.5 母集団のパラメーターと標本統計量の比較 ……………………… 216
- 6.5.1 大数の法則　217

6.5.2　中心極限定理　222
　　6.5.3　二値確率変数による例　225
　　6.5.4　標本平均の標本分布　228
6.6　まとめ ··· 229
6.7　付録：for ループ ··· 229

7　不確実性の数値化 ─────────────── 233
7.1　推定量と標本分布 ··· 233
7.2　信頼区間 ··· 240
　　7.2.1　標本平均の信頼区間　242
　　7.2.2　平均の差推定量の信頼区間　246
　　7.2.3　予測結果の信頼区間　250
7.3　仮説検定 ··· 254
　　7.3.1　平均の差推定量を用いた仮説検定　262
　　7.3.2　推定された回帰係数を用いた仮説検定　265
7.4　統計的有意性と科学的有意性 ································· 271
7.5　まとめ ··· 272

訳者あとがき ··· 273

事項索引　277
数学的表記索引　280
R と RStudio 索引　282

第 1 章
イントロダクション[1]

　本書は，社会科学のデータ分析を始める人にとって，とても親しみやすい入門書として執筆されました．計量社会科学研究の基本的な手法を，予備知識が全くないことを前提に，平易な言葉で解説しています．

　本書では，統計プログラム R を用いて現実世界のデータを分析し，さまざまな疑問に答える方法を順を追って説明します．その過程で，社会科学研究を実施し，評価するために必要な統計的概念とプログラミングスキルを学ぶことができます．また，分析の実行方法だけでなく，結果の解釈や分析の長所と潜在的な限界を見極める方法についても説明します．

　本書を通じて，データに基づいて関心のある数量を測定し，予測し，説明する方法を学ぶことができます．これらは，計量社会科学研究の 3 つの基本的な目標です（アウトライン 1.1 参照）．

　関心のある事柄を測定，予測，説明するかどうかを見極める作業は，常に分析の前に行うべきで，多くの場合，データ収集の前に行う必要があります．これから学ぶように，研究の目標によって，(i)どのデータをどのように収集する必要があるか，(ii)使用する統計手法，(iii)分析で何に注目するか，が決まります．本書を読み，それぞれの目標について詳しく学ぶと，その区別がより明確になります．ここでは，それらを簡単に概観します．

　母集団の特徴などの測定には，社会調査データ，つまり対象母集団より抽出した個々人からなる標本から収集された情報を用いることがよくあります．データを分析するために，平均値や中央値などのさまざまな記述統計量を計

---

[1] 本章で紹介する R 記号，演算子，関数は次のとおり：`+`, `-`, `*`, `/`, `<-`, `"`, `()`, `sqrt()`, `#`, `setwd()`, `read.csv()`, `View()`, `head()`, `dim()`, `$`, `mean()`．

アウトライン 1.1　計量社会科学研究の3つの目標

> **なぜ社会科学ではデータを分析するのでしょうか？**
>
> 社会科学では，次のような目的でデータを分析します：
> - 特定の政策に賛成する有権者の割合など，関心のある数量を**測定**します。
> - 次の選挙の当選者など，関心のある数量を**予測**します。
> - 私立学校に通うことが生徒のテストの点数に与える影響など，関心のある数量を**説明**します。

算したり，ヒストグラムや散布図などのグラフを作成したりすることがあります。結論の妥当性は，標本が対象母集団を代表しているかどうかにかかっています。例えば，ある政策に賛成する有権者の割合を測定する場合，調査対象となった有権者の標本が全有権者を代表していれば，結論は妥当です。

　関心のある数量を予測するために，私たちは通常，線形回帰モデルなどの統計モデルを用いて，予測変数と関心のある結果変数との間の関係を要約します。予測変数と結果変数の間の関連性が強ければ強いほど，通常，予測モデルはより優れたものになります。例えば，次期選挙の勝者候補を予測する場合，経済状況が現職政党の候補者の選挙結果と強く関連していれば，現在の失業率を予測変数として使用することができるかもしれません。

　ある結果に対する処置の因果効果の大きさに関心がある場合には，処置を受けた個人の集団が，全体として，受けなかった個人の集団と比較可能[2]である状況を見つけるか，作り出す必要があります。言い換えれば，私たちは，(i) 処置を受ける可能性と (ii) 結果変数の両方に影響する変数である，交絡変数[3]をすべて除去するか，統制する必要があるのです。例えば，私立学校への

---

2)　訳者注：本書における「比較可能」は英語 "comparable" の訳語で，分析対象の複数の群（集団，グループの意味の統計用語）が群間の結果の差を処置効果とみなせるような（何か別の原因がある可能性を考慮する必要がない）同質性を有するという意味です。どのような場合に「比較可能」とみなせるかは，データの種類や仮定によって異なり，本書全体で学ぶテーマの一つです。

3)　訳者注：交絡変数については 5.2.1 項で詳しく説明しています。

進学が生徒のテストの点数に与える因果効果を推定する場合，家族の裕福さが交絡変数になる可能性があります。裕福な家庭の生徒は私立学校に通う可能性が高く，また放課後に個人指導を受ける可能性も高いので，テストの点数にプラスの影響を与えるかもしれません。因果効果の有効な推定値を得るためには，無作為化実験を実施し，処置の割り当てを無作為に行うことで，すべての交絡変数を排除することができます。この例では，どの生徒が私立学校に通い，どの生徒が通わないかを決めるために，くじ引きを使うことでこれを実現することになります。あるいは，無作為化実験ができず，代わりに観察データに頼る必要がある場合，家族の裕福さなどの交絡変数をすべて統制する統計的手法が必要です。そうでなければ，私立学校と公立学校の生徒の間のテストの平均点の差のうち，どの部分が通学している学校の種類による結果で，どの部分が家庭環境による結果なのかがわからなくなるのです。

1.1 ● 本書の概観

本書は，7つの章から構成されています。

第1章は導入の章であり，これから行うデータ分析の基礎となります。

第2章から第5章では，それぞれ1つか2つの出版された社会科学分野の研究を紹介します。これらの章では，現実世界のデータセットを分析し，さまざまな種類の重要な問いに答える方法を紹介します。具体的には，関心のある数量を測定し，予測し，説明するためのいくつかの定量的な方法の使い方について学びます（各章が計量社会科学研究の3つの目標にどのように関連しているかについては，アウトライン1.2を参照してください）。

アウトライン1.2のように，第2章と第5章はいずれも説明，すなわち因果推論について書かれています。これらの章は，異なる種類のデータを使って因果関係を推定する方法を教えてくれます。これらは方法が異なるため，別々の章に分けられています。

本書は，単純な方法からより複雑な方法へと進んでいきます。第2章では，無作為化実験のデータを用いて因果効果を推定する方法を解説します。第3章は測定についての章で，調査回答者の標本から母集団全体の特徴を推論する

アウトライン 1.2　各章と計量社会科学研究の 3 つの目標との関連性を示す本書の構成

本書の構成

章	目標
1. イントロダクション	
2. 無作為化実験による因果効果の推定	説明
3. 社会調査研究による母集団の特徴の推論	測定
4. 線形回帰を用いた結果の予測	予測
5. 観察データによる因果効果の推定	説明
6. 確率	
7. 不確実性の数値化	説明・測定・予測

方法を学びます．第 4 章は予測についての章で，単回帰分析の使い方を示しています．第 5 章では，観察データを用いて因果効果を推定する方法を示しており，本書で見る中で最も複雑な手法である重回帰分析を学ぶことができます．

第 6 章では，確率の基礎について解説し，第 7 章では，経験的知見の不確実性を数値化することによって，第 2 章から第 5 章までのいくつかの分析を締めくくります．各章のより詳細な説明は次のとおりです．

1.2 ● 各章の概要

この導入の章では，なぜデータ分析が社会科学者に必要なスキルなのかを説明します．また，コンピュータの準備の仕方を説明し，使用するプログラムである RStudio と R に慣れていきます．そして，データの読み込みと解釈の仕方を学び，平均値の計算と解釈方法を演習します．

第 2 章では，無作為化実験のデータを用いて因果効果を推定する方法を定義し，学びます．その例として，米国の教育政策研究において最大規模の実験の一つである STAR プロジェクトのデータを分析し，少人数学級に通ったことが生徒の成績を向上させるかどうかを検証します．

第 3 章では，社会調査研究により母集団の特徴を測定します．さらに，単

一変数の分布や，2つの変数の関係を可視化し，要約する方法についても学びます。これらの概念を説明するために，Brexit として一般に知られている，英国の EU 離脱をめぐる 2016 年の国民投票に関連するデータを分析します。

第 4 章では，単回帰モデルを用いて結果を予測する方法について学びます。練習として，170 カ国のデータを分析し，宇宙から測定した夜間光放射量を用いて国内総生産(GDP)の成長を予測します。

第 5 章では，因果効果の推定に戻りますが，今度は観察データを使用します。交絡変数を定義し，その存在が因果効果の推定をいかに複雑にするかを検証し，これらの変数がもたらす潜在的なバイアスを軽減するのに役立つ重回帰モデルの使用方法を学びます。これがどのように役立つのかを順を追って説明するために，2014 年のウクライナ議会選挙におけるロシア系テレビ放送受信の影響を推定します。その中で，内的妥当性と外的妥当性という概念を紹介します。そして，無作為化実験と観察研究の長所と短所を論じます。

第 6 章では，データ分析から離れ，確率の基本を学びます。確率変数とその分布，母集団のパラメーターと標本の統計量の区別を学びます。そして，統計的不確実性を測定するための 2 つの大標本定理について説明します。

第 7 章では，これまでの章で学んだことをすべて活用し，母集団における結論を導き出すために，経験的知見の不確実性を数値化する方法を示します。特に，(i)母集団に関する推論，(ii)予測，(iii)因果効果の推定における不確実性を数値化する方法を示します。実際の例として，第 2 章から第 5 章で始めたいくつかの分析を締めくくります。

1.3 ● 本書の使い方

本書は，従来のデータ分析の教科書とは異なります。さまざまな数学やプログラミングのバックグラウンドを持つ読者に対応できることを意図してデザインされています。

本文にはすべての読者を対象とした基本的な教材とコードが掲載されますが，**公式の詳細**と名づけられたパートでは，より高度な内容を含みます。明確に区別されているので，先を急ぐ読者は読み飛ばしてください。

脚注や余白には，さまざまな種類の注釈や図があり，それぞれ目的が異なります。

- 各章の冒頭の脚注には，これから紹介する R 関数，記号，演算子を掲載しています。このリストに目を通すことで，何が取り上げられるかを知ることができます（例えば，最初のページにある本章のリストでは，コードを常に青色で表示しています）。
- ヒント には，追加説明，よくある質問に対する回答，最善の実施方法，おすすめの方法などの補足情報が含まれています。
- 再確認 は，本書の中で言及されている関連情報を思い出させるものです。このリマインダーは，学期中などに一度に数ページしか読まない場合に特に役立ちます。
- 本文中に紺色の太字で表示されている中心的概念を説明する文章には，下線を引いてあります。
- R の 関数 ， 記号 ， 演算子 について，初めて登場するものは，脚注にその仕組みと例を示して解説しています。

中心的概念と R の関数，記号，演算子を復習するのに役立つクイックガイドや補遺，難易度別に分類された章ごとの補足演習や講義用スライドは，https://iwnm.jp/061677 や https://press.princeton.edu/dss から入手可能です。

最後に，巻末には，概念，数学的表記，R 関連トピックの 3 つに分けて索引を設けています。

1.4 ● なぜデータ分析を学ぶのか？

社会科学者として，遅かれ早かれ，(i) 関心のある特定の母集団の特徴を測定する，(ii) 予測を行う，(iii) 原因と結果の関係に基づいた決定を行う，または評価するために，データに頼る必要が出てくるでしょう。ある政策に賛成しているのは，母集団の何パーセントなのだろう？ 今度の選挙で最も勝ちそうな候補者は誰だろう？ 経済成長を促進するために，ある政策を実施すべきだろうか？ このような質問には，自分でデータを分析するか，他の人のデータ

分析を理解し評価することで，答えられるようにしたいものです。

社会科学者になるつもりがなくても，データを分析する方法や，優れた計量的研究とそうでないものを見分ける方法を知っていると役に立ちます。これらは非常に市場価値の高いスキルです。近年のコンピュータ性能の向上とデータの急増により，官民を問わず意思決定者に情報を提供できるデータアナリストの需要が高まっています。

本書を読み進めることで身につく分析スキルは，投票する候補者の選択から，労働生産性を高める最善の方法の決定まで，日常の意思決定の改善に役立てることもできます。おそらく最も重要なことは，さまざまな計量的手法の長所と限界を学ぶことで，データからの誤った推論に基づく議論に対して耐性がつくことでしょう。ビッグデータ時代には，たとえ自身が熟練した研究者でなくとも，計量的研究に精通した消費者になることで利益を得ることができるのです。

1.4.1 コードの学習

データを分析するために，私たちはコードを書いて実行します。コードには，コンピュータが実行できる命令が含まれています。これらの命令は，特定のプログラミング言語で書かれた，明確に定義された処理の一連の手順で構成されています。本書では，多くのデータ分析者が使用するプログラミング言語であるRでコードを記述します。

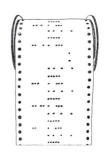

コーディングをしたことがない方でも心配ありません。コードを学ぶことは，思っているほど難しいことではありません。楽しいとさえ感じるかもしれません。1944年，米国で初めてプログラム可能なコンピュータが作られたとき，高度な訓練を受けた数学者だけがコーディングをすることができました。当時のコーディングは，機械が読み取ることのできる特殊な手順で紙テープに穴を打ち込む必要がありました（このテープがどのようなものであったかは，上に描かれているものをご覧ください）。今では，コンピュータと少しの空き時間，そして少しの忍耐力があれば，誰でもコーディング

の仕方を学ぶことができます。

1.5 ● 準　備

本書での分析を行うには，まず必要なファイルとプログラムをダウンロードし，インストールする必要があります。また，本書で使用するソフトウェアである RStudio にも慣れておく必要があります。

(1)　ファイルのダウンロードと保存

使用するファイルはすべて，https://press.princeton.edu/dss で入手できる DSS というフォルダに入っています。簡単にアクセスできるように，このフォルダをデスクトップに保存しておくことをお勧めします。本書で使用するコードは，デスクトップにこの DSS フォルダがあることを想定しています[4]。このフォルダを他の場所に保存する場合，コードに必要な変更を加えるための手順も説明します。

(2)　R と RStudio のダウンロードとインストール

R と RStudio という 2 つのプログラムを使用します[5]。R は統計プログラムであり，計算を行い，グラフィックを作成するためのソフトウェア（エンジン）です。RStudio は，R とやり取りするためのユーザーフレンドリーなソフトウェア（インターフェイス）です。R を直接使うこともできますが，RStudio を使用することで，コードの記述と実行がより簡単になります。

R を統計プログラムとして使用する理由は，R が無料で，オープンソース（誰でも基本的なコードを見ることができ，それを改良できる）であり，強力で，柔軟性があるからです。また，R は多くの人に利用されています。実際，

---

4)　**ヒント**　デフォルトでは，あなたのコンピュータは，おそらく「ダウンロード」フォルダに DSS フォルダを保存します。移動するには，コピーして貼り付けるか，新しい場所にドラッグします。

5)　残念ながら，これらのプログラムは，Linux，Mac，および Windows オペレーティングシステムとしか互換性がありません。タブレット端末やスマートフォンで利用することはできません。本書では，この 2 つのプログラムを Mac または Windows コンピュータで使用するための手順を説明します。

R をダウンロードしてインストールするには，`https://cran.r-project.org` にアクセスし，使用するオペレーティングシステムに合ったリンクを選択し，指示に従ってください．

RStudio をダウンロードしてインストールするには，`https://posit.co/downloads` にアクセスし，RStudio を選択，使用するオペレーティングシステムに合ったリンクを選択し，指示に従ってください．

最近では多くの仕事で R の知識が必要とされています．

(3) RStudio を使いこなす

データ分析のために，私たちはいつも RStudio を使って R を操作します．ここでは，RStudio のレイアウトについて説明します．

両方のプログラムをインストールした後，RStudio を起動します．RStudio の中で，新しい R スクリプトを開いてください[6]．

新しい R スクリプトを開くと，RStudio の画面は図 1.1 のように表示されます．

- 左上のウィンドウは **R スクリプト**で，ここでコードを書き，R に命令を出して実行します．
- 左下のウィンドウは **R コンソール**で，R によって問題なく実行されたコードの結果(出力)やエラーメッセージが表示されます．
- 右上のウィンドウは，現在の R セッションの保存場所である**環境**です．このウィンドウには，作成したすべてのオブジェクトがリストアップされています(オブジェクトとは何か，環境がどのように機能するかを示す例については，この後すぐ説明します)．

---

[6] **ヒント** 新しい R スクリプトを開くには，RStudio のドロップダウンメニューで，File > New File > R Script をクリックします．新しい "Untitled1" ファイルが開かれます．このタイプのファイルの拡張子は ".R" で，そのため R スクリプトは R ファイルとも呼ばれます．

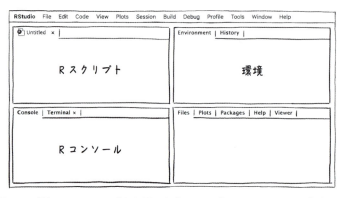

図1.1 新しいRスクリプトを開いた後のRStudioのレイアウト。左上のウィンドウがRスクリプトです。左下のウィンドウは，Rコンソールです。右上のウィンドウは，Rセッションの環境です。プロットタブおよびヘルプタブは右下のウィンドウに表示されます。

- 右下のウィンドウには**ヘルプタブ**と**プロットタブ**があり，これらは後で使い方を学びます。

1.6 ● Rの紹介

Rを使うには，Rプログラミング言語を学ぶ必要があります(Rは統計プログラムとプログラミング言語の両方の名前です)。プログラミング言語を学ぶことは，外国語を学ぶようなものです。簡単なことではありませんし，多くの練習と忍耐が必要です。本書で紹介する練習問題は，Rでコードを書くことを学ぶのに役立ちますので，ぜひ取り組んでみてください。練習がすべてです！

それでは始めましょう。Rはいろいろなことに利用できます。私たちの場合は，Rを(i)計算機として使う，(ii) Rがデータを保存する方法であるオブジェクトを作成する，(iii)関数を使ってデータを処理する，といった使い方をすることになります。

統計プログラム R を使って，以下のことを行います：

(i) 計算をする
(ii) オブジェクトを作成する
(iii) 関数を使用する

1.6.1 R で計算をする

R を計算機として使用することができます。R は，加算(+)，減算(-)，乗算(*)，除算(/)のほか，より複雑な数学的演算を行うことが可能です[7]。例えば，1+3 の計算を R に要求するコードは，以下のようになります：

```
1 + 3
```

このコードやその他のコードを実行するには，まず R スクリプト(RStudio の左上のウィンドウ)にコードを入力します。次に，実行したい部分をハイライトし，(a)手動で実行(Run)アイコンを押すか，(b) Mac では *command +enter*，Windows では *ctrl+enter* のショートカットを使用します。実行したコードの結果は，R コンソール(RStudio の左下のウィンドウ)に表示されます(R コンソールに直接コードを入力してエンターキーを押すこともできますが，その方法は避けた方がよいでしょう。コードを保存し，再実行し，微調整し，拡張し，共有できるように，R スクリプトを通してコードを実行することをお勧めします)。

上のコードを実行すると，R コンソールに次のように表示されるはずです。まず，実行されたコードが青で表示され，R が問題なく実行できたことが示され，次に黒で表示された出力が表示されるはずです。この場合，出力されるのは：

---

7) **演算子** R が認識する算術演算子の例として，+, -, *, / があります。例：(4 - 1 + 3) * (2 / 3)。

4

確かに，1+3 = 4 です。

いいですね！ たった今，Rスクリプトで最初のコードを書き，実行することができました。Rスクリプトにコードを記述すると，RStudio はファイル名を赤で表示します。これは，未保存の変更があることを気づかせるためのものです。ファイルを保存すると，ファイル名は黒に戻ります[8]。

本書では，R コンソールに表示されるはずの出力を，それを生成するコードのすぐ後に表示しています。コードと出力を区別するために，出力を行頭の ## という記号で表示します。例えば，上記のコードと出力を以下のように表示します[9]：

```
1 + 3
## [1] 4
```

青色で示された最初の行は，Rスクリプトに入力され実行されるコードです。2 行目は ## で始まりますが，コードを実行した後に R コンソールに表示される内容を表します。

4 の前の角括弧の中の数字は何を意味するのでしょうか？ これは，そのすぐ右側にある出力の位置を示しています。この例では，[1] は 4 が実行したコードの最初の出力であることを示しています。この章の後半で，複数の出力を生成するコードの例を見れば，この仕組みがどのように機能するのか明らかになるでしょう。

---

[8] **ヒント** R スクリプトに加えた変更を保存するには，(a) Mac では *command+S*，Windows では *ctrl+S* のショートカットを使用するか，(b) ドロップダウンメニューで File > Save または Save As... をクリックします。

[9] **ヒント** 演算子の前後にスペースを入れると，コードが読みやすくなります。R はこれらのスペースを無視します。例：1+3 は，1 + 3 と同じ出力になります。

1.6.2　Rでオブジェクトを作成する

データを操作して分析するためには，データセットを読み込んで保存する必要があります．Rは情報をオブジェクトと呼ばれるものに格納するため，Rでオブジェクトを作成する方法を学ぶ必要があります．

オブジェクトとは，何でも入れることのできる箱のようなものだと考えてください．必要なのは，オブジェクトを参照し中身を指定できるように，名前を付けることだけです．

Rでオブジェクトを作成するには，割り当て演算子 <- を使用します[10]．

- 割り当て演算子の左側には，オブジェクトに付けたい名前を指定します．この名前は，数字で始まったり，スペースや，$ や % といった他の目的のために確保されている特別な記号を含んだりしない限り，どのようなものでも指定できます．アンダースコア _ は使用でき，スペースの代わりとして使えます．
- 割り当て演算子の右側には，オブジェクトの内容，つまり，保存したいデータを指定します．

> **オブジェクトを作成する**：Rでデータをオブジェクトとして保存するには，次のような形式でコードを実行します：
>
> $$object\_name <- object\_contents$$
>
> ここで：
> - *object_name* はオブジェクトに付けたい名前です．
> - <- は割り当て演算子で，名前に内容を割り当ててオブジェクトを作成します．

---

[10]　**演算子**　<- は割り当て演算子です．Rに新しいオブジェクトを作成します（ただし，同じ名前のオブジェクトがすでに存在する場合は，Rがその内容を上書きします）．割り当て演算子の左側にオブジェクトの名前（引用符なし）を指定し，その右側にオブジェクトの内容を指定します．例：four <- 4．

> - `object_contents` はオブジェクトに格納したいデータです。

例えば，1+3 という計算の出力を含む four というオブジェクトを作りたい場合，次のように実行します[11]：

```
four <- 1 + 3
```

上のコードを実行した後，オブジェクトが環境（RStudio の右上のウィンドウ）に表示されることに注意してください。前述したように，環境は現在の R セッションの保存場所です。ここには，作成したオブジェクトや使用可能なオブジェクトが表示されます[12]。

オブジェクト four の内容を知りたい場合は，R スクリプトにオブジェクトの名前を入力して実行します。すると，その中身が R コンソールに表示されます。これは，R に，four というオブジェクトの中身は何ですか，と尋ねるのと同じことです：

```
four
## [1] 4
```

当然ながら，オブジェクト four には数字の 4 が含まれています。

オブジェクトは数字だけでなく，テキストも含むことができます。例えば，"hi" というテキストを含む hello というオブジェクトを作るには，次のように実行します：

```
hello <- "hi"
```

---

11) **ヒント** `four <- 4` と実行しても同じことができます。
12) **ヒント** RStudio は，プログラムを終了するまで，同じ R セッションで作業を継続します。終了する際，R は，R セッション中に作成したすべてのオブジェクトを含む作業スペースのイメージを保存するかどうかを尋ねます。私たちは，保存しないことをお勧めします。もし，これらのオブジェクトを使って作業を続ける必要がある場合は，コードを再実行することによって，いつでもオブジェクトを再作成することができます。

上記のコードを実行した後，環境には *four* と *hello* という2つのオブジェクトが含まれているはずです。

ここでいったん立ち止まり，Rについて重要なことを学びましょう。上のコードを見てください。なぜ，オブジェクトの中身 `"hi"` には引用符を使い，オブジェクトの名前 `hello` には使わないのでしょうか？ 言い換えれば，Rでコーディングするとき，どのような場合に引用符 `"` を使うのでしょうか？ ルールはこうです。コードを書くとき，オブジェクトの名前，関数の名前，引数の名前，そして TRUE，FALSE，NA，NULL などの特殊な値は引用符で囲んではいけません（次項では，関数と引数が何を意味するのかを見ていきます。TRUE と FALSE の意味と使い方は第2章で，NA と NULL は第3章で学びます）[13]。

もし，上のコードを *hi* の前後に引用符を付けずに実行したら，どうなっていたでしょうか？ 試してみましょう：

```
hello <- hi
## エラー：オブジェクト 'hi' がありません
```

Rコンソールに，"エラー：オブジェクト 'hi' がありません" という（赤色の）エラーメッセージが表示されるはずです。*hi* を引用符なしで入力することで，*hi* がオブジェクトの名前であることをRに伝えていることになります。環境には *hi* という名前のオブジェクトは存在しないので，Rはエラーメッセージを表示します。プログラミングのエラーは，コーディングのプロセスの一部です。エラーで落ち込まないようにしましょう[14]。

1つ注意点があります。新しいオブジェクトを作成するときに同じ名前を使うと，Rは古いオブジェクトを上書き（置換）してしまいます。例えば，次のよ

---

13) 記号 `"` について，コードを書くとき，オブジェクト名，関数名，引数名，そして TRUE，FALSE，NA，NULL のような特殊な値は引用符で囲むべきではありません。それ以外のテキストは引用符で囲んでください。例：`"this is just text"`，`object_name`。Rにテキストとして扱わせたい場合を除き，数値の前後に引用符を使わないでください。引用符で囲んだ場合，テキスト化された数値は，算術演算に使用することはできません。

14) ヒント 特定のエラーの意味がわからない場合は，Google で検索してください。多くのデータアナリストが Stack Overflow のような Q&A サイトに参加しており，このような場合に非常に役に立ちます。

うに実行してみてください：

```
hello <- "hi, nice to meet you"
```

環境にはまだ *four* と *hello* の2つのオブジェクトしかありません。しかし，*hello* には単に "hi" ではなく，"hi, nice to meet you" というテキストが入っていることがわかると思います。このことを確認するために，次のように実行します：

```
hello
## [1] "hi, nice to meet you"
```

また，Rは大文字と小文字を区別することに注意してください。*Hello* は *hello* とは全く別のオブジェクト名として扱われます。間違って *Hello* という名前を実行すると，Rはそのオブジェクトを見つけることができません。なぜなら，環境中に *Hello* という，先頭に大文字を持つオブジェクトが存在しないからです。この問題を避けるために，オブジェクトの名前を付けるときはすべて小文字にすることをお勧めします。

1.6.3 Rで関数を使ってみよう

最後に，Rを使ってデータをやり取りするには，関数を使用する必要があります。

関数とは，例えば4の平方根を計算するように，特定のデータに対してRに実行を要求する操作だと考えてください。関数は，数字4のような1つ以上の入力を受け取り，入力の平方根を計算するような1つ以上の操作を実行し，4の平方根をとった結果である数字の2のような1つ以上の出力を生成します。

> **R の関数**
>
> 入力を受け取ります。 → 入力を使って操作を実行します。 → 出力を生成します。

　本書では，R に自動的に読み込まれる，脚注に記載された関数の使い方を学びます[15]。いずれは，関数の名前，実行する操作，必要な入力，生成する出力も学びます。それまでの間に，関数について知っておくべき重要なことをいくつか挙げておきます[16]。

- 引用符なしの関数名の後には必ず括弧が付きます：関数名()。
- 括弧の中では，関数が使用する入力を指定し，それを引数と呼びます：関数名(引数)。
- ほとんどの関数では，少なくとも 1 つの引数を指定する必要がありますが，オプションで多くの引数をとることができます。括弧の中に複数の引数を指定する場合，それらはカンマで区切られます：関数名(引数 1, 引数 2)。
- 引数の種類を特定するには，引数を特定の順序で入力するか，引数の名前を(引用符なしで)指定します：関数名(引数 1, 引数 2) または 関数名(引数名 1=引数 1, 引数名 2=引数 2)[17]。
- 本書では，最も一般的な方法に従って記述しています。必須の引数は常に最初に指定します。必須の引数が複数ある場合は，R が求める順序で入力します。次に必要なオプション引数を指定し，R がそれらを解釈できるように，それらの名前を含めます：関数名(必須の引数, オプション引数名=

---

[15] 本書に登場する R 関数は次のとおり：sqrt(), setwd(), read.csv(), View(), head(), dim(), mean(), ifelse(), table(), prop.table(), na.omit(), hist(), median(), sd(), var(), plot(), abline(), cor(), lm(), log(), c(), sample(), rnorm(), pnorm(), print(), nrow(), predict(), abs(), summary()。

[16] **記号** 関数名の後には必ず括弧 () が付きます。括弧の中には，関数の引数を書きます。引数が 2 つ以上ある場合は，カンマで区切ります。例：関数名(引数 1, 引数 2)。

[17] **ヒント** 引数には，必須とオプションの 2 種類があります。必須の引数は，その関数を使用するために指定しなければならない入力です。オプションの引数は，関数のデフォルト設定を変更する場合に指定できる入力です。

オプション引数)。

> **R 関数の使用**：R で関数を使うには，通常，次の 2 つの形式のどちらかでコードを記述します：
>
> (a) 関数名(必須の引数)
>
> (b) 関数名(必須の引数, オプション引数名=オプション引数)
>
> ここで：
>
> - 関数名 は関数の名前です。例えば，"mean" は値の集合の平均を計算する関数の名前です。
> - 必須の引数 は，関数に必須の引数で，例えば，平均を計算したい値などが該当します。通常，必須の引数の名前は含めません。必須の引数を最初に入力し，もし複数ある場合は，R が求める順序で入力します。
> - , は，カンマで異なる引数を分けるために用います。
> - オプション引数名 は，例えば平均を計算する前に欠損値を除去するための引数など，使用したいオプション引数の名前です。
> - オプション引数 は，オプション引数に設定する値です。

次の章では，いくつかの複雑な R 関数を見ていきます。ここでは，簡単なものを見てみましょう。sqrt() という関数は「平方根(square root)」を意味し，括弧の中で指定された引数の平方根を計算します[18]。例えば，4 の平方根を計算するには，次のように実行します[19]：

```
sqrt(4)
## [1] 2
```

この場合，出力は数字の 2 です。また，オブジェクト *four* に数字の 4 が格納されているとすると，次のように実行することもできます：

---

[18] **関数** sqrt() は，括弧の中で指定された引数の平方根を計算します。例：sqrt(4)。

[19] **ヒント** ここで，関数名は sqrt で，他の関数名と同様に，その後に括弧 () が付いています。括弧の中には，必須の引数を指定する必要があり，この場合は 4 です。実行されたコードの出力は 2 です。実際，4 の平方根は 2 ですね。

```
sqrt(four)
## [1] 2
```

　Rはオブジェクト *four* を作成した後にのみ，上記のコードを実行することができることに注意してください．もし，新しいRセッションを開始し，オブジェクト *four* を最初に作成せずにこのコードを実行しようとすると，Rは環境内でオブジェクトを見つけることができず，エラーメッセージを表示します．これは，コードを順番に実行しなければならないことを述べているにすぎません．Rスクリプトの作業に戻るときは，ファイルの先頭から今作業している行までのすべてのコードを実行するのが良い方法です．

　（Rコンソールに直接書くのではなく）Rスクリプトを使ってコードを書くことの大きな利点の一つは，前に書いたコードを再び実行することで，いつでも結果を再現することができることです．Rスクリプトを使えば，何百行，何千行のコードを実行しなければならないような複雑な問題にも取り組むことができます．Rスクリプトにコードを保存しておく限り，そのコードを微調整し，拡張し続けることができるのです．Rスクリプトでコードを書くということは，自分の仕事を他の人と共有し，協力し合うことができるということでもあります．Rスクリプトにアクセスできる人なら誰でも，私たちの分析を再現することができます．そこで，次のトピックとして，コードに注釈(コメント)を付けることの重要性を説明します．

　コードに注釈を付けるのは良い習慣です．つまり，自分自身や共働者に，そのコードが何をするものかを説明する短いメモを付けるのです．そうすることで，コードが読みやすく，理解しやすくなります．Rスクリプトにコメントを書くには，#を使用します[20]．Rは，この文字に続く行末までのすべてを無視し，実行しません．例えば，以下のコードを実行すると，上のコードと全く同じ出力が得られます：

---

[20]　**記号** #は，コードをコメントするのに使われる文字です．Rは，この文字に続く行末までのすべてを無視します．例：# これはコメントです．

```
sqrt(four) # 4 の平方根を計算する
## [1] 2
```

この記号#が現れた時点で，R は行の残りの部分を読むのを停止しました。もし，コードの行頭にコメントが挿入されていれば，R は関数 sqrt() を実行しなかったでしょう。では，試してみましょう：

```
# 4 の平方根を計算する sqrt(four)
```

R は出力を生成しません。行が#で始まるため，その行はコメントとして扱われます。

RStudio によって，R スクリプトのコードが色分けされ，コードの記述と読み取りが容易になります。例えば，コメントは薄緑で表示され，実行可能なコードは黒，グレー，青，深緑で表示されます。この色分けに慣れることで，コードの誤りを発見しやすくなります(本書では，コードを表示する際に，実行コードを青色，コメントを黒色の 2 色のみで表示しています)。

1.7 ● データを読み込んで理解する

分析を始める前に，データセットを読み込む必要があります[21]。そして，各行の観察が何を表し，各変数が何を意味するかを理解しなければなりません。本節では，第 2 章の分析の準備として，STAR プロジェクト(Project Student-Teacher Achievement Ratio)からのデータを用いて，これらすべてをどのように行うのかを示します。STAR プロジェクトの目的は，少人数学級が生徒の成績に与える因果効果を調べることでした。STAR プロジェクトのデータを調べながら，変数とは何か，変数の内容からどのようにそれらの種類を区別するかを学びます。

---

[21] **ヒント** 新しい研究を始めるときは，間違えて以前の研究のオブジェクトを操作しないように，(a)新しい R セッションを開始する(Session > New Session)か，(b)環境からすべてのオブジェクトを削除する(Session > Clear Workspace... > Yes)ことをお勧めします。

読み進めるうちに，読者は新しい R スクリプトを作成し，コードを入力する練習をすることができます（前節で示した通り）[22]。また，"Introduction.R" ファイルを開くこともできます。このファイルには，本章の残りの部分で使用されるコードが含まれます。

データ分析を始める前に，以下の手順に従うことをお勧めします。

(1) 作業ディレクトリを設定する

データセットを読み込む前に，R に作業ディレクトリ，つまりデータの入ったフォルダの名前と場所を指示する必要があります。あなたが本節のこれまでのアドバイスに従っているならば，本書の演習に必要なファイルはすべてデスクトップの DSS フォルダにあるはずです。

作業ディレクトリを設定する最も簡単な方法は，まず R スクリプトをデータセットの入ったフォルダ（この場合は DSS フォルダ）に保存することです[23]。次に，ドロップダウンメニューを使用して，作業ディレクトリを手動で設定することができます。Session > Set Working Directory > To Source File Location（セッション > 作業ディレクトリの設定 > ソースファイルの場所）。最後のクリックの後，R コンソールに 1 行のコードが表示されます。新しい R セッションを開始し，DSS フォルダに保存されたデータセットで作業したい場合は，毎回，このコードを実行する必要があります。したがって，この行をコピーして，R スクリプトに最初の行として貼り付けるとよいでしょう。

作業ディレクトリを設定するコードとして，"set working directory" の略である関数 `setwd()` を使用します[24]。唯一の必須の引数は，フォルダのパスで，引用符で囲む必要があります。これは，パスが，オブジェクト名，関数名，引数名，TRUE, FALSE, NA, NULL などの特殊な値ではなく，テキストであ

---

22) **ヒント** 既存の R スクリプトを開くにはどうすればよいでしょうか？ RStudio のドロップダウンメニューで，File > Open File... をクリックし，開きたい ".R" ファイルをクリックします。
23) **ヒント** R スクリプトを DSS フォルダに保存するには，(a) File > Save As... をクリックして DSS フォルダを選択するか，または (b) 対応する ".R" ファイルを現在の位置から DSS フォルダに手動でドラッグします。
24) **関数** `setwd()` は作業ディレクトリを設定します。つまり，データセットが保存されるコンピュータ上のフォルダに R を誘導します。唯一の必須の引数は，引用符で囲まれたフォルダのパスです。例：Mac の場合は `setwd("~/Desktop/folder")`，Windows の場合は `setwd("C:/user/Desktop/folder")`（ここで *user* はあなた自身のユーザー名です）。

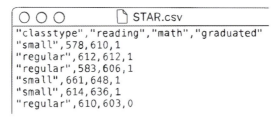

図 1.2 CSV ファイルは，カンマで区切られたデータで構成されます．

るためです．Mac か Windows かによって，パスは異なります．作業ディレクトリをデスクトップの DSS フォルダに設定するコードは，以下のいずれかに似ているはずです(*user* は自分のユーザー名)：

```
setwd("~/Desktop/DSS") # Mac 用 setwd() の例
setwd("C:/user/Desktop/DSS") # Windows の例
```

(2) データセットを読み込む

さて，データセットを読み込む準備が整いました．R はさまざまなデータ形式を読み込むことができます．本書では，データセットは常に CSV (Comma Separated Values)ファイルと呼ばれるカンマ区切りのファイルで提供されます[25]．CSV ファイルは，その名のとおり，カンマで区切られたデータで構成されています(CSV ファイルのイメージは図 1.2 参照)．

R で CSV ファイルの内容を読み込むには，関数 read.csv() を使用します[26]．この関数では，括弧の中に CSV ファイルの名前を引用符で囲んで指定する必要があります(CSV ファイル名はテキストであり，オブジェクト名，関数名，引数名，特殊値(TRUE，FALSE，NA，NULL など)ではないため，引用符で囲む必要があります)．

データセットを格納して後で分析できるようにするには，CSV ファイルを

---

25) **ヒント** CSV ファイルをダブルクリックしたくなる気持ちを抑えてください．CSV ファイルを直接開くと，誤ってデータを変更したり，紛失したりする危険性があります．
26) **関数** read.csv() は，CSV ファイルを読み込みます．必須の引数は CSV ファイル名(引用符で囲まれたもの)のみです．例：read.csv("*file.csv*")．

読み込むだけでなく，その内容をオブジェクトとして保存する必要があります．これを行うには，割り当て演算子 `<-` を使用します．先ほど見たように，割り当て演算子の左側にはオブジェクトの名前を指定し，右側には内容を指定します．この場合，CSV ファイルを `read.csv()` という関数を使って読み込むことで内容が生成されます．

ここでは，データセットは "STAR.csv" というファイルに入っており，データセットを格納するオブジェクトの名前を *star* にします．これらをまとめると，データセットを読み込んで格納するコードは次のようになります：

```
star <- read.csv("STAR.csv")   # データを読み込み，格納する
```

上記のコードを実行すると，環境(**RStudio** の右上のウィンドウ)にオブジェクトの名前である *star* が表示されるはずです．もし，R がエラーメッセージを出す場合は，(i) 作業ディレクトリを CSV ファイルが保存されているフォルダに設定したこと，(ii) コードで使用している CSV ファイルの名前が作業ディレクトリに保存されている CSV ファイルの名前と全く同じであること，(iii) 作業ディレクトリにある CSV ファイルの拡張子が確かに ".csv" であることを確認しましょう．

(3) データを理解する

データセットを理解するために，まずその中身を見ることから始めましょう．

データを見るには，R スクリプトにオブジェクトの名前である *star* を入力して実行することもできます．R は R コンソールにデータセットの全内容を表示しますが，データセットが小さくないと読みにくいかもしれません．

より良い方法は，関数 `View()` を使うことです[27]．この関数では，括弧の中

---

27) 関数 `View()` は，RStudio の左上ウィンドウに新しいタブを開き，データセットの内容を表示します．唯一の必須の引数は，データセットが格納されているオブジェクトの名前(引用符なし)です．例: `View(data)`．R は大文字と小文字を区別するので，この関数の名前は大文字の V で始まっていることに注意してください．幸いなことに，本書で紹介する関数の中で大文字を使うのはこれだけで，他はすべて小文字で書かれています．

	classtype	reading	math	graduated
1	small	578	610	1
2	regular	612	612	1
3	regular	583	606	1
4	small	661	648	1
5	small	614	636	1
6	regular	610	603	0

図 1.3 RStudio の左上のウィンドウに開いたタブには，(a) R スクリプトで View(star) を実行した結果，または(b)環境で *star* オブジェクトをクリックした結果の *star* データセットの全内容が表示されます(R スクリプトに戻るには，名前の横のグレーの×をクリックするか，R スクリプトタブをクリックして，このタブを閉じることができます)。

にデータセットが格納されているオブジェクトの名前(引用符は含まない)を指定する必要があります。あるいは，環境内のオブジェクト名を手動でクリックすることもできます。これらの操作により，RStudio の左上ウィンドウに新しいタブが開き，データセットがスプレッドシート形式で表示されます。そして，上下左右に自由にスクロールして，データを整理して見ることができます。図 1.3 に，実行した場合のデータの表示例を示します：

```
View(star) # 新しいタブを開き，データセットの内容を表示
```

時には，データの最初の数行だけを見ることができれば十分な場合もあります。そのためには，関数 head() を使います[28]。この関数では，括弧の中にデータセットが格納されているオブジェクトの名前(引用符なし)を指定する必要があります：

---

28) 関数 head() は，データセットの最初の 6 行または 6 つの観察の内容を表示します。唯一の必須の引数は，データセットが格納されているオブジェクトの名前(引用符なし)です。表示される観察の数を変えるには，オプションの引数 n を使います。例：head(*data*) は最初の 6 行を表示し，head(*data*, n=3) は最初の 3 行を表示します。出力では，最初の列は観察の位置を示し，最初の行は変数の名前を示します。

```
head(star) # 最初の 6 つの観察を表示
##   classtype reading math graduated
## 1     small     578  610         1
## 2   regular     612  612         1
## 3   regular     583  606         1
## 4     small     661  648         1
## 5     small     614  636         1
## 6   regular     610  603         0
```

デフォルトでは，関数 head() はデータの最初の 6 行を表示します．もし R に別の行数を表示させたい場合は，括弧の中にオプションの引数を指定します．特に，n という引数を指定し，R に表示させたい行数と同じになるように設定します．例えば，R で *star* の最初の 3 行を表示する場合，次のように実行します[29]：

```
head(star, n=3) # 最初の 3 行を表示する
##   classtype reading math graduated
## 1     small     578  610         1
## 2   regular     612  612         1
## 3   regular     583  606         1
```

データセット内のデータをどうやって理解すればいいのでしょうか？ データセットに共通する次のような特徴を知っておくと役に立つでしょう．

- データセットには，市民，組織，国など，特定の個人または団体の特徴が収められています．すぐにわかるように，このデータセットには，STAR プロジェクトに参加した生徒の情報が含まれています．
- データセットは通常，**データフレーム**(dataframes)として構成され，行は

---

[29] 再確認 R 関数では，複数の引数はカンマで区切り，引数名は引用符で囲んではいけません．これらの指示に従わないと，R がコードを実行できず，エラーメッセージが表示されてしまいます．

観察，列は変数となっています。
- ●**観察**（observation）とは？
    - ◎観察とは，研究において特定の個人または団体から収集された情報です。
    - ◎データセットの**観察単位**（unit of observation）とは，データフレーム内の各観察が表す個人または団体を定義するものです。STARデータセットでの観察単位は，生徒です。したがって，star データフレーム内のデータの各行は，研究における異なる生徒を表します。
    - ◎私たちは通常，データフレーム内の行番号で観察を参照し，それを i と表記します。i という表記は，観察の位置を特定し，$i = 1$ の観察が最初の観察です。例えば，`head()` の出力で，行はそれらの位置を示す i でラベル付けされていることを見てください。Rがデータフレームの最初の6つの観察を表示するとき，i の値は1から6までの範囲です。
- ●**変数**（variable）とは？
    - ◎変数とは，研究における複数の個人または団体で変化する特徴の値を捉えたものです。
    - ◎star データフレーム内の各列のデータは，変数です。各変数は，研究におけるすべての生徒のある特定の特徴を表します。
    - ◎私たちは通常，変数をその名前で呼びます。例えば，`head()` の出力では，列が変数名でラベル付けされています：*classtype*, *reading*, *math*, *graduated* が変数名です。
    - ◎本書では，概念を説明するために，時々，新しい変数を定義しています。変数とその内容は，次のような数学的表記で表されます[30]。

---

[30] **ヒント** 本書では，数学的概念を表す記号や表現の仕組みである数学的表記法も学びます。これらの記号や式の意味を把握しやすくするために，巻末に，本書で使用するすべての数学的表記の索引を掲載しました。

表 1.1　STAR データセットにおける変数の説明（観察単位は生徒）

変数	説明
classtype	生徒が通った学級のサイズ："small"（小規模）または "regular"（標準規模）
reading	生徒の小学 3 年次の読解力テストの点数（単位：点）
math	生徒の小学 3 年次の算数テストの点数（単位：点）
graduated	高校を卒業したかどうかを示します：1 = 卒業または 0 = 卒業しなかった

$$X = \{10, 5, 8\}$$

- 等号の左側で，変数の名前を指定します．この場合，X がそれです．
- 等号の右側の波括弧の中には，変数の内容があります：カンマ区切りの複数の観察値です．上の簡単な例では，変数に，$10, 5, 8$ という 3 つの観察値が含まれています．
- 変数 X の個々の観察値を表現するために，X_i（エックス・サブ・アイと発音する）を使用します．ここで i は観察番号を表します．添え字の i は，i の各値について X が異なる値を持つことを意味します．ここでは，3 つの観察しかないので，i は 1, 2, または 3 だけをとります．例えば，私たちは 2 番目の観察（$i = 2$ の観察）を X_2 と表現し，この場合，X_2 は 5 に等しくなります．

それでは，データを見たところで，表 1.1 にある変数の説明を読んでみましょう．

表 1.1 から，次のことがわかります．

- *classtype* は，生徒が通っていた学級の規模を表し，"small"（小規模）または "regular"（標準規模）のどちらかです．
- *reading* は，生徒が小学 3 年次の読解力テストで獲得した成績（点数で測定）を記録しています．
- *math* は，生徒が小学 3 年次の算数テストで獲得した成績（点数で測定）を記録しています．
- *graduated* は，生徒が高校を卒業したかどうかを示します（卒業した場合

アウトライン 1.3　内容による変数の種類

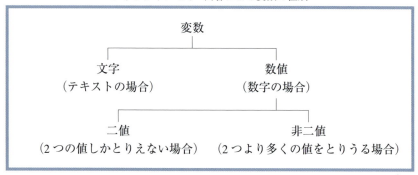

は 1，卒業しなかった場合は 0 となります）。

ここで，もう一度，データの最初の数行を見て，詳しい解釈をすることができます。例えば，最初の観察は，少人数学級に通い，3 年次の読解力テストで 578 点，3 年次の算数テストで 610 点を獲得し，高校を卒業した生徒を表しています。

(4)　収録された変数の種類を明らかにする

ここで，私たちはデータセットに含まれる変数の種類を学ばなければなりません。この情報は，分析結果を解釈する必要があるときに，特に役立ちます。

変数は，その内容に基づいて，アウトライン 1.3 に示す種類に分けることができます。

- まず，文字変数と数値変数の区別です。**文字変数**（character variables）には *names* = {Elena, Kosuke, Kathryn} のようなテキストが格納されるのに対して，**数値変数**（numeric variables）は *rank* = {2, 1, 3} のような数値が格納されます。例えば，STAR データセットでは，*classtype* が文字変数で，*reading*, *math*, *graduated* が数値変数です。
- 数値変数には，二値変数と非二値変数があります。**二値変数**（binary variable）は，*graduated* = {1, 0, 1} のように 2 つの値しかとれません（binary の "bi" は「2 つ」の意味）。本書では，すべての二値変数が 1 と 0 だけをとり，特定の性質の有無を表します。このタイプの二値変数は，ダミー変

数としても知られ，1 は単純なイエスかノーかの質問に対する肯定的な応答を捉え，0 は否定的な応答を捉えると考えることができます。例えば，STAR データセットでは，*graduated* は，生徒が卒業したかどうかという質問に対する応答を捉える二値変数です。この変数は，答えがはい（その生徒は卒業した）のときは 1，いいえ（その生徒は卒業しなかった）のときは 0 という値をとります（次の数学的定義を参照）。

$$graduated_i = \begin{cases} 1 & \text{生徒 } i \text{ が卒業した場合} \\ 0 & \text{生徒 } i \text{ が卒業しなかった場合} \end{cases}$$

- 一方，私たちは，他のすべての数値変数，つまり，*distance* = {1.452, 2.345, 0.298} や *dice-roll* = {2, 4, 6} のように 2 つより多くの値をとることができるものを**非二値変数**(non-binary variable)として分類します。例えば，STAR データセットでは，*reading* と *math* は，それぞれが 2 つより多くの異なる数値を含むので，非二値変数です。

(5) 観察数を明らかにする

最後に，データセットがいくつの観察を含むかを調べなければなりません。この目的のために，関数 `dim()` を使用します[31]。これは "dimensions" の略で，括弧の中にデータフレームが格納されているオブジェクトの名前（引用符なし）を指定する必要があります。データフレームは行と列の 2 つの次元を持つので，この関数は 2 つの値を返します。1 番目は行の数に対応し，これは観察の数に相当します。2 番目は列の数に対応し，これは変数の数に相当します。

```
dim(star) # データフレームの次元(行, 列)を出力
## [1] 1274    4
```

---

[31] **関数** `dim()` はデータフレームの次元を出力します。唯一の必須の引数は，データフレームが格納されているオブジェクトの名前です（引用符なし）。2 つの値が出力されます。1 番目はデータフレーム内の観察数，2 番目は変数の数です。例：`dim(data)`。

上の出力から，STAR データセットが 1,274 件の観察を含んでいることがわかります。そして，データを直接見ている私たちはすでに知っているとおり，それは 4 つの変数を含んでいます。各観察が生徒を表すとすると，STAR プロジェクトには 1,274 人の生徒の情報があることがわかります。数学的表記では，データフレーム内の観察数を *n* と表します。*n* という表記は，データフレーム内または変数内の観察数の合計を表します。この場合，$n = 1,274$ と書くことができます。

1.8 ● 平均値を計算し，解釈する

変数の平均は，データ分析の基礎となる概念の一つです。本節では，まず，R でデータフレーム内の変数にアクセスして，その値を操作する方法を示します。そして，変数の平均を計算し，解釈する方法を詳しく説明します[32]。

1.8.1 データフレーム内の変数にアクセスする

star データフレームの中にある *reading* という変数を扱いたいとします。この変数内の値にはどのようにアクセスするのでしょうか？

変数の名前 *reading* を実行すると，R は *reading* というオブジェクトが見つからないというエラーメッセージを出力します。確かに，*reading* というオブジェクトは環境には存在しません。代わりに，データフレームを含むオブジェクトの名前 *star* を実行すると，R は変数 *reading* の値だけでなく，データフレーム内のすべての値を表示します。

1 つの変数の値にアクセスするには，$ という記号を使用します[33]。その左側には，データフレームが格納されているオブジェクトの名前を指定します（引用符なし）。その右側には，変数の名前を指定します（引用符なし）。この

---

32) **ヒント** 第 3 章では，変数の中央値，標準偏差，分散など，他の統計量を計算し，解釈する方法を説明します。

33) **記号** `$` は，データフレーム内の変数など，オブジェクト内の要素にアクセスするために使用される記号です。その左側には，データフレームが格納されているオブジェクトの名前を指定します（引用符なし）。その右側には，変数の名前を指定します（引用符なし）。例：`data$variable` は，*data* というオブジェクトに格納されているデータフレーム内の *variable* という名の変数にアクセスします。

場合，`star$reading` は，*star* というオブジェクトの中から変数 *reading* を選択するよう，R に指示するコードです。これは，R に対して「*star* の中を見て，*reading* という変数を見つけなさい」というのと同じことです（コードを書くとき，データフレーム内の変数名など，オブジェクト内の要素名は引用符で囲まないことに注意しましょう）。それでは，実行してみましょう：

```
star$reading
##  [1] 578 612 583 661 614 610 595 665 616 624
## [11] 593 599 693 545 565 654 686 570 529 582
## ...
```

R コンソール（左下のウィンドウ）には，*reading* のすべての観察値が表示されているはずです[34]。ここでは，最初の 20 個だけを表示します。ここで表示されている観察の後に，さらに多くの観察が表示されていることを示すために，省略記号（...）を使用します。

各行の最初にある角括弧の中の数字は何でしょうか？ 1 行目の [1] は，578 が変数 *reading* の最初の観察値であることを示します（$reading_1 = 578$）。2 行目の [11] は，593 が *reading* の 11 番目の観察値であることを示します（$reading_{11} = 593$）。そしてさらに続きます。

これで，変数の内容にアクセスする方法がわかったので，変数の平均を計算し解釈する方法を学びましょう。

1.8.2　平均値

変数の**平均**（average または mean）は，変数の中心的傾向を表します。これは，<u>すべての観察における値の合計を観察数で割ったものに等しくなります</u>。数学的表記法では，変数の平均はしばしば次のように上に水平な棒が付いた変数名で表現されます：

---

[34]　**ヒント**　皆さんの左下のウィンドウのサイズは私たちと異なるため，R コンソールの 2 行目に表示される角括弧の中の数値は 11 ではないかもしれません。ウィンドウが大きければ大きいほど，R が 1 行に表示できる観察数は多くなり，2 行目に表示される角括弧の中の数字も大きくなります。

変数名

X の平均を計算する公式は次のとおり[35]：

$$\overline{X} = \frac{\sum\limits_{i=1}^{n} X_i}{n} = \frac{X_1 + X_2 + \cdots + X_n}{n}$$

ここで，

- $\overline{X}$（エックス・バーと発音）は X の平均を表します。
- X_i（エックス・サブ・アイと発音）は，X の特定の観察値を表し，i は観察値の位置を表します。
- n は，変数の観察数です。
- 記号 Σ（ギリシャ文字のシグマ）は総和を表す数学的表記です。$\sum\limits_{i=1}^{n} X_i$ は $i = 1$ から $i = n$ までのすべて，つまり変数 X の最初の観察から最後の観察までの X_i（X の観察値）の総和を表します。

例えば，$X = \{10, 4, 6, 8, 22\}$ とすると，変数の観察数が 5 なので $n = 5$ となり，X の平均は次のようになります：

$$\overline{X} = \frac{\sum\limits_{i=1}^{n} X_i}{n} = \frac{X_1 + X_2 + X_3 + X_4 + X_5}{5}$$

$$= \frac{10 + 4 + 6 + 8 + 22}{5} = \frac{50}{5} = 10$$

R で変数の平均を計算するには，関数 mean() を使用することができます[36]。必須の引数は，変数を指定するコードのみです。例えば，STAR データセットに含まれる生徒の読解力テストの点数の平均を計算するためには，次のように実行します：

---

[35] **ヒント** 変数の平均は一つの数値であり，観察によって変化しません。その結果，X の平均（$\overline{X}$）には i の添え字は付きません。

[36] **関数** mean() は，変数の平均を計算します。唯一の必須の引数は，変数を指定するコードです。例：mean(*data$variable*)。

アウトライン 1.4　変数の種類に基づく変数の平均値の解釈

```
                    変数の平均値の解釈
                   ┌─────────┴─────────┐
        変数が二値でない場合：          変数が二値である場合：
         変数と同じ測定単位での            結果を 100 倍した後に
            平均値として                  ％をつけて比率として
```

```
mean(star$reading)  # reading の平均を計算
## [1] 628.803
```

　この出力をどのように解釈すればよいでしょうか。まず，その値がどのような物差しで測られているかを把握する必要があります。ある値を測定するための物差しを**測定単位**(unit of measurement)といいます。例えば，住んでいる場所によって，気温は°F または°C で測り，距離はマイルまたはキロメートルで測ります。数値の結果を解釈する際には，その数値がポイント，パーセンテージ，マイル，キロメートルなどのどれで測られているのかを明確にする必要があります。

　変数の平均値の測定単位は，その変数が二値変数であるかどうかによって異なります。アウトライン 1.4 は，この区別に基づいて，変数の平均（測定単位を含む）をどのように解釈するかをまとめたものです（ここでは，一般にその平均が直接的に解釈可能な意味を持たないカテゴリ変数[37]を議論から除外します）。

　変数が二値でない場合，平均はその変数の値と同じ測定単位で解釈する必要があります[38]。例えば，上記の出力では，reading が点数で測定される非二

---

[37]　**ヒント**　カテゴリ変数，または因子変数は，決まった数の数値をとり，それぞれの値が質的な結果を表します。例えば，1＝学位なし，2＝高校卒業，3＝大学卒業というカテゴリ変数で，成人の教育水準を表現することができます。

[38]　**ヒント**　数値の結果は，意味のある小数点以下の桁数に四捨五入することをお勧めします。通常，小数点以下 3 桁以上にすることはなく，小数点以下 1 桁ないし 0 桁になるように四捨五入することもしばしばあります。

値変数なので，*reading* の平均も点数になります。したがって，この出力は，STAR プロジェクトの生徒が 3 年次の読解力テストで平均で約 629 点とったことを意味すると解釈することができます。

変数が二値である場合，平均は結果に 100 を掛けた後，パーセントとして解釈されるべきです[39]。なぜでしょう？ 二値変数の平均は，（その変数で識別される特徴を持つことを意味する）1 をとる観察の割合と等しいからです。これがどのように機能するかを見るために，簡単な例を見てみましょう。二値変数 *graduated* の最初の 6 つの観察値の平均を計算したいとします。head() の出力で先に見たように，これらは {1, 1, 1, 1, 1, 0} です。これらの 6 つの観察値の平均は，次のようになります。

$$\frac{観察値の合計}{観察数} = \frac{1+1+1+1+1+0}{6} = \frac{5}{6} = 0.8333\dots$$

分数 5/6 が，1 である観察値の割合と等しいことに注意してください（脚注 39 の ヒント を参照）。さて，10 進数で計算した結果（0.83）をパーセントに変換するには，100 を掛けます（$0.83 \times 100 = 83\%$）。

まとめると，私たちは，*graduated* の最初の 6 つの観察値の平均が，STAR データセットの最初の 6 人の生徒の約 83% が卒業したことを示すと解釈します。

では，（最初の 6 つだけでなく）二値変数 *graduated* のすべての観察を使って平均を計算しましょう。これは，次のように実行します。

```
mean(star$graduated) # graduated の平均を計算します
## [1] 0.8697017
```

---

[39] ヒント ある基準を満たす観察の比率は，次式で計算されます。

$$\frac{基準を満たす観察の数}{観察の合計数}$$

結果として得られた小数をパーセントとして解釈するために，100 を掛けます。例えば，$X = \{1, 1, 1, 1, 1, 0\}$ の場合，X における 1 をとる観察の比率は 83% となります（$5/6 = 0.8333\dots$ そして $0.83 \times 100 = 83\%$）。

変数が二値である場合，平均の分子である 1 と 0 からなる総和は，基準を満たす観察の数と等しくなります。その結果，平均は，その変数の観察値における 1 の比率と等しくなります。

この出力をどのように解釈したらよいでしょうか？ 変数は二値なので，この出力は，STAR プロジェクトのすべての生徒の約 87% が高校卒業の学位を得たことを意味します（0.87×100 = 87%）。

1.9 まとめ

　本章ではまず，本書の概要とその主な特徴を紹介しました。その上で，データ分析を実行し評価する方法を知ることは，社会や人間の行動を研究する上で特に有用で，すべての人に役立つものであることを論じました。また，これらのスキルは，現在のビッグデータの時代において，非常に市場価値の高いものです。その後，コンピュータを準備し，使用する R と RStudio という 2 つのプログラムに慣れました。最後に，次章のデータ分析に備えて，データの読み込みと理解の仕方，平均値の計算と解釈の仕方について学びました。

第 2 章
無作為化実験による因果効果の推定[1]

社会科学におけるデータ分析の主な目的の一つは，因果効果の推定であり，因果推論とも呼ばれます。因果効果とは何でしょうか？ また，どのようにすれば因果効果を正しく推定できるのでしょうか？ この章では，このような疑問に答えます。本章では，現実世界での実験データを分析し，その概念を説明します。具体的には，STAR プロジェクトのデータを用いて，少人数学級が生徒の成績に及ぼす因果効果を推定します。

2.1 ● STAR プロジェクト

1980 年代，テネシー州の議員は，生徒の学力を高めようと，同州の学校の少人数学級化を検討しはじめました。特に学校教育の初期段階では，少人数学級の方が標準規模学級よりも学習に役立つという研究結果がありました。しかし，学級の少人数化を進めるには，追加の教員や教室のスペースを確保するための追加資金が必要でした。そこで議会は，少人数学級が生徒の成績に与える影響について徹底的な調査を行うことを決定しました。その結果，「生徒と教師の学習達成率プロジェクト（Project Student-Teacher Achievement Ratio：STAR プロジェクト）」と呼ばれる数百万ドル規模の研究が実施されることになったのです[2]。

---
1) 本章で紹介する R 記号，演算子，関数は次のとおり：==, ifelse(), []。
2) 本章は，Frederick Mosteller, "The Tennessee Study of Class Size in Early School Grades," *Future of*

この章では，STAR プロジェクトのデータの一部を分析します。このプロジェクトの目的は，学級の大きさが生徒の成績に及ぼす影響を短期的，長期的に検証することでした。このプロジェクトは，幼稚園児を小学 3 年生の終わりまで，13 人から 17 人の少人数学級と 22 人から 25 人の標準規模学級のいずれかに無作為に割り当てる実験でした。研究者たちは，生徒の成長を長期にわたって追跡調査しました。結果変数として，ここでは小学 3 年次の標準学力テストの読解力と算数の点数および高校卒業率を用います。

2.2 ● 処置変数と結果変数

テネシー州の州議会議員たちは，少人数学級が教育成果に及ぼす因果効果を推定することを研究者たちに望んでいました。特に，少人数学級に付随する他の要因，例えば，良い教師，成績の良いクラスメート，多くのリソースの結果としてではなく，少人数学級に参加した直接的な結果として，生徒の成績が向上するのかを知りたかったのです。

因果関係(causal relationships)とは，2 つの変数の間の原因と結果の関係を指します。この場合，2 つの変数とは，(i)少人数学級と(ii)生徒の学業成績です。

本書では，2 つの変数の関係性に明確な方向性がある場合，つまり，一方の変数の変化が他方の変数の変化を引き起こすような因果関係を扱います[3]。この方向性を利用して，変数を区別します。私たちは，変化が発生する変数を**処置変数**(treatment variable)と呼びます。また，処置変数の変化に応答して変化しうる変数を**結果変数**(outcome variable)と呼びます。ここでは，少人数学級が処置変数で，生徒の成績が結果変数です。

数学的表記では，処置変数を X，結果変数を Y と表し，両者の因果関係を X から Y への矢印で視覚的に表現します。矢印の方向は，X の変化が Y の変

Children 5, no. 2 (1995): 113-127 に基づきます。私たちは，少人数学級と標準規模学級(補助員なし)の効果を比較し，補助員付きの標準規模学級に割り当てられた生徒のデータは除外して検討します。幼稚園入園前に異なるタイプの学級に無作為に割り当てられた初期集団に焦点を当て，分析に使用する変数に欠損がある観察は除きます。

3) **ヒント** どこかで，従属変数と独立変数について学んだことがあるかもしれません。処置変数は独立変数の一種であり，結果変数は従属変数と同じです。

化をもたらすかもしれませんが，その逆はないことを表しています：

$$X \to Y$$

STAR プロジェクトでは，次のような因果関係に着目しています：

少人数学級 → 生徒の学業成績

処置変数と結果変数の区別は，それらの変数間の因果関係のあり方だけでなく，研究課題にも依存します。

同じ変数が，ある研究では結果となり，別の研究では処置となるかもしれません。例えば，ある研究では，少人数学級に通うことが高校を卒業する確率に及ぼす影響に関心があるかもしれません。この場合，生徒が高校を卒業したかどうかを示す変数，高校卒業が結果変数です（下記 A）。別の研究では，高校卒業が将来の賃金に与える影響に関心があるかもしれません。その場合，高校卒業は処置変数になります（下記 B）：

(A)　少人数学級 → 高校卒業

(B)　高校卒業 → 将来の賃金

2.2.1　処置変数

本書では，単純化のために，二値変数，すなわち，処置があるかないかを示す処置変数に焦点を当てます[4]。各個人 i の処置変数を次のように定義します：

$$X_i = \begin{cases} 1 & \text{個人 } i \text{ が処置を受ける場合} \\ 0 & \text{個人 } i \text{ が処置を受けない場合} \end{cases}$$

個人が処置を受けたかどうかに基づいて，本書では，2 つの異なる条件について議論します。

- **処置**(treatment) は，処置があるという状態 ($X_i = 1$) です。

---

[4] **再確認**　二値変数は 2 つの値，この本では 1 と 0 だけをとり，i という表記はデータフレームまたは変数の中の観察の位置を示します。

- **統制**(control)は，処置がないという状態($X_i = 0$)です。

私たちは，処置を受けた観察を処置下(*under treatment* または *treated*)，そうでない観察を統制下(*under control*)または未処置(*untreated*)と表現します。

例えば，STAR データセットの分析では，私たちは，少人数学級に通うことが生徒の成績に与える効果を調査することに関心があります。*small* と名づける処置変数は，生徒が少人数学級に通ったなら 1 に等しく，そうでなければ 0 に等しい二値変数です。数式的には，*small* は次のように定義されます[5]：

$$small_i = \begin{cases} 1 & \text{生徒 } i \text{ が少人数学級に通った場合} \\ 0 & \text{生徒 } i \text{ が少人数学級に通わなかった場合} \end{cases}$$

2.2.2 結果変数

私たちは，さまざまな種類の結果変数を扱います。例えば，STAR データセットでは，生徒の成果の 3 つの異なる測定値(読解力(*reading*)，算数(*math*)，卒業(*graduated*))に対する少人数学級に通うことの効果を分析します。最初の 2 つの結果変数が二値でないのに対して，3 つ目は二値変数です。この章の後半で見るように，結果の解釈は，分析で使用される結果変数のタイプに依存します。

2.3 ● 個別因果効果

X の Y への因果効果(causal effect of X on Y)を推定するとき，私たちは，処置変数 X の変化によって引き起こされる結果変数 Y の変化を数値化しようとします。例えば，読解力(*reading*)に対する少人数学級(*small*)の効果に関心がある場合，私たちは，標準規模学級と比べて，少人数学級に通った結果，読解力テストの成績がどの程度向上または悪化したか測定することを目的とします。

因果効果を推定する場合，Y の変化，特に X の変化によって引き起こされる

---

[5] **再確認** STAR データセットでは，観察単位が生徒なので，各観察 i は異なる生徒を表します。

公式 2.1　処置の結果に対する個別因果効果の定義

> **もし，潜在的結果を両方同時に観察できたならば**
>
> $$個別因果効果_i = \Delta Y_i = Y_i(X_i = 1) - Y_i(X_i = 0)$$
>
> ここで：
> - ΔY_i は，個人 i が処置を受けることで，受けない場合と比較して経験したであろう結果の変化量です。
> - $Y_i(X_i = 1)$ と $Y_i(X_i = 0)$ は，処置と統制の条件下における，同一人物 i のそれぞれの潜在的結果です。

Y の変化を測定しようとしていることに注意してください。数学的表記法では，変化を Δ（ギリシャ文字のデルタ）で表すので，結果の変化を ΔY と表します。

この結果 Y の変化を測定するために，理想的には，処置があるときの結果と処置がないときの結果という 2 つの潜在的結果を比較するとよいでしょう。数学的表記法では，この 2 つの潜在的結果を次のように表現します。

- $Y_i(X_i = 1)$ は，個人 i の**処置条件下での潜在的結果**(potential outcome under the treatment condition；$X_i = 1$ の場合の Y_i の値) を表します。
- $Y_i(X_i = 0)$ は，個人 i の**統制条件下での潜在的結果**(potential outcome under the control condition；$X_i = 0$ の場合の Y_i の値) を表します。

もし各個人 i について，両方の潜在的結果を観察できるなら，処置 X によって引き起こされた結果 Y の変化を計算することは簡単でしょう。私たちは，これら 2 つの潜在的結果の差をただ計算すればよいのです。数学的には，処置 X を受けることによる結果 Y への個別因果効果は，公式 2.1 に示すように計算されます。

例えば，STAR プロジェクトのデータを使って，少人数学級が読解力テストの点数に与える効果を推定する場合，処置変数 X は *small*，結果変数 Y は

reading となります。この場合，各生徒 i について，(i) 幼稚園から小学 3 年生まで少人数学級に通った後，(ii) 幼稚園から小学 3 年生まで標準規模学級に通った後，3 年次の読解力テストの点数を観察することが望まれます。もしそれが可能なら，少人数学級が各生徒の読解力向上に及ぼした因果効果を次の計算によって直接測定することができます[6]。

$$\Delta reading_i = reading_i(small_i = 1) - reading_i(small_i = 0)$$

ここで：

- $\Delta reading_i$ は，生徒 i が標準規模学級に通う場合と比較して，少人数学級に通うことで経験したであろう読解力テストの点数の変化を表しています。
- $reading_i(small_i = 1)$ は，少人数学級に参加した後の生徒 i の小学 3 年次の読解力テストの点数（$small_i = 1$ のときの $reading_i$ の値）です。
- $reading_i(small_i = 0)$ は，同じ生徒 i の標準規模学級に参加した後の小学 3 年次の読解力テストの点数（$small_i = 0$ のときの $reading_i$ の値）です。

ここで，ちょっと想像してみましょう。STAR データセットの最初の 6 人の生徒のそれぞれについて，両方の潜在的結果を観察することができたとします。表 2.1 の最初の 2 列を見てください。説明のために，観察されなかった潜在的結果の値を作ってみました（青字で表示）。もしこれらが本当の潜在的結果なら，これらの 6 人の生徒の *reading* に対する *small* の個々の因果効果は，表 2.1 の 3 列目に示される値になるはずです。

表 2.1 によれば，少人数学級に通うことで，標準規模学級に通う場合と比較して，以下のようなことがいえます[7]。

- 1 人目の生徒の読解力の点数が 7 点，3 人目の生徒の点数が 3 点，5 人目の生徒の点数が 12 点上昇しました。

---

[6] **ヒント** これは，*reading* を変数 Y に，*small* を変数 X としたときの公式 2.1 です。もし，すべての生徒について両方の潜在的な結果を観察できれば，この式を用いて少人数学級に参加することが読解力テストの点数に与える個々の因果効果を計算することができるでしょう。

[7] **ヒント** 因果効果の符号を解釈するときは，次のように解釈しましょう。
 - 正の効果は，処置が結果変数の増加を引き起こすと解釈します。
 - 負の効果は，処置が結果変数の減少を引き起こすと解釈します。
 - 効果が 0 であれば，処置が結果変数の変化を引き起こさないと解釈します。

表 2.1 もし各生徒 i について，両方の潜在的結果を観察することができれば，個人レベルでの reading に対する small の因果効果を測定することができるでしょう（注意：ここでは，個人の因果効果を説明するために，青字で示された観察されない潜在的結果の値をでっち上げています）。

i	reading(small = 1)	reading(small = 0)	Δreading
1	578	571	7
2	611	612	−1
3	586	583	3
4	661	661	0
5	614	602	12
6	607	610	−3

- 2番目の生徒の読解力の点数を1点，6番目の生徒の読解力の点数を3点減少させました。
- 4番目の生徒の読解力の点数には影響しませんでした。

同じ処置でも，個人によって効果が異なる可能性があることに留意してください。また，因果効果は変化を表す指標なので，正の場合は増加，負の場合は減少，ゼロの場合は効果がないと解釈すべきであることに注意しましょう（脚注7の ヒント 参照）。

しかし残念ながら，このような分析は不可能です。現実の世界では，同じ個人の潜在的結果を両方観察することはありません。その代わり，私たちは現実の結果(factual outcome)のみを観察します。これは，（処置または統制の）いずれの条件であれ，現実に受けた条件の下での潜在的結果です。反事実の結果(counterfactual outcome)は決して観察することができません。これは，（処置または統制の）いずれの条件であれ，実際には受けなかった条件の下で起きたであろう潜在的結果です。そのため，個人レベルでの因果効果を計算することはできません。例えば，ある生徒は小学校時代に少人数学級か標準規模学級のどちらかに通いますが，パラレルワールドに入り両方同時に通うことはできないのです（図 2.1 参照）。

例えば，STAR プロジェクトに参加した各生徒について，私たちは3年次の読解力テストの点数を1つだけ観察しています。これは，その生徒が実際に2通りの学級のいずれかに参加した後に獲得した点数なのです。そのため，学級

図 2.1 もし,ある個人が 2 つの同一の人物に分裂し,それぞれが異なる条件を受けることができるとしたら,同じ個人について,処置条件下の結果と統制条件下の結果を観察することができます。そうすれば,2 つの結果の差を測定するだけで,この特定の個人の結果に対する処置の因果効果を計算することができます。

表 2.2 STAR データセットにおける最初の 6 つの観察の *small*, *reading*, *reading(small = 1)* および *reading(small = 0)* の値。観察されない潜在的な結果,すなわち反事実は,「???」で示してあります。

i	small	reading	reading(small = 1)	reading(small = 0)
1	1	578	578	???
2	0	612	???	612
3	0	583	???	583
4	1	661	661	???
5	1	614	614	???
6	0	610	???	610

の大きさが読解力テストの成績にどのような影響を与えたかを測定することはできません(表 2.2 参照。最初の 6 つの観察の反事実の結果が「???」と表示されているのは,観察されていないからです)。

例えば,最初の生徒,$i = 1$ の観察を見てみましょう。$small_1$ の値は 1 であり,この生徒は少人数学級に通ったことを意味します。このとき,$reading_1$

の値は，少人数学級に通った後のこの生徒の読解力テストの成績を示します（$reading_1(small_1 = 1) = 578$）。578点という点数は，私たちが観察したものなので，この生徒の現実の結果です。私たちが観察しなかったのは，反事実の結果です。つまり，この生徒が標準規模学級に通っていたら，読解力テストでどのような成績をとっていたか（$reading_1(small_1 = 0) = ???$）です。したがって，少人数学級がこの生徒の読解力テストの点数に及ぼした効果を測定することはできないのです：

$$\Delta reading_1 = reading_1(small_1 = 1)$$
$$- reading_1(small_1 = 0)$$
$$= 578 - ??? = ???$$

因果効果を推論する際に直面する根本的な問題は，私たちは，同じ個人が処置を受けた場合と受けていない場合の両方を同時に観察することは決してないということです[8]。

> **因果推論の根本問題**：因果効果を測定するためには，現実の結果と反事実の結果を比較する必要があるが，反事実の結果を観察することは決してできない。

2.4 ● 平均因果効果

因果推論の根本問題を回避するためには，反事実の結果についての良い近似値を見つけなければなりません。そのために，個人レベルの効果から離れ，**個人の集まりにおける因果効果**の**平均**に注目します[9]。

処置 X の結果 Y に対する**平均因果効果**（average causal effect）は，**平均処置効**

---

[8] 私たちは現実に起こったこと（現実の結果）だけを観察しています。もし違う決断をしていたらどうなっていたか（反事実の結果）を観察することは決してできません。

[9] **再確認** 変数の平均は，すべての観察の値の合計を観察数で割ったものに等しくなります。それはしばしば，上にバーがある変数名で表されます。

公式 2.2 ある処置が結果に及ぼす平均因果効果，すなわち平均処置効果の定義

> もし，両方の潜在的結果を観察することができるなら
>
> $$\overline{個別因果効果} = \frac{\sum_{i=1}^{n} 個別因果効果_i}{n}$$
>
> ここで：
> - $\overline{個別因果効果}$ は，研究における観察の平均因果効果で，$個別因果効果_i$ は，観察 i の個別因果効果です。
> - $\sum_{i=1}^{n} 個別因果効果_i$ は，$i=1$ から $i=n$ までのすべての $個別因果効果_i$ の合計，つまり最初の観察の **個別因果効果** から最後の観察の **個別因果効果** までの合計を表します。
> - n は，研究における観察数です。

果（average treatment effect）とも呼ばれ，ある集団内の X の Y に対する個々の因果効果の平均です。個々の因果効果は，特定の個人についての X の変化によって引き起こされる Y の変化であるので，X の Y に対する平均因果効果は，**個人の集まりにおける** X の変化によって引き起こされる Y の変化の**平均値**です。

　もし，集団内の各個人の潜在的結果を両方とも観察することができれば，（公式 2.1 を用いて）個別因果効果を測定し，公式 2.2 に示すように平均因果効果を計算することができます。

　STAR データセットに含まれる最初の 6 人の生徒について，両方の潜在的結果を観察することができたという理想的なシナリオに戻りましょう。先に見たように，潜在的結果が表 2.1 に示されたものであった場合，これらの生徒の *small* の *reading* に対する個別因果効果は，次のようになります：

$$個別因果効果 = \{7, -1, 3, 0, 12, -3\}$$

そして，*small* の *reading* に対する平均因果効果は，次のようになります：

$$\overline{個別因果効果} = \frac{\sum_{i=1}^{n} 個別因果効果_i}{生徒数}$$

$$= \frac{7 + (-1) + 3 + 0 + 12 + (-3)}{6} = \frac{18}{6} = 3$$

結論として，STAR プロジェクトにおいて，標準規模学級ではなく，少人数学級に通った最初の 6 人の生徒は，読解力テストの成績を平均 3 点向上させたということになります．しかし，同じ個人について両方の潜在的な結果を観察することは決してないので，このような分析は不可能であることに留意してください．したがって，平均的な因果効果を直接計算することもできないのです．

定義上観察できない反事実の結果について，どのようにして良い近似を得ることができるでしょうか？ 間もなく詳しく見るように，私たちは，処置された観察と処置されていない観察が，結果に影響しうる処置変数以外のすべての変数について，類似している状況を見つけるか，作り出さなければなりません．これを達成する最良の方法は，無作為化実験を行うことです．

2.4.1 無作為化実験と平均の差推定量

無作為化比較試験（RCT：randomized controlled trial）としても知られる**無作為化実験**（randomized experiment）は，処置の割り当てが無作為化されている研究デザインの一つであり，研究者が無作為のプロセスに基づいて誰が処置を受けるかを決定します．

例えば，STAR プロジェクトでは，研究者がコインを投げて，生徒が少人数学級に通うか，標準規模学級に通うかを決めることができました．コインの表が出れば，その生徒は少人数学級に割り当てられ，裏が出れば，標準規模学級に割り当てられる，という具合です（図 2.2 を参照）．

実際には，研究者はコインをはじくのではなく，R のようなコンピュータプログラムを使って，各個人に無作為に 1 と 0 を割り当てます．1 を割り当てられた個人は処置を受け，0 を割り当てられた個人は処置を受けません．

ひとたび処置が割り当てられると，私たちは 2 つの観察群（グループ・集団）を区別することができます．

図 2.2 無作為処置割り当ての一つの方法は，その研究に参加するすべての個人に対してコイントスをすることです。コインの表が出れば，その個人は処置群に割り当てられ，裏が出れば，その個人は統制群に割り当てられます。

- **処置群**(treatment group)は，処置を受けた個人から構成（$X_i = 1$ となる観察群）されます。
- **統制群**(control group)は，処置を受けなかった個人から構成（$X_i = 0$ となる観察群）されます。

STAR プロジェクトでは，少人数学級に通う生徒が処置群です。標準規模学級に通う生徒が統制群です。

処置の割り当てが無作為化されている場合，処置の有無以外で処置群と統制群を区別するものは，偶然性だけです。つまり，処置群と統制群は異なる個人から構成されますが，処置を受けたかどうか以外のすべての点で，両群は**平均**してお互いに比較可能であることを意味します。

無作為処置割り当てでは，処置群と統制群は，すべての観察された処置前の特徴および観察されない処置前の特徴において，**平均的に**互いに同一になります[10]。**処置前の特徴**（pre-treatment characteristics）とは，処置が実施される前の

---

10) **ヒント** 観察されない特徴とは，私たちが測定していない特徴のことです。

研究に参加する個人の特徴です(定義上,処置前の特徴は,処置の影響を受けることはありません)。

例えば,STAR プロジェクトでは,処置は無作為に割り当てられたので,処置群(少人数学級に通う生徒)の平均年齢は,統制群(標準規模学級に通う生徒)の平均年齢と比較可能になるはずです。

> **処置割り当ての無作為化**:処置を無作為に割り当てることで,処置群と統制群が,すべての観察された処置前の特徴および観察されない処置前の特徴において,平均的に互いに同一であることを保証します。

平均処置効果の公式に戻りましょう。もし各個人に対して両方の潜在的な結果を観察できれば,個々の因果効果を計算でき(公式 2.1 を使用),平均処置効果はそれぞれの潜在的な結果の平均的な差に等しくなります。

$$\text{平均処置効果} = \overline{\text{個別因果効果}} = \overline{Y(X=1) - Y(X=0)}$$

総和の法則により,差の平均は平均の差に等しくなります(例として,脚注 11 の **ヒント** を参照)。これにより,平均処置効果を書き直すことができます。

$$\text{平均処置効果} = \overline{Y(X=1) - Y(X=0)} = \overline{Y(X=1)} - \overline{Y(X=0)}$$

ここで:

- $\overline{Y(X=1)}$ は,すべての観察における処置条件下の結果の平均です。

---

11) **ヒント** 下表の値を用いて,X と Y の差の平均が,X の平均と Y の平均の差に等しいことを確認することができます:

i	X	Y	$X-Y$
1	4	2	2
2	10	4	6
平均	7	3	4

$\overline{X-Y} = 4$ と $\overline{X} - \overline{Y} = 7-3 = 4$

- $\overline{Y(X=0)}$ は，すべての観察における統制条件下の結果の平均です。

　残念ながら，この方法で平均処置効果を計算することはできません。なぜなら，ご存知のように，私たちは各個人の潜在的な結果の両方を観察することは決してないからです。したがって，私たちは，すべての観察における処置条件下での結果の平均も，すべての観察における統制条件下での結果の平均も計算することができないのです。私たちが観察できるのは，処置を受けた後の処置群の結果の平均と，処置を受けなかった後の統制群の結果の平均だけです。

　しかし，もし処置群と統制群が処置前に比較可能であったなら，一方の群の現実の結果を他方の群の反事実の結果の近似値として使うことができます。つまり，処置群の平均結果は，仮に統制群が処置を受けたとした場合の統制群の平均結果の適切な推定値であるとみなすことができます。同様に，統制群の平均結果は，仮に処置群が処置を受けなかったとした場合の処置群の平均結果の適切な推定値であると仮定することができます。その結果，処置群と統制群の平均結果の差を計算することで，平均処置効果を近似的に求めることができるのです。これらの平均結果はどちらも観察されるので，この分析は実行することができます。

　要約すると，処置群と統制群が処置を行う前に比較可能であった場合，処置 X の結果 Y に対する平均因果効果を，**平均の差推定量**(difference-in-means estimator)として知られる公式 2.3 で推定することができます。

　名前の上にある帽子型の記号(ハットと発音)は，これが推定値であること，つまり近似値に基づく計算であることを表すことに注意してください。この推定値を含め，すべての推定値には不確実性が含まれます(この不確実性をどのように数値化するかは，第 7 章で説明します)。

　繰り返しますが，平均値の差は，処置群と統制群が結果に影響を与える可能性のある処置変数以外のすべての変数に関して比較可能である場合にのみ，結果に対する処置の平均因果効果の有効な推定量となります。先に述べたように，これは処置が無作為に割り当てられた STAR プロジェクトのような実験において最もうまく達成されます。処置の割り当てを無作為化することで，研究者は処置の効果を他の要因の効果から分離することができるのです。

公式 2.3 <u>この式の右辺は平均の差推定量の式で，処置群と統制群が処置変数以外の結果に影響しうるすべての変数に関して比較可能である場合に</u>，平均処置効果の有効な推定値を得ることができます。

処置を行う前に群が比較可能であった場合

$$\widehat{平均効果} = \overline{Y}_{処置群} - \overline{Y}_{統制群}$$

ここで：

- $\widehat{平均効果}$ は，推定された平均処置効果のことです（名前の上の帽子型の記号（ハット）は，これが推定値または近似値であることを意味します）。
- $\overline{Y}_{処置群}$ は処置群の平均結果，$\overline{Y}_{統制群}$ は統制群の平均結果です（いずれも観察されます）[12]。

無作為化実験と平均の差推定量を用いた平均因果効果の推定方法：無作為処置割り当てを用いることで，処置群と統制群が処置実施前に比較可能であったと仮定することができます。その結果，平均の差推定量を使って，平均処置効果の有効な推定を行うことができるのです。

残念ながら，私たちはいつも実験を行えるわけではありません。3 種類の障害によって，実験を行えないことがあるのです。

- 倫理的な障害：致死性のある薬物など，特定の処置を無作為化することは倫理的ではありません。
- 運用上の障害：身長や人種など，一部の処置は簡単に操作することができません。
- 財政上の障害：実験にはしばしば多額の費用がかかります。例えば STAR プロジェクトは何百万ドルもかかりました。

---

[12] **ヒント** 因果効果を推定するためには，処置群と統制群の両方が必要です。つまり，処置を受けた人の集団を観察するだけでは不十分であり，処置を受けなかった人の集団も観察する必要があります。

実験を常に行うことはできないので，非実験的な環境において，**観察データ** (observational data)と呼ばれるものを用いて因果関係を推定する方法を学ぶ必要があります。無作為化実験から収集されたデータを指す実験データとは異なり，観察データは自然に発生する事象について収集されたデータです。処置の割り当ては研究者の統制が及ばず，個人の選択の結果であることが多いです。例えば，学校の予算，生徒数，校舎の物理的限界などの要因の結果，学級の大きさが異なる学区からデータを収集し，生徒の成績に対する少人数学級の平均因果効果を推定したいと思うかもしれません。**観察研究**(observational studies)と呼ばれる，観察データを用いたこの種の研究では，処置群と統制群を，処置割り当ての無作為化に頼らずに比較可能なものとみなすための統計的方法を見つけなければなりません。この方法は，第5章で学びます。

STARデータセットを分析する際，平均の差推定量を使って少人数学級が生徒の成績に与える平均因果効果を推定できることがわかったので，いよいよ分析を行います。

2.5 ● 少人数学級は生徒の成績を向上させるか？

この章の分析について行くには，RStudioで新しいRスクリプトを作成し，自分でコードを入力する練習をするとよいでしょう[13]。あるいは，この章のすべてのコードを含む "Experimental.R" をRStudioで開いてみてください。まずは，前章の次のコードを実行して，分析を開始します：

```
setwd("~/Desktop/DSS")  # Mac用 setwd() の例
setwd("C:/user/Desktop/DSS")  # Windows の例
```

---

[13] **ヒント** 新しいRセッションを開始する場合，データを操作するために，前の章で書いたコードの一部を再実行する必要があります。特に以下のコードです：
- setwd() を使って，作業ディレクトリをデータセットのあるフォルダに設定します。
- read.csv() を使ってデータセットを読み込み，割り当て演算子 <- を使って *star* というオブジェクトに格納します。

ここでは，DSSフォルダをデスクトップに直接保存した場合の作業ディレクトリを設定するコードを示します(Windowsの場合は，*user* の代わりに自分のユーザー名を入力する必要があります)。DSSフォルダを他の場所に保存している場合は，1.7節(1)を参照して，作業ディレクトリを設定してください。

```
star <- read.csv("STAR.csv") # データを読み込み，格納する
```

```
head(star) # 最初の観察を表示
##   classtype reading math graduated
## 1     small     578  610         1
## 2   regular     612  612         1
## 3   regular     583  606         1
## 4     small     661  648         1
## 5     small     614  636         1
## 6   regular     610  603         0
```

　ここでは，このデータセットを使って，少人数学級に通うことが生徒の成績の 3 つの異なる指標(読解力(*reading*)，算数(*math*)，卒業(*graduated*))に及ぼす平均因果効果を推定することに関心があります。それぞれの結果変数について，私たちは別々の分析を行う必要があります。STAR プロジェクトは無作為化実験なので，3 つの平均処置効果のそれぞれを推定するために，平均の差推定量を使うことができます。

　平均の差推定量を計算する前に，関係演算子の使い方を学ぶ必要があります。これらを用いて，変数の作成や部分集合化を行うことができます。

2.5.1　R の関係演算子

　R には，論理テストを行うために用いることができる関係演算子がたくさんあります。本書では，2 つの値が互いに等しいかどうかを評価する演算子 == だけを使用します[14]。等しい場合，R は論理値 TRUE を返します。等しくない場合は，論理値 FALSE を返します(TRUE と FALSE は文字値ではありません。これらは R における特別な値であり，特定の意味を持つため，引用符で

---

14)　 演算子 　== は，2 つの値が互いに等しいかどうかを評価する関係演算子です。出力は論理値で，TRUE または FALSE。例：3==3。

囲んで記述されることはありません)。例えば，次のコードを実行すると：

```
3==3
## [1] TRUE
```

Rは，確かに 3 は 3 と等しいと知らせてくれます。代わりに次のコードを実行すると：

```
3==4
## [1] FALSE
```

Rは FALSE を返し，3 が 4 と等しくないことを示します。

変数に含まれるすべての値に対して，一度に関係演算子を適用することができます。この場合，R は各観察の値を 1 つずつ検討し，それぞれについて TRUE または FALSE を返します。例えば，STAR データセットでどの生徒が少人数学級に通ったかを判断したい場合は，次のように実行します[15]：

```
star$classtype=="small"
## [1] TRUE FALSE FALSE TRUE TRUE FALSE
## [7] TRUE TRUE FALSE FALSE FALSE FALSE
## ...
```

上のコードを実行すると，R は変数 *classtype* の観察の数だけ論理値を返します(ここでは最初の 12 個だけ表示します)。少人数学級に通った生徒の場合，*classtype* の値が "small" に等しいので，R は TRUE を返します。そうでない生徒の場合，R は FALSE を返します。例えば，上記の head() の出力で見

---

[15] 再確認 STAR データセットでは，変数 *classtype* が生徒の通った学級を表します。R では，データフレーム内の変数にアクセスするために記号 $ を使用します。その左側には，データフレームが格納されているオブジェクトの名前を指定します(引用符なし)。その右側には，変数の名前を指定します(引用符なし)。例：*data$variable*。文字値の前後には引用符 " を使用しますが，数値の前後には使用しません。出力では，各行の最初にある角括弧の中の数字は，その右隣の観察の位置を示しています。

たように，最初の観察の *classtype* の値は "small" なので，R はここでは最初の出力として TRUE を返します。

ここで，論理テストの結果(演算子 == を適用して返される TRUE または FALSE)に応じて異なる操作を行うよう R に要求することができます。例えば，論理テストの結果に基づいて，新しい変数の値を生成したり，既存の変数から特定の値を抽出したりするように R に指示することができます。

2.5.2 新しい変数の作成

関数 `ifelse()` (if logical test is true, return this, else return that) を使うと，既存の変数の値が論理テストにパスするかどうかで新しい変数の内容を作成することができます。例えば，*classtype* の値から新しい二値変数の内容を作成することができます。*classtype* の値が "small" である生徒に対しては 1 を，それ以外の生徒に対しては 0 を返すように R に指示します[16]。

関数 `ifelse()` は，3 つの引数を必要とします。

- 最初の引数は，論理テストで新しい変数の内容を作成する基準となる真／偽の質問を指定します。今回の事例では，生徒一人一人について，*classtype* の値が "small" に等しいかどうかを評価したいと思います。上述のように，`star$classtype=="small"` というコードでこれを行います。
- 2 番目の引数は，論理テストが真であるときに関数に返させたい値です。この例では，*classtype* が "small" と等しいときに 1 を返すようにします。
- 3 番目の引数は，論理テストが偽であるときに関数に返させたい値です。この例では，*classtype* が "small" と等しくないときに 0 を返すようにします。

次のコードを実行してみてください：

---

[16] **関数** `ifelse()` は既存の変数の内容に基づいて新しい変数の内容を作成します。(1)論理テスト，(2)テストが真の場合の返り値，(3)テストが偽の場合の返り値の順にカンマで区切られた 3 つの引数が必要です。
　演算子 == は，ある変数の観察値が特定の値と等しいかどうかを評価する論理テストを設定するために用いる関係演算子です。値が文章の場合は値を引用符 " で囲みますが，数値の場合は囲みません。
　例：`ifelse(`*data*`$`*var*`=="yes", 1, 0)` は，既存の文字変数 *var* を使って二値変数の内容を作成し，*var* が "yes" であるときは 1，そうでないときは 0 を返します。

```
ifelse(star$classtype=="small", 1, 0)
## [1] 1 0 0 1 1 0 1 1 0 0 0 0
## ...
```

この関数は，STAR データセットのすべての生徒について，通った学級の種類に応じて 1 または 0 を返します（ここでも，最初の 12 個の値だけを示しました）[17]。

これらの値を新しい変数として格納するために，割り当て演算子 `<-` を使用します。その左側には，新しい変数の名前を指定する必要があります。ここでは，変数名を *small* としました。これを単体で新しいオブジェクトとしてではなく，データフレーム内の変数として格納するためには，変数名の前にデータフレーム名を特定し，その間に `$` という記号を入れる必要があります（なお，この記号 `$` は，第 1 章で見たように，既存の変数にアクセスするだけでなく，新しい変数を作成することを可能にします）[18]。

これらをまとめて，新しい変数 *small* を作るために，次のように実行します[19]：

```
star$small <- ifelse(star$classtype=="small", 1, 0)
```

新しい変数を作成するときは，必ずその内容を確認するのがよいでしょう。そうすることで，将来的に多くのトラブルを回避することができます。例えば，ここでは新しい二値変数が正しく作成されたことを確認するために，`head()` を使ってデータフレームの最初のいくつかの観察をざっと見ることが

---

17) **ヒント** ここで，最初の返り値は 1 で，2 番目の返り値は 0 です。なぜでしょうか？ STAR データセットの最初の観察では，*classtype* は "small" に等しいので，論理テストは TRUE，したがって，関数 `ifelse()` は 1 を返します。2 番目の観察では，*classtype* は "regular" に等しいので，論理テストは FALSE，したがって，関数 `ifelse()` は 0 を返します。

18) **記号** `$` は，データフレーム内の変数にアクセスしたり，変数を作成したりする際に，変数を指定するために使用する記号です。その左側には，データフレームが格納されているオブジェクトの名前（引用符なし）を指定します。その右側には，変数の名前を指定します（引用符なし）。

19) **ヒント** オブジェクトや変数の名前は，数字やスペース，あるいは `$` や `%` などの特殊記号で始まらなければ，何でもよいことを思い出しましょう。実用性の観点から，オブジェクトや変数の名前は，その内容の意味を反映し，すべて小文字で，短く書く必要があります。

できます:

```
head(star) # 最初の観察を表示
##    classtype reading math graduated small
## 1      small     578  610         1     1
## 2    regular     612  612         1     0
## 3    regular     583  606         1     0
## 4      small     661  648         1     1
## 5      small     614  636         1     1
## 6    regular     610  603         0     0
```

出力を見ると，*small* という新しい変数があることがわかります。

また，*small* と *classtype* の値を比較すると，*classtype* が "small" であるときは必ず *small* が 1 になり，*classtype* が "regular" のとき必ず *small* が 0 になることが確認できます。実際，1 番目，4 番目，5 番目の観察では，*classtype* の値は "small" で，*small* の値は 1 です。2 番目，3 番目，6 番目の観察では，*classtype* の値は "regular" で，*small* の値は 0 です。

2.5.3 変数の部分集合化

角括弧 [] を用いると，特定の論理テストが真となる観察値を抽出することができます[20]。これはさまざまな場面で役立ちます。例えば，*small* の *reading* への平均因果効果を推定するには，以下の平均の差推定量を計算する必要があります。

$$\begin{pmatrix} 少人数学級の生徒の \\ 読解力テストの平均点 \end{pmatrix} - \begin{pmatrix} 標準規模学級の生徒の \\ 読解力テストの平均点 \end{pmatrix}$$

---

[20] **演算子** [] は，変数から選択された観察を抽出するために使用される演算子です。その左側では部分集合化したい変数を指定します。角括弧の中では，選択の基準を指定します。例えば，関係演算子 == を使用して，論理テストを指定することができます。論理テストが真である観察だけが抽出されます。例：*data$var1[data$var2==1]* は，変数 *var2* が 1 に等しい観察の変数 *var1* を抽出します。

この式を計算するためには，*reading* の観察値のうち，ある基準を満たす2つの部分集合の平均を計算する必要があります．変数の部分集合を求めるには，演算子 `[]` を用います．その左側に部分集合化したい変数，この場合は `star$reading` を指定します．角括弧の中には，選択する基準を指定します．以下の例を見れば，この仕組みがよくわかるでしょう．

前章で述べたように，Rで変数の平均を計算するには，関数 `mean()` を使います[21]．STAR データセットの全生徒の読解力の平均点を計算するためには，次のように実行します：

```
mean(star$reading)  # 読解力の平均を計算
## [1] 628.803
```

少人数学級に通った生徒だけの読解力の平均点を計算するには，*reading* の観察で *small* が1であるものだけを平均に入れる必要があります．次のコードでこれを行います：

```
mean(star$reading[star$small==1])  # 処置群について計算
## [1] 632.7026
```

角括弧の中で指定された論理テストが真となる *reading* の観察だけが，平均の計算のために選択されます．例えば，データセットの最初の6つの観察のうち，観察1, 4, 5に対応する，*reading* の値だけがこの平均に含まれます[22]．

---

21) **再確認** `mean()` は，変数の平均を計算します．必須の引数は，変数を指定するコードだけです．例：`mean(data$variable)`．

22) STAR データセットの最初の6つの観察における，*small* と *reading* の値．少人数学級に通った生徒の観察（*small*=1）は黒，標準規模学級に通った生徒の観察（*small*=0）は青字で表示されています．

i	*small*	*reading*
1	1	578
2	0	612
3	0	583
4	1	661
5	1	614
6	0	610

上記の出力によると，少人数学級に通う生徒は，平均して読解力テストで約633点を獲得しています。

標準規模学級に通っていた生徒はどうでしょうか？ この平均を計算するコードは，計算に含める観察の基準が，*small* が 0 でなければならないことを除いて，上のものと同じです：

```
mean(star$reading[star$small==0]) # 統制群について計算
## [1] 625.492
```

この出力から，標準規模学級に通う生徒は，読解力テストで平均して約625点を獲得していることがわかります。

ここで，上記の出力を使って，これら2つの平均の差として平均の差推定量を簡単に計算することができます (633−625)。さらに，次のコードを実行することで，一度に計算することができます[23]：

```
## 読解力について平均の差推定量を計算
mean(star$reading[star$small==1]) -
  mean(star$reading[star$small==0])
## [1] 7.210547
```

そして，他の2つの結果変数については，対応する平均の差推定量を以下のように計算することができます：

```
## 算数について平均の差推定量を計算
mean(star$math[star$small==1]) -
  mean(star$math[star$small==0])
## [1] 5.989905
```

---

[23] **ヒント** 慣例として，Rスクリプトでコードの後ではなく行頭にコメントを入れる場合，#を1文字ではなく2文字使用します。

```
## 生徒が高校を卒業したかどうかについて平均の差推定量を計算
mean(star$graduated[star$small==1]) -
  mean(star$graduated[star$small==0])
## [1] 0.007031124
```

この 2 つのコードは，関心のある結果変数として *reading* の代わりに，それぞれ *math* と *graduated* を使う以外は，前のコードと同じです。

これらの結果から何がいえるでしょうか。少人数学級に通う生徒は，標準規模学級に通う生徒と就学前は比較可能だったと仮定すると(このデータセットは無作為化実験で得られたものなので妥当な仮定)，少人数学級に通うことで：

- 小学 3 年次の読解力テストの成績が平均で 7 点向上しました。
- 小学 3 年次の算数テストの成績が平均で 6 点向上しました。
- 高校を卒業する生徒の割合が平均で約 1 パーセンテージポイント増加しました。

結論の文章では，分析の重要な要素に言及する必要があります[24]。また，結果変数の種類によって，平均の差推定量の測定単位が異なることに注意してください。アウトライン 2.1 の要約を参照してください(第 1 章で平均値の解釈を議論したときと同様に，この議論からカテゴリ変数を除外します)。

結果変数が二値変数でない場合，平均の差推定量の測定単位は，結果変数の

---

24) **ヒント** 良い結論の文章は，明確であり，簡潔であり，分析の重要な要素を含んでいます。例えば，無作為化実験で平均因果効果を推定する場合，次のことを必ず伝えましょう：
- 仮定：処置群と統制群は，処置前の特徴に基づいて比較可能です。この場合，少人数学級に通う生徒は，標準規模学級に通う生徒と就学前において比較可能です。
- 仮定の正当性：データセットは無作為化実験から得られたものです。
- 処置：少人数学級への参加。
- 結果変数：小学 3 年次の読解力テストの点数，小学 3 年次の算数テストの点数，高校を卒業した生徒の割合。
- 因果効果の方向，大きさ，測定単位：それぞれ 7 点の増加，6 点の増加，1 パーセンテージポイント弱の増加。
- 因果関係を主張していること：観察的な表現(少人数学級に通う生徒は標準規模学級に通う生徒より成績が良い)ではなく，因果関係のある表現(少人数学級に通うことで生徒の成績が向上した)を使いましょう。
- 個々の因果効果ではなく，平均因果効果を推定しているということ。

アウトライン 2.1　結果変数の種類に基づく平均の差推定量の測定単位

```
                     平均の差推定量の測定単位
                    ┌─────────────┴─────────────┐
              結果変数が                    結果変数が
         二値変数でない場合：              二値変数の場合：
              結果変数と                  (結果に100を掛けて)
            同じ測定単位で                パーセンテージポイントで
```

測定単位と同じになります。例えば，*reading* と *math* のように結果変数が点数で測定される場合，処置群と統制群それぞれの平均値も点数になり（点数の平均は点数で測定），推定量も点数になります（点数 − 点数 = 点数）。

結果変数が二値変数の場合，平均の差推定量の測定単位は（結果を 100 倍して）パーセンテージポイントになり，p.p. と略されることもあります[25]。これはなぜでしょうか？

- まず，前章で説明したように，二値変数の平均は，その変数で識別される特徴を持つ観察の割合に相当するため，（結果に 100 を掛けた後の）パーセンテージとして解釈する必要があります。その結果，結果変数が二値変数である場合，*graduated* のように，処置群と統制群の平均結果は，どちらも（結果を 100 倍した後の）パーセンテージで測定されることになります。
- 次に，2 つのパーセンテージの算術的な差の測定単位はパーセンテージポ

---

[25]　**ヒント**　パーセンテージポイントとは何でしょうか？ これは 2 つのパーセンテージの差を測定する単位です。例えば，ある生徒のテストの正答率が 50% から 60% に向上した場合，10 パーセンテージポイント上昇したと表現します：

$$\Delta 点数 = 点数_{後} - 点数_{前}$$
$$= 60\% - 50\% = 10 \text{ p.p.}$$

なぜ，この差を 10% といわないのでしょう？ それは，パーセント（%）の変化とパーセンテージポイント（p.p.）の変化は異なるからです。最初の点数が 50% で，10% 増えたといわれたら，最終的な点数は 55% になります（60% ではありません）。50% の 10% の増加は 5 パーセンテージポイント（$0.10 \times 50 = 5$ p.p.）の増加なので，最終的な点数はこのようになります：

$$点数_{後} = 点数_{前} + \Delta 点数$$
$$= 50\% + 5 \text{ p.p.} = 55\%$$

イントです(パーセンテージ − パーセンテージ = パーセンテージポイント；脚注 25 の ヒント 参照)。したがって，結果変数が二値変数の場合，平均の差推定量は，(結果を 100 倍した後の)パーセンテージポイントで測定されることになります。

例として，二値変数 *graduated* の平均の差推定量の解釈を再検討してみましょう。

まず，少人数学級に通う生徒と標準規模学級に通う生徒の *graduated* の平均を別々に計算します：

```
mean(star$graduated[star$small==1]) # 処置群の平均
## [1] 0.8735043
```

```
mean(star$graduated[star$small==0]) # 統制群の平均
## [1] 0.8664731
```

上の出力は，少人数学級に通った生徒の平均高校卒業率が 87.35% であることを示しています($0.8735 \times 100 = 87.35$%)。下の出力は，標準規模学級に通った生徒の平均高校卒業率が 86.65% であることを示しています($0.8665 \times 100 = 86.65$%)。

次に，平均の差推定量を計算します。これは，上記の 2 つの平均の差です：

```
## graduated の平均の差推定量
0.8735043 - 0.8664731
## [1] 0.0070312
```

上記の計算ですでにわかっているように，*graduated* の平均の差推定量は，0.007 です。これは，高校を卒業する確率が平均で 0.7 パーセンテージポイント上昇したと解釈することができます($0.007 \times 100 = 0.7$ p.p. または 87.35% −

86.65% = 0.7 p.p.)[26]。

平均の差推定量の解釈の仕方を明らかにしたところで，前述の平均処置効果の推定に戻りましょう。これらの推定値には2つの注意点があります：

- まず，これらは，処置の結果，複数の個人の平均的な結果がどの程度変化するかを示しています。これらは，処置が一個人の結果にどのような影響を与えるかを示すものではありません。本章の初めの理想化されたシナリオで見たように，個人レベルの処置効果は，平均的な処置効果とは大きく異なるかもしれません。少人数学級に通うことで，読解力テストの成績が平均的に向上したと推定されますが，ある特定の生徒の成績は，その影響で低下したかもしれません。
- 第2に，これらの推定値の妥当性は，処置群と統制群が，結果に影響を与える可能性のある処置変数以外のすべての変数に関して比較可能であるという仮定の妥当性にかかっています。この場合，無作為化実験のデータを分析しているため，確信をもってこの仮定を立てることができます。

この分析を完了するためには，まだいくつかの質問に答える必要があります。特に，ここで注目すべきは次の2つです：

- この結果を，STARプロジェクトに参加した生徒以外の母集団に一般化することはできるのでしょうか？
- 推定された因果効果は，データのノイズではなく，実際の因果効果を表しているのでしょうか？

関連する概念を理解した上で，最初のタイプの質問に対する答え方を第5章で学び，2番目のタイプの質問を第7章で探ります。

2.6 ● まとめ

この章では，因果効果について学び，それを推定しようとするときに直面するいくつかの困難について学びました。

---

[26] **ヒント** 平均因果効果は，Xの変化によるYの平均的な変化を推定するものなので，正の場合はYの平均的な増加，負の場合はYの平均的な減少，0の場合はYの平均的な変化はないと解釈する必要があります。

もし，処置と統制の両方の条件下で，同じ個人の結果を同時に観察することができれば，特定の個人の結果に対する処置の因果効果を，これら2つの潜在的結果の差として計算することができるでしょう．

　残念ながら，潜在的な結果を両方観察することはできません．現実には，各個人が受けた条件の下での結果(実際の結果)しか観察できず，もしその逆の条件を受けたらどうなっていたか(反事実の結果)を観察することはできません．

　因果効果を推定するためには，反事実の結果を近似するための仮定に頼らざるをえません．このため，各個人の処置効果ではなく，複数の個人にわたる平均処置効果を推定することになります．

　処置群と統制群が比較可能な場合，一方の群の観察された結果の平均(実際の結果)を，他方の群の観察されなかった結果の平均(反事実の結果)の適切な近似値として使うことができます．このような状況下では，平均の差推定量は，平均処置効果の有効な推定値を算出します．

　処置群と統制群が比較可能であることを保証する最も良い方法は，無作為化実験を行うことです．コイントスのような無作為のプロセスに基づいて，個人を処置群と統制群に割り当て，2つの群が平均的に同一の処置前の特徴を持つことを担保するのです．本書の後半では，無作為化実験を行うことができず，代わりに観察データを分析しなければならない場合に，平均因果効果を推定する方法について学びます．

第 **3** 章

社会調査研究による
母集団の特徴の推論[1]

社会科学におけるデータ分析のもう一つの共通の目的は，社会調査を用いて人口特性を推定することです。社会調査では，代表的な標本について測定することにより，母集団全体の特徴を推測することができます。この章では，社会調査研究の仕組みを説明し，その過程で起こりうる方法論的な課題について議論します。

また，単一の変数の分布と2つの変数の関係の両方を可視化し要約する方法を学びます。これらの概念を説明するために，欧州連合(EU)加盟継続に関する2016年の英国の国民投票のデータを分析します。

3.1 ● 英国における EU 国民投票について

英国(UK)と EU の関係に対する英国民の不満が高まる中，2016年，英国政府は国民投票を実施しました。英国の有権者は，英国が EU にとどまるべきか，それとも EU から離脱すべきかについて意見を求められたのです。後者の選択肢は，"British exit"の略語である Brexit として知られるようになりました。

これは，世界的な政治，法律，社会経済にも影響を及ぼす，大きな利害を伴う国民投票でした。投票に先だち，英国選挙調査(BES)の研究者グループ

---

1) 本章で紹介する R 記号，演算子，関数は次のとおり：`table()`, `prop.table()`, `na.omit()`, `hist()`, `median()`, `sd()`, `var()`, `^`, `plot()`, `abline()`, `cor()`.
　本章は，Sara B. Hobolt, "The Brexit Vote: A Divided Nation, a Divided Continent," *Journal of European Public Policy* 23, no. 9 (2016): 1259-1277 に基づきます。データは英国選挙調査の第7波によるものです。

は，世論を測定し結果を予測するために大規模な社会調査を実施しました。本章の最初の数節では，この調査のデータを分析し，Brexitへの支持率を測定し，Brexit支持者の人口構成を明らかにします。その後，実際の国民投票の結果を分析し，BESの標本で観察されたパターンが，関心のある母集団全体でも観察されうるかどうかを検討します。

3.2 ● 社会調査研究

社会科学分野では，関心のある母集団の特徴を知りたいことがよくあります。しかし，対象となる母集団のすべての個人からデータを収集することは，法外な費用がかかるか，実行不可能である場合があります。

社会調査研究では，対象となる母集団全体を理解するために，観察の部分集合からデータを収集します。調査のために対象となる母集団から選ばれた個人の部分集合は**標本**(sample)と呼ばれます。標本の観察数は，nで表され，対象母集団の観察数は，Nで表されます[2]。例えば，前述のBES調査では，研究者は，4,600万人以上の英国の有権者の意識を推測するために，わずか31,000人弱からデータを収集しました($n = 31,000$；$N = 4,600$万)。さらに驚くべきことに，米国では，2億人以上の成人の特徴を推測するために，研究者は通常1,000人程度しか調査をしていません($n = 1,000$；$N = 2$億)。

社会調査研究において，標本は関心のある母集団を代表するものであることが重要です。**代表的な標本**(representative sample)は，そこから抽出された母集団の特徴を正確に反映しています。標本には，母集団全体と同じような割合で特徴が現れます。

標本が代表的でない場合，標本に基づく母集団の特徴に関する推論は誤ったものとなるでしょう。例えば，図3.1の場合，標本は明らかに母集団を代表していません。標本の青色の人たちの割合は100%($8/8 = 1$)ですが，母集団の青

---

2) **ヒント** nという表記は，データフレームまたは変数内の観察数を表すことを再確認しましょう。ここで見るように，それは標本内の観察数を表すこともあります。

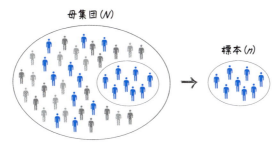

図 3.1 標本とは，対象となる母集団から得た観察の部分集合のことです。この場合，標本は明らかに母集団を代表していません。標本に含まれる青色の人たちの割合は，母集団に含まれる青色の人たちの割合と大幅に異なっています。

色の人たちの割合は約 43%（19/44 = 0.43）にすぎません[3]。その結果，この標本では間違った母集団の特徴を推測することになるでしょう。

3.2.1 無作為抽出

代表的な標本を抽出する最も良い方法は，母集団から無作為に個人を選択することです。この方法は**無作為抽出**（random sampling）と呼ばれます。例えば，母集団から無作為に個人を選ぶには，個人を 1 から N まで番号付けし，その番号を紙切れに書き，その紙切れを帽子に入れ，帽子を振り，帽子の中から n 枚の紙切れを選べばよいでしょう（実際には，研究者は帽子を使わず，R などのコンピュータプログラムを使って，1 から N の中から n 個の乱数を選びます）。

無作為抽出された標本の例として，図 3.2 を参照してください。この場合，標本中の青色個体の割合は 38%（3/8 = 0.38）であり，母集団中の青色個体の割合（43%）とさほど変わりません。ただし，n が比較的小さいので，全く同じにはなりません。本書で後述するように，標本の大きさ（n）が大きくなればなる

---

[3] **再確認** ある基準を満たす観察の割合は，次のように計算されます：

$$\frac{\text{基準を満たす観察の数}}{\text{すべての観察の数}}$$

この分数をパーセンテージとして解釈するには，結果の小数を 100 倍します。

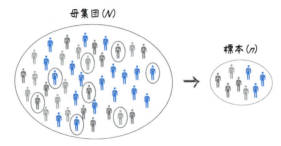

図 3.2 母集団から無作為に個体を抽出することで,図 3.1 の標本と比べて,この標本の青色の人たちの割合は,母集団の青色の人たちの割合に近くなっています。

ほど,標本の特徴は母集団の特徴に近くなります。

前章では,個人を処置群と統制群に無作為に割り当てると,処置前の両群が,観察される特徴と観察されない特徴の両方において,平均して互いに同一になることを見てきました[4]。ここでは,母集団から人々を無作為に抽出することにより,標本と対象母集団が平均的には,観察される特徴と観察されない特徴の両方において互いに同一になります。

> **無作為抽出による母集団の特徴の推論**:対象母集団から無作為に観察標本を抽出することで,対象母集団と標本が,平均して,すべての観察される特徴と観察されない特徴において互いに同一であることを保証します。つまり,標本が母集団を代表するものであることを保証し,母集団について有効な推論を行うことを可能にします。

3.2.2 潜在的な問題点

無作為抽出は理論的には簡単ですが,実際には誤った結果を招いてしまうような複雑な問題に直面することがよくあります。

---

4) **ヒント** 無作為処置割り当てと無作為抽出を混同してはいけません。無作為処置割り当てとは,無作為に処置を受ける人と受けない人を決めることです。無作為抽出とは,母集団から無作為に個人を選び,標本の一部とすることです。

まず，無作為抽出を実施するためには，対象となる母集団における観察の完全なリストが必要です。このリストは，抽出枠(sampling frame)として知られています。実際には，母集団の抽出枠を入手するのは困難な場合があります。居住地の住所，電子メール，電話番号のリストは，関心のある母集団全体を含んでいないことが多いのです。さらに問題なのは，リストから漏れている人たちが，含まれている人たちと系統的に異なる傾向があることです。例えば，住所のリストでは，ホームレスや最近引っ越した人など，母集団において他の人とは明らかに異なる2種類の人々が含まれていない可能性があります。このような漏れは，リストを不完全なものにするだけでなく，母集団を代表するものでなくしてしまうかもしれません。

　第2に，たとえ母集団に属する個人の包括的なリストを入手できたとしても，無作為に選ばれた人の中には調査への参加を拒否する人がいるかもしれません。この現象は全項目無回答(unit nonresponse)と呼ばれます。もし，参加を拒否した人が，参加に同意した人と系統的に異なる場合，得られた標本は代表的ではなくなるでしょう。

　第3に，参加者は調査のいくつかの質問に答えることに同意するかもしれませんが，すべての質問には答えないかもしれません。回答者は，自分に関するある種の情報を見知らぬ人と共有することに不快感を覚えるかもしれません。未回答の質問がある場合，必ず一部項目無回答(item nonresponse)と呼ばれる現象が発生します。もし得られなかった回答が得られた回答と系統的に異なる場合，質問に対して収集された手元のデータは母集団の特徴を正確に反映しないでしょう。

　第4に，参加者が不正確な情報や虚偽の情報を提供する可能性があります。これは誤った申告(misreporting)と呼ばれる現象で，ある回答が他の回答よりも社会的に受け入れられやすい，あるいは望ましいとされる場合に特に起こりやすいです。例えば，米国では，大統領選挙の公式投票率は60%程度ですが，全米選挙調査(ANES)では，70%以上の回答者が投票したと回答します。投票はしばしば市民の義務であると認識されるので，回答者は社会的な圧力を感じて投票行動に関して嘘をつくのかもしれません。原則として，自己申告に依存する場合は常に，誤った申告が収集したデータを汚染する可能性があ

表 3.1　BES 調査データにおける変数の説明（観察単位は回答者）

変数	説明
vote	EU の国民投票における回答者の投票予定："leave"（離脱），"stay"（残留），"don't know"（わからない），"won't vote"（投票しない）
leave	「離脱」投票者を識別：1 =「離脱」に投票する意向，0 =「残留」に投票する意向；（NA =「わからない」または「投票しない」のいずれか）
education	回答者の最高学歴：1 = 学歴がない，2 = 中等一般教育修了，3 = 上級一般教育修了，4 = 大学卒，5 = 大学院卒；（NA = 無回答）
age	回答者の年齢

ることを認識する必要があります。

　これらの問題に対処するために必要な統計学的調整は，本書の範囲を超えています。本分析では，BES 調査の標本が対象の母集団である英国の全有権者を代表していると仮定します。よって，この標本を用いて，母集団の Brexit 支持率を推計します。

3.3 ● Brexit への支持の測定

　国民投票が行われる数週間前に，Brexit への支持がどの程度あったのか，BES 調査データを分析してみましょう（調査は 2016 年 4 月 14 日から 5 月 4 日にかけて行われ，国民投票は 6 月 23 日に行われました）。

　この章の分析用コードは "Population.R" ファイルに含まれています。また，何も書かれていない R スクリプトを新規に作成し，自分でコードを入力する練習をしてもよいでしょう。"BES.csv" ファイルには調査データが含まれており，表 3.1 には変数の名前と説明が掲載されています。

　BES 調査データセットの分析を始める前に，第 1 章で STAR データセットで行ったのと同様に，データセットを読み込んで意味を理解する必要があります（詳しくは 1.7 節を参照）。

　まず，作業ディレクトリを変更して，データの保存場所を R で指定しま

す[5]。第 1 章で使用したコードを実行して，R を DSS フォルダに誘導してください。これで，次のように実行することで，データセットを読み込んで *bes* という名前のオブジェクトに格納することができます：

```
bes <- read.csv("BES.csv")  # データを読み込み，格納する
```

データセットの感触をつかむために，関数 head() を使って，最初の 6 つの観察を見てみましょう：

```
head(bes)  # 最初の観察を表示
##          vote leave education age
## 1       leave     1         3  60
## 2       leave     1        NA  56
## 3        stay     0         5  73
## 4       leave     1         4  64
## 5  don't know    NA         2  68
## 6        stay     0         4  85
```

この出力と表 3.1 (表のタイトルを含む) から，各観察は調査回答者を表し，データセットには 4 つの変数が含まれていることがわかります：

- *vote* は，英国の EU 残留を問う国民投票において，調査時に各回答者がどのように投票するつもりであったかを示しています。これは，以下の 4 つの値をとることができる文字変数です："leave"(離脱)，"stay"(残留)，"don't know"(わからない)，または "won't vote"(投票しない)。
- *leave* は，離脱派，つまり Brexit 支持者を識別するための二値変数です。回答者が「離脱」に投票するつもりであれば 1，「残留」に投票するつも

---

[5] **再確認** DSS フォルダがデスクトップに直接保存されている場合，作業ディレクトリを設定するには，Mac ユーザーであれば setwd("~/Desktop/DSS") を，Windows ユーザーであれば setwd("C:/user/Desktop/DSS") (*user* は自分のユーザー名) を実行しなければなりません。DSS フォルダが他の場所に保存されている場合，作業ディレクトリの設定方法については，1.7 節 (1) を参照してください。

りであれば0となります。どう投票するかわからない，または投票するつもりがない回答者にはNAを付けます。これはRで欠損値を表す方法です（欠損データについては後ほどすぐに取り扱います）。この変数がデータフレームの一部でなかった場合，関数 `ifelse()` を複数使って，*vote* の内容を使って作成することができました[6]。

- *education* は，回答者の最高学歴を表します。これは，1, 2, 3, 4, 5 の 5 つの値をとることができる二値変数でない数値変数です。これらはそれぞれ異なる教育達成度を表し，1 が最も低いレベル，5 が最も高いレベルです。無回答は NA としてコード化されます。
- *age* は回答者の年齢を年単位で表します。これは，二値変数でなく，多くの値をとりうる変数であることを意味します。

これらを総合すると，例えば，最初の観察は，EU の国民投票で「離脱」に投票するつもりで，Brexit 支持者であり，最高学歴が上級一般教育修了（英国の高校卒業資格に相当）であり，調査時に 60 歳だった回答者を表していると解釈されます。

最後に，調査に参加した回答者の人数を調べるために，以下を実行します：

```
dim(bes) # データフレームの次元(行，列)を表示
## [1] 30895     4
```

この出力から，データセットには 30,895 人の回答者の情報が含まれていると判断されます。つまり，標本の観察数（n）は 30,895 です（これはものすごく大規模な社会調査です！）。

---

[6] **上級者向けヒント** `ifelse()` は，既存の変数の値から新しい変数の内容を作成することを思い出しましょう。これは，以下の順序でカンマで区切られた 3 つの引数を必須とします：(1) 論理テスト，(2) テストが真の場合の返り値，(3) テストが偽の場合の返り値。もし，変数 *leave* がデータフレームになければ，関数 `ifelse()` の中に関数 `ifelse()` を入れ込んで作成できたはずです：
```
bes$leave <-
 ifelse(bes$vote=="leave", 1,
 ifelse(bes$vote=="stay", 0, NA))
```
変数 *leave* の観察値は，*vote* が "leave" であれば 1，*vote* が "stay" であれば 0，その他の場合は NA となります。このコードの構成は以下のとおりです：ifelse(test1, test1 が真である場合の値, ifelse(test2, test1 が偽で test2 が真である場合の値, test1 も test2 も偽である場合の値))。

3.3.1 国民投票の結果を予測する

国民投票の結果を予測するためには，調査が行われた時点で，英国の有権者のうち，(i) Brexit に賛成，(ii) Brexit に反対の割合が推定される必要があります。

BES 調査の回答者の標本が，英国の有権者全員を代表するものであれば，標本に含まれる個人の特徴の割合を，対象母集団全体に含まれる個人の特徴の割合の良い近似値として使うことができます。

BES 標本で Brexit に賛成した個人と反対した個人の割合を計算するために，変数 *vote* の割合の表を作成しますが，まずその度数の表を作成する必要があります。

3.3.2 度数表

変数の**度数表**(frequency table)は，変数がとる値と，各値が変数に現れる回数を示しています。

例えば，$X = \{1, 0, 0, 1, 0\}$ とすると，X の度数表は次のようになります：

値	0	1
度数	3	2

表から，X には 0 をとる観察が 3 つ，1 をとる観察が 2 つ含まれていることがわかります。

R で度数表を作成するには，関数 `table()` を使用します[7]。必須の引数は，要約する変数を指定するコードだけです[8]。今回の例では，*vote* の度数表を計算するために，次のように実行します：

```
table(bes$vote)  # 度数表を作成
## don't know leave  stay won't vote
##       2314 13692 14352        537
```

---

[7] **関数** `table()` は，変数の度数表を作成します。必須の引数は，変数を指定するコードだけです。例：`table(data$variable)`。

[8] **再確認** データフレーム内の変数にアクセスするには，`$` を使います。左側には，データフレームが格納されているオブジェクトの名前を指定します(引用符なし)。その右側には，変数の名前を指定します(引用符なし)。例：`data$variable`。

この度数表は，BES 調査の回答者 30,895 人のうち，2,314 人が未定で，13,692 人が「離脱」，14,352 人が「残留」，537 人が「投票しない」であることを示しています。なお，すべての度数の和は標本の総観察数 n に等しくなります（$2314 + 13692 + 14352 + 537 = 30895$）。

3.3.3 比率表

変数の**比率表**（table of proportions）は，変数の各値をとる観察の比率を示します。定義上，表の比率の合計は 1（または 100％）になるはずです。

例えば，$X = \{1, 0, 0, 1, 0\}$ とすると，X の比率表は次のようになります：

値	0	1
比率	0.6	0.4

この表から，X の観察値の 60％ は 0，40％ は 1 の値をとることがわかります（比率表をパーセントとして解釈するためには，小数の値に 100 を掛けることを思い出しましょう）。

R で比率表を作るには，度数表を比率表に変換する関数 prop.table() を使用します[9]。この関数は，(a) 関数 table() の出力を含むオブジェクトの名前か，(b) 関数 table() 自体を主な引数にとります。いずれの場合も，関心のある変数が table() の括弧の中に指定されています。そこで，今の例でいえば，*vote* の比率表を計算するためには，次のように実行することができます：

```
## 方法 a：度数表を先に作成
freq_table <- table(bes$vote)  # 度数表を含むオブジェクト
prop.table(freq_table)  # 比率表を作成
## don't know    leave    stay won't vote
##    0.07490  0.44318 0.46454     0.01738[10]
```

---

9) 関数 prop.table() は，度数表を比率表に変換します。唯一の必須の引数は，括弧の中の変数を指定するコードを伴う関数 table() の出力です。例：prop.table(table(*data*$*variable*))。

10) 訳者注：本書では，スペースの都合上，四捨五入して数値の桁数を実際の出力結果よりも減らして調整している箇所があります。

あるいは，度数表を持つオブジェクトを作成するステップをスキップして，代わりに次のように実行することもできます：

```
## 方法 b：一度にすべて処理
prop.table(table(bes$vote))  # 比率表を作成
## don't know    leave    stay won't vote
##    0.07490  0.44318 0.46454     0.01738
```

上記の出力に示された標本の割合に基づき，調査を実施した時点で，英国の有権者の 44% が「離脱」に，46% が「残留」に投票する意向であり，7% 以上の人がまだ未定であったと推定されます。

この時点では，「離脱」よりも「残留」を選択する割合がやや高かったのです。しかし，この差以上に未定の割合が大きく（7% > 46% − 44%），この調査結果は国民投票の結果を明確に予測するものではありませんでした。

実際のところ，国民投票はかなり接戦となりました。離脱派が 51.9%，残留派が 48.1% の得票率でした。つまり，離脱派がわずか 3.8 パーセンテージポイント（51.9% − 48.1% = 3.8 p.p.）の差で勝利したのです。

3.4 ● Brexit を支持したのは誰？

また，BES 調査データを分析することで，Brexit 支持者と非支持者の特徴を調べることができます。具体的には，この 2 つの群を学歴や年齢で比較するとどうなるかを明らかにすることができます。

本節では，まず，さまざまな関数の欠損データの扱い方を学び，次に，欠損情報を持たない観察に対して分析を行う方法を学びます。

次に，Brexit 支持者と非支持者の教育水準を比較するために，二元度数表と二元比率表を作成し，*leave* と *education* の関係を調べます。これらの表は，2 つの変数の内容を一度に調べることを除けば，変数 *vote* の内容を調べるときに作成した表と同様です。

次に，Brexit 支持者の年齢分布と非支持者の年齢分布とを比較するため，

leave と *age* の関係性を探ります。この場合，二元度数表や二元比率表は作成しません。なぜなら，*age*（単位：年）は多数の異なる値をとりうるため，これらの表は大きすぎて参考にならないからです。そこで，両者の年齢分布を可視化し，比較するために，支持者と非支持者の *age* のヒストグラムを作成します。最後に，2つの年齢分布の特徴を要約し，比較するために，各群について *age* の平均，中央値，標準偏差，分散などの記述統計量を計算します。

3.4.1 欠損データの処理

先に見たように，調査データでは欠損値がよくあります。BES データセットでは，2つの変数に NA が含まれていますが，これは R が欠損値を表現する方法です。*leave* という変数には，回答者が未定または投票するつもりがない場合に NA が入ります。回答者が回答を拒否した場合，変数 *education* には NA が入ります（3.3 節の冒頭で紹介した `head()` で出力されたデータフレームの 2 番目と 5 番目の観察を参照）。

R の関数には，演算を行う前に自動的に欠損値を除去するものと，そうでないものがあります。例えば，`table()` という関数は，デフォルトで欠損値を無視します。もし，この関数に欠損値を含ませたい場合は，オプションの引数である `exclude` を指定し，その引数を `NULL` に設定する必要があります。これは，R に度数表のどの値も除外しないよう指示するものです（オプションの引数がどのように機能するかについての簡単な概要は，脚注 11 の ▶再確認 を参照してください）。今回の例では，欠損値も含めた *education* の度数表を作成するために，次のように実行します：

```
table(bes$education, exclude=NULL) # NA を含む table()
##      1    2    3     4    5 <NA>
## 2045 5781 6272 10676 2696 3425
```

---

11) ▶再確認 関数の括弧の中に，オプションの引数の名前を（引用符なしで）入れ，特定の値になるように設定することで，オプションの引数を指定することができます。TRUE，FALSE，NA，NULL は R の特殊な値なので，引用符で囲んで書いてはいけません。最後に，オプション引数は必須の引数の後に，カンマで区切って指定します。

この出力から，3,400人強の回答者が学歴の回答を拒否していることがわかります。この質問に対する回答を拒否した回答者の割合である一部項目無回答率は，約11%（3425/30895 = 0.11）でした。関数 mean() は[12]，欠損値を自動的に除外しません。変数にNAが含まれている場合，デフォルトの設定を変えない限り，Rはその変数の平均を計算することができません。例えば，以下を実行してみてください：

```
mean(bes$leave)  # NA を除外しないで mean() を実行
## [1] NA
```

　ここで，Rは欠損値があることを示すNAを返します。平均値を計算する前にNAを除去するようRに指示するには，オプションの引数として na.rm（"NA remove"）を指定し，それを TRUE に設定します。

```
mean(bes$leave, na.rm=TRUE)  # NA を除いた mean()
## [1] 0.4882328
```

　ここで，Rは演算結果を出力します。この出力は，BES調査において，すでにどちらかの陣営に投票することを決めている回答者のうち，約49%がBrexit支持者であることを示していると解釈されます（0.49×100 = 49%）[13]。

　他の関数が欠損値をどのように扱うかを見るには，RStudioのヘルプタブ（右下のウィンドウ）を使用します。このタブには，すべてのR関数の説明があり，関数の動作，必須の引数，デフォルトの設定とその変更方法などが記載されています。特定の関数の説明を読むには，手動でヘルプタブを選択し，虫眼鏡アイコンの横に関数の名前を入力してエンターキーを押すだけです（例えば，図3.3を参照）。

　欠損値を持つすべての観察をデータフレームから取り除くには，関数

---

12) 再確認　Rでは，関数 mean() は変数の平均を計算します。例：mean(*data*$*variable*)。
13) 再確認　二値変数の平均は，その変数で識別される特徴を持つ（値が1である）観察の割合と解釈できます。

3.4　Brexitを支持したのは誰？

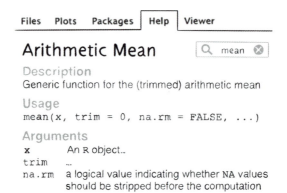

図 3.3　RStudio のヘルプタブに表示される情報の種類の例。

na.omit() を使用できます．私たちの現在の目的では，少なくとも 1 つの NA を持つすべての観察を bes から取り除くために，次のように実行します：

```
bes1 <- na.omit(bes) # NA を持つ観察を取り除く
```

na.omit(bes) というコードは，元のデータフレームから欠損値を持つ観察を除いたものを返します[14]．割り当て演算子 <- で，この新しいデータフレームを bes1 という名前のオブジェクトに格納します．環境（右上のウィンドウに表示されている現在の R セッションの格納領域）には，bes（元のデータフレーム）と bes1（新しいデータフレーム）という，2 つのオブジェクトが含まれているはずです．

注意点：関数 na.omit() は，欠損データを含むすべての観察を削除するように R に指示します．分析に不要な変数の欠損値によって観察が必要以上に削除されるのを避けるために，この関数をデータフレームに適用する前に，データフレーム内で欠損値を含む各変数が分析に必要かどうかをすべて確認する必要があります（データフレームから分析に使いたい変数を抽出する手順は，

---

14)　関数　na.omit() は，データフレームから欠損データを持つ観察をすべて削除します．必須の引数は，データフレームが格納されているオブジェクトの名前だけです．例：na.omit(data)．

脚注 15 の 上級者向けヒント に書いてあります）。

BES 調査の場合，NA を含むのは *leave* と *education* の 2 つの変数だけです。ここでは，*leave* の値が欠損している回答者については，関心がありません。彼らは投票するつもりがないか，Brexit の是非についてまだ決心していないかのどちらかでした。また，今回の分析では *education* を使用するため，学歴の記入を拒否した回答者は除外する必要があります。したがって，*bes* に `na.omit()` を適用しても，必要以上に観察が削除されることはありません。

関数 `na.omit()` を使用した後，(i) 関数が期待通りに動作したことを確認するために両方のデータフレームからいくつかの観察を見ること，(ii) どれだけの観察が削除されたかを計算することは良いアイデアです。

最初の作業を行うのに，`head()` という関数を使うことができます：

```
head(bes)  # 元のデータフレームの最初の観察を表示
##         vote leave education age
## 1      leave     1         3  60
## 2      leave     1        NA  56
## 3       stay     0         5  73
## 4      leave     1         4  64
## 5 don't know    NA         2  68
## 6       stay     0         4  85
```

---

15) 上級者向けヒント `[ ]` は，変数から選択された観察を抽出するために使用される演算子であることを再確認してください。また，選択された観察をデータフレームから抽出するために使用される演算子でもあります。どちらの場合も，その左側に部分集合化したいもの（変数であれデータフレームであれ）を指定し，角括弧の中に選択基準を指定します。

変数の部分集合をデータフレームから抽出するには，演算子 `[ ]` と，値をベクトルにまとめる関数 `c()` を併用します（第 6 章で詳しく説明します）。例：`reduced_data <- original_data[c("var1", "var2")]`。

このコードを実行すると，*reduced_data* という名前の新しいオブジェクトが作成され，このオブジェクトには，*original_data* に格納されているデータフレームの変数である *var1* と *var2* を含むデータフレームが入ります。

```
head(bes1)  # 新しいデータフレームの最初の観察を表示
##     vote leave education age
## 1  leave    1         3  60
## 3   stay    0         5  73
## 4  leave    1         4  64
## 6   stay    0         4  85
## 7  leave    1         3  78
## 8  leave    1         2  51
```

上記の2つの出力を比較すると，予想通り，2番目と5番目の観察は両方とも少なくとも1つのNAを含むので，na.omit()は元のデータフレームからそれらを削除したことがわかります(デフォルトでは，Rは元の行番号を保持することに注意してください。そのため，bes1は2番と5番の行番号を持ちません)。

2つ目の作業を行うには，関数dim()を使用します：

```
dim(bes)   # 元のデータフレームの次元を表示
## [1] 30895      4
```

```
dim(bes1)  # 新しいデータフレームの次元を表示
## [1] 25097      4
```

欠損データを持つ観察を削除することによって，データセットの観察は30,895件から25,097件に減りました。合計5,798件の観察，つまり元の観察の19%近くが，少なくとも1つのNAを含むために削除されました(30895 − 25097 = 5798，5798/30895 = 0.19)。

分析を続ける前に，データセットから欠損値のある観察を取り除くと，残りの標本の観察が対象母集団を代表しなくなり，母集団の特徴の推測が誤ったものになる可能性があることは，注意に値します。例えば，教育水準の回答を

拒否した回答者が全員 Brexit に賛成していた場合，新しいデータフレームである bes1 を分析すると，Brexit への支持の程度が過小評価されることになります。この問題に対処するための統計手法は，本書で扱う範囲外です。ここでは，欠損値のある観察の有無にかかわらず，BES 調査の標本が英国の有権者全員を代表すると仮定します。

今後は，NA を含まない新しいデータフレームである bes1 のデータを分析します(変数を識別するコードは bes$variable_name ではなく bes1$variable_name という構造に従うことになります)。

3.4.2 二元度数表

標本内の Brexit 支持者・非支持者の教育水準を見るには，leave と education の二元度数表を作成します。**二元度数表**(two-way frequency table)は<u>クロス集計表とも呼ばれ，指定された 2 つの変数の値の各組み合わせをとる観察の数を示しています</u>。

例えば，X と Y が下記の左表(データフレーム)で定義されている通りである場合，X と Y の二元度数表は下記の右表となります：

i	X	Y
1	1	1
2	0	1
3	0	1
4	1	0
5	0	0

X と Y の二元度数表は以下のとおり：

		Y の値	
		0	1
X の値	0	1	2
	1	1	1

二元度数表は，データフレームについて次のことを示しています：
- X と Y がともに 0 になる観察が 1 つあります(5 番目の観察)。
- X が 0，Y が 1 の観察が 2 つあります(2 番目と 3 番目の観察)。
- X が 1，Y が 0 になる観察が 1 つあります(4 番目の観察)。
- X と Y の両方が 1 になる観察が 1 つあります(最初の観察)。

二元度数表を作成するには，一元度数表を作成したときと同様に，関数

`table()` を使用します[16]。ただし、二元配置の場合は、必須の引数として 2 つの変数を指定する必要があります(カンマで区切ります)。この研究では、*leave* と *education* の二元度数表を作成するために、次のように実行します：

```
table(bes1$leave, bes1$education)  # 二元度数表
##      1    2    3    4    5
## 0  498 1763 3014 6081 1898
## 1 1356 3388 2685 3783  631
```

上の出力では、*leave* は 2 つの値(0 か 1)をとり、*education* は 5 つの値(1, 2, 3, 4, または 5)をとることがわかります(なお、関数の最初の引数として指定された変数の値は行に、2 番目の変数の値は列に表示されます)。各セルの数字は、データセットに含まれるさまざまな値の組み合わせの度数(カウント)を示しています。例えば、最初のセルから、BES 標本において、Brexit 支持者でなく(*leave* = 0)、学歴のない(*education* = 1)回答者が 498 人いることがわかります。

二元度数表は、2 つの変数の関係を発見するのに役立ちます。例えば、上の表では、学歴なし(*education* = 1)と回答した人のうち、Brexit 非支持者が支持者より少なかったこと(非支持者 498 人に対し、支持者 1,356 人)がわかります。一方、最も学歴の高い(*education* = 5)回答者では、非支持者の方が支持者よりも多かったこと(非支持者 1,898 人に対し、支持者 631 人)がわかります。

3.4.3 二元比率表

英国の全有権者における Brexit 支持者と非支持者の教育水準を推測するためには、関連する特徴の組み合わせごとの標本内における個人の比率を計算する必要があります。標本が代表的であれば、標本の特徴は母集団全体と同様の割合で現れるはずであることを思い出しましょう。

---

[16] **関数** `table()` は、必須の引数として 2 つの変数をカンマで区切って指定すると、二元度数表を作成します。出力では、1 番目に指定された変数の値が行に、2 番目に指定された変数の値が列に表示されます。例：`table(data$variable1, data$variable2)`。

標本内の関連する比率の計算のために，leave と education の比率の二元比率表を作成します。**二元比率表**(two-way table of proportions)は，2つの指定された変数の値のそれぞれの組み合わせをとる観察の比率を表します。

ここで，前項で紹介した簡単な例に戻ってみましょう。X と Y が下記の左表で定義されている場合，X と Y の二元比率表は下記の右表となります：

i	X	Y
1	1	1
2	0	1
3	0	1
4	1	0
5	0	0

X と Y の二元比率表は以下のとおり：

		Y の値	
		0	1
X の値	0	0.2	0.4
	1	0.2	0.2

二元比率表からは，データフレームについて次のことがわかります：
- X と Y がともに0の観察は20%です。
- X が0，Y が1の観察は40%です。
- X が1，Y が0の観察は20%です。
- X と Y がともに1の観察は20%です。

Rで二元比率表を作成するには，1変数の場合と同じ関数 `prop.table()` を使用します。しかし，ここでは，必須の引数である関数 `table()` の中に，2つの変数を指定する必要があります。デフォルトでは，Rは標本全体を参照群(分母)とする二元比率表を作成します。次のコードを実行しましょう：

```
## 二元比率表
prop.table(table(bes1$leave, bes1$education))
##           1       2       3       4       5
## 0　 0.01984 0.07025 0.12009 0.24230 0.07563
## 1　 0.05403 0.13500 0.10698 0.15074 0.02514
```

標本全体が参照群であるため，表内のすべての比率の合計は1になります。表の最初のセルは，BES調査の回答者で，Brexitに反対($leave = 0$)，学歴なし

($education$ = 1)が2%（$0.02 \times 100 = 2\%$）だったことを示すと解釈されます。

標本の部分集合内の比率を知りたい場合，計算の参照群を変更する必要があります。そのために，オプションの引数として `margin` を指定し，1または2のいずれかになるように設定します。1であれば，Rは最初に指定された変数を使用して参照群を設定します。例えば，Brexit支持者内とBrexit非支持者内の各教育水準の比率を計算するためには，次のように実行します：

```
## margin=1 の二元比率表
prop.table(table(bes1$leave, bes1$education), margin=1)
##           1       2       3       4       5
## 0   0.03757 0.13302 0.22740 0.45880 0.14320
## 1   0.11450 0.28608 0.22672 0.31943 0.05328
```

オプションの引数 `margin=1` を含めると，最初に指定した変数が $leave$ であるため，比率は，Brexit非支持者（$leave$ = 0）とBrexit支持者（$leave$ = 1）という，2つの群内で計算されることになります。各行の比率を足すと1になります。表の最初のセルは，標本中のすべてのBrexit非支持者のうち，4%近くが学歴なし（$education$ = 1）であったことを示すと解釈されます。

また，オプションの引数 `margin=2` を含めると，Rは2番目に指定された変数を使用して参照群を定義します。例えば，各教育水準の中でBrexitを支持する割合を算出するためには，次のように実行します：

```
## margin=2 の二元比率表
prop.table(table(bes1$leave, bes1$education), margin=2)
##           1       2       3       4       5
## 0   0.26861 0.34226 0.52886 0.61648 0.75049
## 1   0.73139 0.65774 0.47114 0.38352 0.24951
```

新しい比率は，学歴の水準ごとに，5つの群内で計算されます。ここでは，各列の比率は合計で1となります。表の最初のセルは，学歴がない回答者

(*education* = 1)において，約 27% が Brexit を支持しなかったこと(*leave* = 0)を示すと解釈されます。

二元比率表は，2 つの変数の関係を発見するのにも役立ちます。例えば，先ほどの表では，学歴なし(*education* = 1)では，Brexit 支持派が多いこと(非支持派 27% に対して，支持派 73%)がわかります。この現象は，教育水準が高くなると逆転します。

英国の高校卒業相当の学歴(*education* = 3)を持つ回答者では，Brexit 支持者は僅差で少数派(非支持者 53% に対して，支持者 47%)です。最高学歴が大学院卒(*education* = 5)の回答者のうち，Brexit 支持者は明らかに少数派(非支持者 75% に対して，支持者 25%)です。

BES の標本が英国の有権者全員を代表しているとすれば，教育水準が低い有権者は Brexit を支持し，教育水準が高い有権者は Brexit に反対した可能性が高いと推察されます。

3.4.4 ヒストグラム

Brexit 支持者と非支持者を年齢で比較するために，ヒストグラムを作成することで，2 つの年齢分布を可視化することができます。**ヒストグラム**(histogram)は，変数の分布を視覚的にグラフ化したもので，高さの異なるビン(長方形)で構成されています。X 軸(横軸)上のビンの位置は，値の範囲を示します。ビンの高さは，変数が対応する範囲の値をとる度数を表します。

例えば，$X = \{11, 11, 12, 13, 22, 26, 33, 43, 43, 48\}$ とすると，X のヒストグラムは，次のグラフになります。

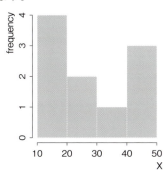

これは，変数 X が以下を含むことを示しています：
- 10 から 20 までの区間に 4 つの観察
- 20 から 30 までの区間に 2 つの観察
- 30 から 40 までの区間に 1 つの観察
- 40 から 50 までの区間に 3 つの観察

ある変数のヒストグラムを作成する R 関数は，hist() です[17]。この事例では，age のヒストグラムを作成するために，次を実行します[18]：

```
hist(bes1$age)  # ヒストグラムを作成
```

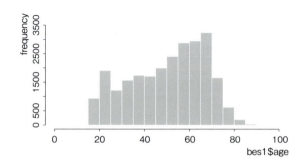

このコードを実行すると，RStudio(右下のウィンドウ)に上図のようなグラフが表示されます。もし R が代わりに "Error in plot.new(): figure margins too large" というエラーメッセージを出したら，右下のウィンドウを大きくしてから，プロットを作成するコードを再実行するようにしてみてください(本書に掲載されているグラフは，コンピュータで見るグラフとは少し違って見えるかもしれませんので注意してください。本書を読みやすくするために，デフォルトの配色やグラフのスタイルに手を加えることがよくあります。しかし，全体的なパターンは同じはずです)。

---

17) **関数** hist() は，変数のヒストグラムを作成します。必須の引数は，変数を指定するコードだけです。例：hist(*data*$*variable*)。
18) 訳者注：hist(bes1$age) で作成されるヒストグラムの Y 軸の範囲が本書の図の設定と異なるため，表示される図は少し違って見えます。Y 軸の範囲を設定するには，オプションの引数で ylim を指定します。例：hist(bes1$age, ylim=c(0, 3500))。オプションの引数 xlim を用いることで X 軸も同様に設定できます。

上のヒストグラムから，このアンケートには15歳未満の回答者がいないことがわかります(この変数がとる最小値は実際には18歳です)。これは，研究者が意図的に選挙権を持つ人々のみに接触したため，理にかなっています。分布は，左側に歪んで偏っているものの，ほぼ釣鐘型の曲線を描いていることがわかります[19]。最も大きなセグメント(背の高いビン)は，65歳以上70歳未満の回答者で構成されています。

　上のヒストグラムは，支持者と非支持者の両方の年齢を含んでいます。Brexit支持者の年齢分布と非支持者の年齢分布を比較するためには，各群について1つずつヒストグラムを作成する必要があります。これらのヒストグラムのそれぞれについて，基準(回答者が支持者または非支持者であることがそれぞれ必要)を満たした *age* の観察だけを選択することが必要です。そのためには，第2章で行ったように，演算子 `[]` と演算子 `==` を併用します(2.5.3項を参照)。そして，それぞれの部分集合に対して，関数 `hist()` を適用すればよいのです。全部合わせると，2つのヒストグラムを作成するコードは次のようになります[20]：

```
## ヒストグラムを作成
hist(bes1$age[bes1$leave==0])  # 非支持者について
hist(bes1$age[bes1$leave==1])  # 支持者について
```

---

19) **ヒント**　釣鐘型の分布(ベルカーブ)は，(下の実線の分布のように)左側の裾が右側の裾より長いと左に歪み，(下の破線の分布のように)逆の場合は右に歪みます(訳者注：分布の頂上の位置と左右が逆に見えますが間違いではありません)。

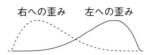

　　　　　　　　　右への歪み　　左への歪み

20) **再確認**　ある変数から選択された観察を抽出するには，演算子 `[]` を使用します。その左側には，部分集合化したい変数を指定します。角括弧の中では，例えば関係演算子 `==` を使って，選択の基準を指定します。その基準が真である観察のみが抽出されます。例：`data$var1[data$var2==1]` は，変数 *var2* が1となる観察の，変数 *var1* だけを抽出します。

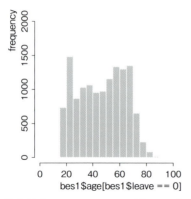
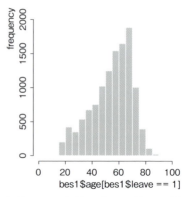

非支持者のヒストグラム（左側のもの）を見ると，年齢分布は比較的一様で，20〜25歳の層が最も多いことがわかります[21]。一方，支持者のヒストグラム（右図）を見ると，年齢分布は明らかに左に歪んでいるものの，ほぼ釣鐘型であり，65〜70歳の層が最も多いことがわかります。両者の年齢分布を視覚的に比較した結果，Brexit支持者は非支持者よりも年齢が高い傾向にあると結論づけられます。

3.4.5 密度ヒストグラム

2つの群の年齢分布の違いを視覚化するには，密度ヒストグラムを使用するのが良いでしょう。密度ヒストグラムは，観察数が大幅に異なる群を比較するのに特に有用です。**密度ヒストグラム**（density histogram）では，<u>各ビンの高さは，そのビンの密度を示し，ビン内の観察の（全観察に占める）比率をビンの幅で割ったものとして定義されます</u>。これは，各ビン（長方形）の面積が，ビンに入る観察，つまり，X軸上のビンの位置によって指定された範囲内のいずれかの値をとる観察の割合に等しいからです。

以下は数学的な論証です。長方形やビンの面積は，次のように計算されます：

---

21) **ヒント** 一様分布では，最小値と最大値の間のすべての値が等しく起こりえます。

$$\text{ビンの面積} = \text{ビンの高さ} \times \text{ビンの幅}$$

各ビンの高さを決めるには，(i) 上の式を並べ替え，(ii) 長方形の面積を観察比率に置き換えます．これは，前述のように，密度ヒストグラムではこの2つの用語が同じだからです：

$$\text{ビンの高さ} = \frac{\text{ビンの面積}}{\text{ビンの幅}}$$

$$= \frac{\text{ビン内の観察の比率}}{\text{ビンの幅}}$$

$$= \text{ビンの密度}$$

前項の簡単な例に戻りましょう．$X = \{11, 11, 12, 13, 22, 26, 33, 43, 43, 48\}$ とすると，X の密度ヒストグラムは次のグラフとなります．

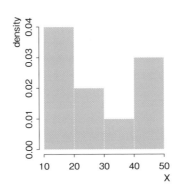

見てわかるように，最初のビンの高さは 0.04 です．その理由を説明します：
- 変数内の 10 件の観察のうち，4 つがこのビンにあります．したがって，ビン内の観察の割合は，0.4 または 40%（4/10 = 0.4）です．
- ビンの幅が 10 なのは，ビンが X 軸の 10〜20 の位置にあるからです（20 − 10 = 10）．
- この結果，密度は 0.04 となります（比率/幅 = 0.4/10 = 0.04）．

密度ヒストグラムには，2 つの有用な特性があります．まず，ビンの幅が一定であれば，ビンの相対的な高さは，ビンに入る観察の相対的な比率を意味

します。言い換えれば，あるビンが他のビンより2倍高い場合，そのビンは2倍の数の観察を含むことを意味するのです。例えば，上の密度ヒストグラムでは，変数 X において：

- 10~20 の区間には，20~30 の区間の 2 倍の値が存在します。
- 20~30 の区間には，30~40 の区間の 2 倍の値が存在します。
- 40~50 の区間には，30~40 の区間の 3 倍の値が存在します。

次に，各ビンの面積は，そのビンに含まれる観察の割合に等しいので，密度ヒストグラムのすべてのビンの面積を足すと 1 になります。

例えば，上の密度ヒストグラムのすべてのビンの面積の和は，次のようになります：

$$\sum_{\text{すべてのビン}} \text{高さ}_{\text{ビン}} \times \text{幅}_{\text{ビン}} = (0.04 \times 10) + (0.02 \times 10) + (0.01 \times 10) + (0.03 \times 10) = 1$$

2 つの分布の違いを視覚化するのに，ヒストグラムよりも密度ヒストグラムの方が適しているのはなぜでしょう？ 度数とは異なり，密度の測定単位は，観察数の異なる分布間で比較可能です。密度は割合（パーセンテージ）に関係し，観察総数の変化には影響されません。これに対し，度数は総計に関係し，観察総数の変化に影響されます。そのため，観察数が大きく異なる 2 つの分布を比較する場合は，ヒストグラムよりも密度ヒストグラムを使用する方が良いのです。

これを説明するために，学歴なしと回答した人の年齢分布と，4 年制大学卒で大学院卒でない人の年齢分布を比較してみましょう。前者の回答者群は後者の回答者群よりずっと小さいので，この比較は密度ヒストグラムを使うことの利点を強調しています。先ほど見たように，BES 調査では，学歴がない（*education* = 1）人は約 2,000 人しかいませんが，最高学歴が 4 年制大学卒（*education* = 4）の人は 1 万人を超えています。

この 2 つの分布を比較するために，まずはビンの高さが度数を表すヒストグラムを作成してみましょう：

```
## ヒストグラムを作成
hist(bes1$age[bes1$education==1])  # 学歴なしの人
hist(bes1$age[bes1$education==4])  # 4年制大学卒の人
```

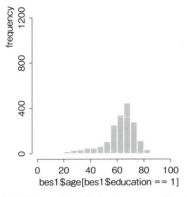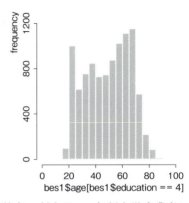

　学歴なしの人に占める 65〜70 歳の回答者の割合は，4 年制大学卒業者に占める同世代の回答者の割合と同じでしょうか？　上の 2 つのヒストグラムを見ると，何ともいえないですね。2 つの群の大きさに大きな差があるため，比較は困難です。この 2 つの分布をもっと簡単に比較するために，密度ヒストグラムを作成することができます。R で密度ヒストグラムを作成する場合にも関数 hist() を使いますが，オプションの引数 freq （"frequencies" の略）を FALSE にセットする必要があります[22]。今回の例では，学歴なしの回答者と 4 年制大学卒の回答者について，*age* の密度ヒストグラムを作成するために，次のように実行します：

```
## 密度ヒストグラムを作成
hist(bes1$age[bes1$education==1],
     freq=FALSE)  # 学歴なしの人
```

---

[22] 関数 hist() は，オプションの引数 freq に FALSE を指定すると，その変数の密度ヒストグラムを作成します。必須の引数は変数を指定するコードだけです。例：hist(*data$variable*, freq=FALSE)。

```
hist(bes1$age[bes1$education==4],
     freq=FALSE) # 4 年制大学卒の人
```

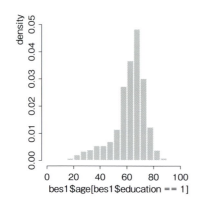
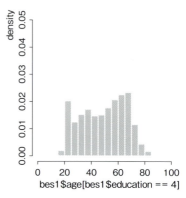

密度ヒストグラムを見ると，学歴なし(左側のグラフ)に占める65～70歳の割合が，4年制大学卒(右側のグラフ)に占める同世代の割合の約2倍であることがよくわかります[23]。この結論は，2つのヒストグラムのビンの高さ(または密度)を比較するだけで，導き出すことができます。どちらのヒストグラムでも，ビンの幅はすべて同じ(5年)だからです。

密度ヒストグラムの利点がわかったところで，Brexit支持派と非支持派について，ageの分布を調べることにしましょう。2つの関連する密度ヒストグラムを作成するために，以下を実行します：

```
## 密度ヒストグラムを作成
hist(bes1$age[bes1$leave==0],
     freq=FALSE) # Brexit 非支持者
hist(bes1$age[bes1$leave==1],
     freq=FALSE) # Brexit 支持者
```

---

23) **ヒント** ここでは，2つのヒストグラムのビンの高さ(または密度)を比較しやすくするために，あえて両方のY軸に同じ範囲の値(0から0.05まで)を表示させています。

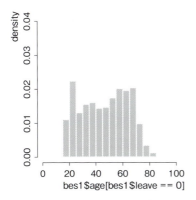 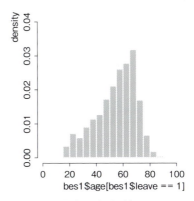

例えば，Brexit 非支持者に占める 20〜25 歳の回答者の割合（左側のグラフ）は，支持者に占める同年代の回答者の割合（右側のグラフ）の 3 倍に近いことがわかります。また，Brexit 支持者（右側のグラフ）に占める 65〜70 歳の回答者の割合は，非支持者（左側のグラフ）に占める同年齢層の回答者の割合の約 1.5 倍となっています。

実際には，各密度の正確な値を気にすることはほとんどありません。通常は，ビンの高さで区切られたヒストグラムの形状を気にするだけです。この形状を利用して，さまざまな分布を説明したり，図解したりします（右の図参照）。

3.4.6 記述統計

年齢分布の観点から Brexit 支持者と非支持者の違いを測定するためのもう一つの選択肢は，**記述統計**（descriptive statistics）の計算と比較です。記述統計は，ある変数の分布の主な特徴を数値的にまとめたものです。2 種類の記述統計を使うことができます：

- 平均値や中央値などの中心性の尺度は，分布の中心を要約するものです（以下の図を見てください。中心性以外は同じである 2 つの分布が示されています）。

- 標準偏差や分散など，ばらつきを表す尺度は，分布の中心に対する変動の大きさを要約するものです（以下の図を見てください。ばらつき以外は同じ2つの分布が示されています）。

第1章で，変数の**平均**を計算する方法とその解釈を示しました（1.8節参照）[24]。この例では，各群の平均年齢を計算するコードは次のようになります[25]：

```
## 平均を計算
mean(bes1$age[bes1$leave==0]) # Brexit 非支持者
## [1] 46.89
```

```
mean(bes1$age[bes1$leave==1]) # Brexit 支持者
## [1] 55.06823
```

上記の結果から，Brexit非支持者の平均年齢は47歳，一方，支持者の平均年齢は55歳という結果になりました。つまり，Brexit支持者は非支持者よりも平均で8歳年上ということになります（55 − 47 = 8）。

また，**中央値**（median）を用いて分布の中心を表すことができます。中央値とは，データを等しい大きさの2つの群（またはそれに近いもの）に分ける，分布の中点にある値のことです。変数が奇数の観察値を含む場合，中央値は分布の中間の値です。変数が偶数個の観察値を含む場合，中央値は2つの中間の値の平均となります。

24）　**再確認**　変数の平均（mean）は，すべての観察値の合計を観察数で割ったものに等しいです。変数が二値でない場合，平均は，変数と同じ測定単位で，平均として解釈されるべきです。変数が二値である場合，平均は比率として解釈されるべきで，結果を100倍した後のパーセンテージで表示されます。Rでは，変数の平均を計算するために，mean() を使用します。例：mean(*data*$*variable*)。

25）　**ヒント**　BES調査の**全**回答者の平均年齢を算出したい場合は，*leave* で部分集合化せずに，mean(bes1$age) を実行します。

94　第3章　社会調査研究による母集団の特徴の推論

例えば，$X = \{10, 4, 6, 8, 22\}$ とすると，X の中央値は 8 です。これをより明確に見るには，（分布のように）昇順で X の値を並べ替える必要があります。すると，$\{4, 6, \underline{8}, 10, 22\}$ となります。これで，分布の真ん中の値が 8 であることがよくわかりました。

平均値とは異なり，中央値は，変数が二値か非二値かにかかわらず，常にその変数の値と同じ測定単位で解釈する必要があります。

変数の中央値を計算する R 関数は，median() です[26]。必須の引数は，変数を指定するコードのみです。この例では，2 つの年齢分布の中央値を計算するために，次のように実行します[27]：

```
## 中央値を計算
median(bes1$age[bes1$leave==0]) # Brexit 非支持者
## [1] 48
```

```
median(bes1$age[bes1$leave==1]) # Brexit 支持者
## [1] 58
```

Brexit 非支持者の中央値は 48 歳で，支持者の中央値は 58 歳でした。つまり，Brexit 非支持者の約半数が 48 歳以下，支持者の約半数が 58 歳以下でした。

この年齢分布の場合，平均値（47 と 55）は中央値（48 と 58）と非常によく似ていますが，これは常にそうなるわけではありません。この 2 つの統計の重要な違いは，平均値が外れ値（変数の極端な値）に対して敏感であるのに対し，中央値はそうではないことです。例えば，最高齢の 97 歳の Brexit 支持者を 107 歳の Brexit 支持者に置き換えたとしても，分布の真ん中にある観察の値は変わらないので，中央値は変わりません。一方，新しい平均値は，すべて

---

[26] **関数** median() は，ある変数の中央値を計算します。必須の引数は，変数を指定するコードのみです。例：median(*data$variable*)。

[27] **ヒント** BES 調査の**全**回答者の年齢の中央値を算出したい場合，median(bes1$age) を実行するとよいでしょう。

の観察値の合計(式の分子)が 10 単位大きくなるため，元の平均値よりも高くなります。

分布の中心に対する変動の大きさを表すには，**標準偏差**(standard deviation)を用いればよいでしょう。標準偏差は，観察値の平均値までの平均距離を測定します。標準偏差が大きいほど，分布は平坦になります。

数学的には，次のような計算の結果となります：

$$sd(X) = \sqrt{\frac{\sum_{i=1}^{n}(X_i - \overline{X})^2}{n}}$$

$$= \sqrt{\frac{(X_1 - \overline{X})^2 + (X_2 - \overline{X})^2 + \cdots + (X_n - \overline{X})^2}{n}}$$

ここで：

- $sd(X)$ は，X の標準偏差を表します。
- X_i は，X の特定の観察を表し，i は，その観察の位置を表します。
- $\overline{X}$ は，X の平均を表します。
- n は，変数の観察数です。
- $\sum_{i=1}^{n}(X_i - \overline{X})^2$ は，$i=1$ から $i=n$ までのすべての $(X_i - \overline{X})^2$ の合計を意味します。

大雑把にいえば，変数の標準偏差は，観察値と(変数と同じ測定単位での)平均値との間の平均的な距離を示しています。これをよりよく理解するために，簡単な例を順を追って見てみましょう。

公式の詳細

$X = \{2, 4, 6\}$ で，X の単位をマイルとした場合：
- X の平均値(その単位を含む)は，以下のとおりです[28]：

---

28) **再確認** 変数の平均の測定単位は，変数が二値でない場合，変数の測定単位と同じです。

$$\overline{X} = \frac{\sum_{i=1}^{n} X_i}{n} = \frac{2+4+6}{3} = \frac{12}{3} = 4 \text{ マイル}$$

- 各 i について，$X_i - \overline{X}$ という項を計算することで，各観察と X の平均との距離を知ることができます：

    - $i = 1$ の場合：$X_1 - \overline{X} = 2 - 4 = -2$ マイル
    - $i = 2$ の場合：$X_2 - \overline{X} = 4 - 4 = 0$ マイル
    - $i = 3$ の場合：$X_3 - \overline{X} = 6 - 4 = 2$ マイル

- 上記の項 $X_i - \overline{X}$ は，負と正の両方の数値が得られることに注意してください。この項の平均を計算すると，正の距離が負の距離を打ち消すことになります。分布の中心からの平均偏差を測定しようとしているのですから，このような打ち消しは避けたいものです。打ち消しを回避するためには，符号を取り除くことが必要です。そのために，$X_i - \overline{X}$ の項を2乗します。その結果，$(X_i - \overline{X})^2$ という項ができ，各観察の平均からの距離の2乗が得られます：

    - $i = 1$ の場合：$(X_1 - \overline{X})^2 = (2-4)^2 = (-2)^2 = 4$ マイル^2
    - $i = 2$ の場合：$(X_2 - \overline{X})^2 = (4-4)^2 = (0)^2 = 0$ マイル^2
    - $i = 3$ の場合：$(X_3 - \overline{X})^2 = (6-4)^2 = (2)^2 = 4$ マイル^2

- すべての観察の距離の2乗の平均を計算するために，それらを加算し，観察数で割ります：

$$\frac{\sum_{i=1}^{n}(X_i - \overline{X})^2}{n} = \frac{(X_1 - \overline{X})^2 + (X_2 - \overline{X})^2 + (X_3 - \overline{X})^2}{3}$$

$$= \frac{4+0+4}{3} = 2.67 \text{ マイル}^2$$

- 元の変数と同じ測定単位に戻すには，2乗を取り除く必要があります。そうするために，すべての観察の距離の2乗の平均の平方根を計算します：

$$sd(X) = \sqrt{\frac{\sum_{i=1}^{n}(X_i - \overline{X})^2}{n}} = \sqrt{2.67 \text{ マイル}^2} = 1.63 \text{ マイル}$$

- これでこの数値を，元の変数と同じ測定単位（ここではマイル）を用いて観察と平均の間の平均距離と解釈することができます。

　つまり，標準偏差が小さいほど，平均して観察が平均値に近いことを示します。分布は平均値の周りに集中し，その結果，中心部で密度が高くなります。同様に，標準偏差が大きいほど，平均して観察が平均値から遠くなることを示します。分布が分散し，その結果，中心部の密度が低くなります。例えば，右の図では，破線の分布の標準偏差は，実線の分布の標準偏差よりも小さくなっています。

　変数の標準偏差を計算するR関数は，sd() です[29]。必須の引数は，変数を指定するコードのみです。Brexit 支持者と非支持者

の年齢分布の標準偏差を計算するためには，次のように実行します[30]：

```
## 標準偏差を計算
sd(bes1$age[bes1$leave==0]) # Brexit 非支持者
## [1] 17.3464
```

```
sd(bes1$age[bes1$leave==1]) # Brexit 支持者
## [1] 14.96106
```

Brexit 非支持者では，回答者の年齢と平均年齢との平均的な差は，17歳で

---

[29] 関数 sd() は，ある変数の標準偏差を計算します。必須の引数は，変数を指定するコードのみです。例：sd(*data$variable*)。
[30] ヒント BES 調査の**全**回答者の年齢分布の標準偏差を求めたい場合，sd(bes1$age) とします。

す．支持者では，平均的な差は 15 歳です．2 つの密度ヒストグラム(3.4.5 項の最後)を見返すと，支持者の分布は非支持者の分布よりも平均値の周りに集中していることがわかります．そうすると，支持者の年齢分布の標準偏差が非支持者のそれよりも小さいのは理にかなっています．

　標準偏差について最後に補足しておきます．変数の標準偏差を知ることは，特に正規分布と呼ばれる釣鐘型の分布を扱うときに，データの範囲を理解するのに役立ちます．

　本書の後半で詳しく説明しますが，正規分布の特徴として，約 95% の観察が平均から 2 標準偏差以内に収まる(つまり，平均値から 2 標準偏差を引いた値と平均値に 2 標準偏差を加えた値の間にある)ことが挙げられます．例えば，Brexit 支持者の平均は 55 歳で，年齢分布の標準偏差は 15 歳であることがわかっています．Brexit 支持者の年齢分布が完全な正規分布であれば，Brexit 支持者の 95% は 25～85 歳であることになります(55 − 2×15 = 25 かつ 55 + 2×15 = 85)．下の図のヒストグラムを見ると，これはだいたい合っているように見えますが，ヒストグラムは左に歪んでいるので，この式が正確にあてはまるわけではありません．

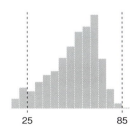

　また，分布のばらつきを表す尺度として，**分散**(variance)というものを使うこともあります．変数の分散は，単純に<u>標準偏差の 2 乗</u>です：

$$var(X) = sd(X)^2$$

ここで

- $var(X)$ は，X の分散を表します．
- $sd(X)$ は，X の標準偏差を表します．

Rで変数の分散を計算するには，関数 var() を使う[31]か，演算子 ^ を使って[32]その変数の標準偏差を単純に 2 乗することができます。例えば，Brexit 支持者の年齢分布の分散を計算するためには，次のどちらかのコードを実行します：

```
var(bes1$age[bes1$leave==1])  # 分散を計算
## [1] 223.8334
```

```
sd(bes1$age[bes1$leave==1])^2  # sd の 2 乗を計算
## [1] 223.8334
```

通常は，標準偏差をばらつきの尺度として使用する方がよいでしょう。先ほど見たように，標準偏差は変数と同じ単位であるため，解釈しやすいのです（変数の分散は，変数の 2 乗が単位になります）。変数の分散がわかれば，その平方根をとって標準偏差を計算するのですが，そのときに使う関数が sqrt() です[33]：

```
sqrt(var(bes1$age[bes1$leave==1]))  # 分散の平方根
## [1] 14.96106
```

当たり前ですが，このコードを実行すると，前述の sd(bes1$age[bes1$leave==1]) と同じ出力になります。

---

31) **関数** var() は，ある変数の分散を計算します。必須の引数は，変数を指定するコードのみです。例：var(*data*$*variable*)。
32) **演算子** ^ は，数をべき乗にする演算子です。この演算子の後に続く数はべき数で，つまり，先行する数を何回自身に掛け合わせたいかを示します。例：3^2 は 3 の 2 乗になります（$3^2 = 9$）。
33) **再確認** sqrt() は，括弧の中に指定された引数の平方根を計算します。例：sqrt(4)。

表 3.2 英国の地区レベルデータの変数の説明
（観察単位は地区）

変数	説明
name	地区の名前
leave	その地区の離脱派の得票率（パーセンテージ）
high_education	地区住民のうち，4年制大学卒，専門職資格，またはそれに相当する資格を持つ人の割合（パーセンテージ）

3.5 ● 英国全体における教育と離脱派票との関係[34]

前節では，BES 調査のデータを分析し，教育水準が高い回答者ほど Brexit を支持する割合が低いことを指摘しました．本節では，実際の国民投票の結果をもとに，英国有権者の母集団全体において同様の関係が確認できるかどうかを検証します．特に，地区レベルのデータを用いて，高い教育水準を持つ住民の割合（少なくとも4年制大学卒または同等の学歴を持つ者）が，離脱派の得票率とどのように関連しているかを調べます．そのために，2つの変数の関係を可視化する散布図の作成方法と，その線形関係を数値化してまとめる相関係数の計算方法について学びます．

この分析には，Brexit に関する国民投票の結果を地区レベルで集計したデータセットを使用します[35]．データセットは "UK_districts.csv" ファイルで提供されます．表 3.2 には，含まれる変数の名前と説明が記載されています（ここで使うデータセットは，母集団から抽出された標本ではなく，関心のある母集団全体から得られたものであることに，もう一度注意してください）．

本節の分析の準備として（作業ディレクトリは設定済みとして），次のように

---

[34] 本節は，Sascha O. Becker, Thiemo Fetzer, and Dennis Novy, "Who Voted for Brexit? A Comprehensive District-Level Analysis," *Economic Policy* 32, no. 92 (2017): 601–650 に基づきます．

[35] **ヒント** 個人レベルの分析では，観察単位は個人です．対照的に，集計レベルの分析では，観察単位は個人の集合体です．ここでは，観察単位は地区（district）であり，各観察は特定の地区に住む人々を表しています．

実行してデータセットの読み込みと格納を行います[36]：

```
dis <-
  read.csv("UK_districts.csv")  # データの読み込みと格納
```

データセットを把握するために，関数 head() を使って，最初の数件の観察を見ます：

```
head(dis) # 最初の観察を表示
##               name leave high_education
## 1       Birmingham 50.42          22.98
## 2          Cardiff 39.98          32.33
## 3   Edinburgh City 25.56          21.92
## 4     Glasgow City 33.41          25.91
## 5        Liverpool 41.81          22.44
## 6          Swansea 51.51          25.85
```

表 3.2 と上記の出力から，データセットの観察は英国の各地区を表しており，データセットには次の 3 つの変数が含まれていることがわかります：

- *name* は，地区を識別するための文字変数です．
- *leave* は，各地区で離脱派の得票率をパーセンテージで表した数値の非二値変数です．
- *high_education* は，地区内の住民のうち，4 年制大学卒，専門職資格，またはそれに相当する資格を持っている人の割合をパーセンテージで表した数値の非二値変数です．

最初の観察は，バーミンガム (Birmingham) という地区で，離脱派が 50% 強

---

[36] 再確認 DSS フォルダがデスクトップに直接保存されている場合，作業ディレクトリを設定するには，Mac ユーザーであれば setwd("~/Desktop/DSS") を，Windows ユーザーであれば setwd("C:/user/Desktop/DSS") (*user* は自分のユーザー名) を実行しなければなりません．DSS フォルダが他の場所に保存されている場合，作業ディレクトリの設定方法については，1.7 節 (1) を参照してください．

の得票率を獲得し，住民の約 23% が高学歴 (4 年制大学卒業以上，または同等) であったと解釈します．

データセットの観察数を求めるには，関数 `dim()` を用います：

```
dim(dis) # データフレームの次元を表示：行，列
## [1] 382   3
```

元のデータフレームには 382 地区の情報が含まれていることがわかります．

上記の `head()` で示された最初の 6 つの観察データには NA が見られませんでしたが，残りのデータには欠損値がある可能性があります (なお，変数の説明では，必ずしも NA が明示的に報告されているわけではありません)．データセットに NA がある場合は，データフレームに関数 `na.omit()` を適用します．分析ではすべての変数を使用するため，これにより観察が必要以上に排除されることはありません．

```
dis1 <- na.omit(dis) # NA のある観察を除外
```

慣例に従い，何件の観察が削除されたか調べるため，`dim()` を使います：

```
dim(dis1) # データフレームの次元を表示：行，列
## [1] 380   3
```

欠損値のある観察を削除すると，データフレームは 380 地区に減少します．これは，少なくとも 1 つの NA を持つ地区が 2 つだけあったことを意味します．

3.5.1 散布図

散布図 (scatter plot) とは，2 次元空間で一方の変数を X 軸に，他方の変数を Y 軸にプロットすることで，2 つの変数の関係をグラフとして視覚化したものです．

下記のようなデータフレームに，関心のある 2 つの変数，X と Y があるとします。このとき X と Y の散布図は，次の図のようになります：

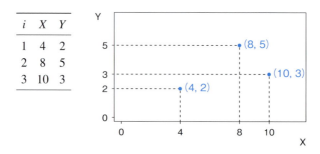

このデータフレームには，3 つの観察だけが含まれています。各観察 i は，2 次元空間における 2 つの座標から構成されていると考えることができます。最初の座標は X 軸（横軸）上の点の位置を示し，2 番目の座標は Y 軸（縦軸）上の点の位置を示します。最初の観察（$i = 1$ の観察）を見てみましょう。X_1 の値は 4 であり，この観察の点は X 軸の数字 4 の位置に並ぶはずです。Y_1 の値は 2 であり，この観察の点は Y 軸上の数字 2 の位置に並ぶはずであることを意味しています。

R で散布図を作成するには plot() を使用します[37]。この関数では，(1) X 軸にしたい変数，(2) Y 軸にしたい変数という 2 つの引数を特定の順序で指定する必要があります。また，X 軸と Y 軸にどの変数をプロットするかは，引数の名前を設定に含めることで指定することができ，それぞれ x, y とします。その場合，引数の順番は関係ありません。英国の地区レベルのデータセットで，*high_education* と *leave* の散布図を作成するためには，次のコードのいずれかを実行します[38]：

---

[37] 関数 plot() は，2 つの変数の散布図を作成します。この関数には，カンマで区切られた次の 2 つの引数が必要です：(1) X 軸にプロットする変数，(2) Y 軸にプロットする変数。
例：plot(*data$x_var*, *data$y_var*)。
また，X 軸と Y 軸にどの変数をプロットするかは，引数の名前を設定に含めることで指定することができ，それぞれ x, y とします。例えば，以下の 2 つのコードは，同じ散布図を作成します：
plot(x=*data$x_var*, y=*data$y_var*)
plot(y=*data$y_var*, x=*data$x_var*)

[38] ヒント R の関数では，引数の順番が重要なのは，引数の名前を指定しない場合だけです。

```
plot(dis1$high_education, dis1$leave) # X と Y の散布図
```

```
plot(x=dis1$high_education, y=dis1$leave) # 散布図
```

```
plot(y=dis1$leave, x=dis1$high_education) # 散布図
```

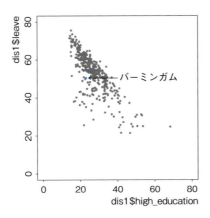

　単純な例と同じように，上の散布図のすべての点は観察，この場合は地区を表しています。例えば，青い点はバーミンガム地区を表す観察で，住民の約23％が教育水準が高く，50％近くがBrexit支持の票を投じた場所です。

　この散布図から，これら2つの変数の関係について何がわかるでしょうか。高学歴の住民の割合が低い地区は，Brexitを支持する可能性が高いのでしょうか？　高学歴の住民の割合が高い地区はどうでしょうか。これらの質問に答える直感的な方法は，グラフ上の両変数の平均値を求め，それらを使ってグラフを4分割することです(想像でも構いません)。

　Rでグラフに直線を加えるには，関数 `abline()` を使用します[39]。垂直線を

---

[39] 関数 `abline()` は，直近で作成されたグラフに直線を追加します。垂直線を加えるには，線が欲しい X 軸上の値と同じになるように，引数 `v` を設定します。水平線を加えるには，線が欲しい Y 軸上の値と同じになるように，引数 `h` を設定します。デフォルトの実線を破線にするためには，オプションの引数 `lty` を `"dashed"` に設定します。例：`abline(v=2)` や `abline(h=3, lty="dashed")`。

加えるには，線を引きたい X 軸上の値と同じになるように，引数 v を設定します．水平線を入れるには，引数 h に，線を引きたい Y 軸の値を設定します．

デフォルトでは，R は実線を描きます．破線を引くには，引数 lty（"line type" の略）に，"dashed" を設定します．例えば次のコードを実行してみましょう：

```
## 直近のグラフに直線の破線を追加
abline(v=mean(dis1$high_education),
       lty="dashed")  # 垂直線
abline(h=mean(dis1$leave), lty="dashed")  # 水平線
```

ここで示す順序でコードを実行すると，上のようなグラフが表示されるはずです．これは，先ほど，関数 plot() で作成した high_education と leave の散布図に，破線を2本追加したものです：high_education の平均値を垂直線，leave の平均値を水平線で表しています（なお，関数 abline() は，直近で作成したグラフに線を追加しますが，まだグラフを作成していない場合，エラーメッセージを表示します）．

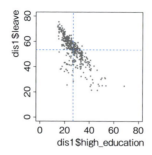

右の図にあるように，破線はグラフを4つの象限に分けています（右上から反時計回り）：

- 第 I 象限：観察値は両方の変数で平均値を上回っています．
- 第 II 象限：観察値は high_education の値が平均値以下で，leave の値が平均値以上です．

- 第 III 象限：観察値は両方の変数で平均値を下回っています。
- 第 IV 象限：観察値は *high_education* の値が平均値以上で，*leave* の値が平均値以下です。

これで，最初の質問にもっと簡単に答えられるようになりました：

- 高学歴の住民の割合が低い地区は，Brexit を支持する可能性が高いのでしょうか。つまり，*high_education* の値が平均値より低い地区は，*leave* の値が平均値より高い傾向があるのでしょうか。

  上の散布図にあるデータの大部分を見ると，答えは「イエス」だと判断されます。以下はそのロジックです：*high_education* の値が平均値より低い地区は，第 II 象限と第 III 象限に属しています。これら 2 つの象限の間では，第 II 象限の方がデータの割合が高い（点が多い）ことがわかります。つまり，*high_education* の値が平均値より低い地区は，*leave* の値が平均値より高い傾向にあることがわかります。

- 高学歴の住民の割合が高い地区は Brexit を支持する可能性が高いのでしょうか？ つまり，*high_education* の値が平均値より高い地区は，*leave* の値も平均値より高い可能性が高いのでしょうか。

  もう一度データの大部分を見ると，答えは「ノー」であることがわかります。*high_education* の値が平均を上回っている地区は，第 I 象限と第 IV 象限に属しています。これら 2 つの象限のうち，第 IV 象限はより高い割合でデータを含んでいます。つまり，*high_education* の値が平均値より高い地区は，*leave* の値が平均値より低い傾向にあることがわかります。

その結果，地区レベルでは，高学歴の住民の割合が高いほど，Brexit 支持者の割合が低いことと関連すると結論づけられます。これは，母集団から抽出した標本による BES 調査データを用いて観察した個人レベルの関係と一致しています。

3.5.2 相　関

散布図は 2 つの変数の関係を視覚的に表現してくれますが，時にその関係を数値でまとめると便利です。そのために，**相関係数**（correlation coefficient），略して相関を使います。相関係数は，2 つの変数間の線形関係の方向と強さを

要約したものです。この統計量の計算方法を見る前に，相関係数の解釈方法を理解しましょう。

相関係数は –1 から 1 までの範囲で，2 つの変数の関係の次の 2 つの特徴を捉えます：

- 線形関係の方向，つまり最良適合直線(データを最も良く要約する直線；the line of best fit)の傾きの符号
- 線形関係の強さ，つまり 2 つの変数が互いに線形に関連する度合い

線形関係の方向が相関の符号を決定するのに対して，線形関係の強さは相関の大きさを決定します。これを詳しく見てみましょう。

線形関係の方向，つまりデータの最良適合直線が上向きか下向きかによって，相関は正か負になります：

- 相関は，2 つの変数がそれぞれの平均に対して同じ方向に動くとき，つまり，一方の変数の大きな値が他方の変数の大きな値と関連する可能性が高いとき，そして，一方の変数の小さな値が他方の変数の小さな値と関連する可能性が高いとき，常に正になります。例えば，右の散布図と，私たちが追加した最良適合直線を見てください。傾き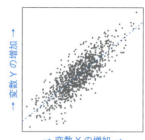
は正でしょうか，負でしょうか？ 正です。平均して，X の値が大きいほど，Y の値も大きくなります。

- 相関は，2 つの変数がそれぞれの平均値に対して相反する方向に動くとき，つまり，一方の変数の大きな値が他方の変数の小さな値と関連する可能性が高いとき，またはその逆のとき，常に負になります。例えば，前項で見たように，英国の地区レベルのデータセットでは，変数 *high_education* と *leave*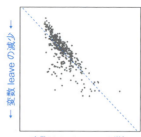
は，それぞれの平均値に対して相反する方向に動きます。上の散布図に示されているように，最良適合直線の傾きはマイナスです。平均すると，

 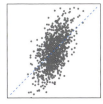  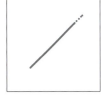

図 3.4 線形関係が弱い変数から強い変数までの散布図。観察が最良適合直線に近づくにつれて，相関係数の絶対値は増加します。左から，相関はおよそ 0，0.5，0.8，1 です。

図 3.5 相関が −1 から 1 までの変数の散布図。左から，相関は −1，−0.8，−0.5，約 0，0.5，0.8，1。

high_education の値が高いほど，*leave* の値は低いです。つまり，*high_education* と *leave* の相関は負となります。

線形関係の強さ，つまり観察が最良適合直線にどれだけ近いかによって，相関係数の絶対値は 0（線形関係なし）に近くなったり 1（完全な線形関係）に近くなったりします：

- 一つの極端な例として，2 つの変数の間に線形関係が存在しない場合，相関係数の絶対値はほぼ 0 になります。図 3.4 の最初の散布図がそうです。ここでは，データを適切に要約する直線を適合する（あてはめる）のは難しいでしょう。
- 反対に，2 つの変数の関係が完全に線形であれば，相関係数の絶対値はちょうど 1 になります。これは図 3.4 の最後の散布図におけるケースで，すべての点が一本の線上にあります。
- その他のすべての直線関係は，相関係数の絶対値が 0 から 1 の間になります。観察が最良適合直線に近づくにつれて，2 つの変数の間の線形関係はより強くなり，相関係数の絶対値は増加します。例えば，図 3.4 の左から右への経過を参照してください。

まとめると，2つの変数の相関係数は −1 から 1 の範囲をとります。相関の符号は，変数間の線形関係の方向を示します。そして相関の絶対値は，変数間の線形関係の強さを表します。図 3.5 を参照してください。これは，相関係数の値が，2つの変数の間の線形関係の方向と強さにどのように依存するかを示しています。

公式の詳細

相関係数はどのように計算されるのでしょうか？ 相関係数の公式を理解するために，まず **z 得点**(z-scores)について学ぶ必要があります。ある観察値の z 得点は，観察値が平均より何標準偏差分，上または下にあるかを表します。具体的には，X の各観察の z 得点は次式で定義されます：

$$Z_i^X = \frac{X_i - \overline{X}}{sd(X)}$$

ここで，
- Z_i^X は観察 X_i の z 得点を表します。
- X_i は X の特定の観察を表し，i は観察の位置を表します。
- $\overline{X}$ は X の平均を表します。
- $sd(X)$ は X の標準偏差を表します。

標準偏差について学んだときの例に戻ると，X = {2, 4, 6} のとき，$\overline{X} = 4$ で $sd(X) = 1.63$（先ほど計算した通り），X の各観察の z 得点は次のようになります：

- $i = 1$ の場合：$Z_1^X = \dfrac{X_1 - \overline{X}}{sd(X)} = \dfrac{2-4}{1.63} = -1.23$
- $i = 2$ の場合：$Z_2^X = \dfrac{X_2 - \overline{X}}{sd(X)} = \dfrac{4-4}{1.63} = 0$
- $i = 3$ の場合：$Z_3^X = \dfrac{X_3 - \overline{X}}{sd(X)} = \dfrac{6-4}{1.63} = 1.23$

z 得点の測定単位は，元の変数の測定単位に関係なく，常に標準偏差です。さらに，z 得点の符号は，観察が平均より上か下かを示します。例えば，上の 3 つの z 得点は次のように解釈されます：

- $i=1$ の場合：$Z_1^X = -1.23$ 標準偏差；X_1 が X の平均から 1 標準偏差よりも少し下にあることを示します。
- $i=2$ の場合：$Z_2^X = 0$ 標準偏差；X_2 と X の平均が一致するため，X_2 は X の平均からゼロ標準偏差の位置にあることを示します。
- $i=3$ の場合：$Z_3^X = 1.23$ 標準偏差；X_3 が X の平均から 1 標準偏差よりも少し上にあることを示します。

公式の詳細

2つの変数 X と Y の間の相関を計算するために，まず両方の変数の観察を z 得点に変換します。すると，相関係数は，X と Y の z 得点の積の平均として計算されます。数学的には，X と Y の相関係数は次のようになります：

$$cor(X, Y) = \frac{\sum_{i=1}^{n} Z_i^X \times Z_i^Y}{n}$$

$$= \frac{Z_1^X \times Z_1^Y + Z_2^X \times Z_2^Y + \cdots + Z_n^X \times Z_n^Y}{n}$$

ここで，
- $cor(X, Y)$ は X と Y の相関を表します。
- Z_i^X と Z_i^Y はそれぞれ X と Y の観察 i の z 得点を表します。
- $\sum_{i=1}^{n} Z_i^X \times Z_i^Y$ は，$i=1$ から $i=n$ まで，つまり最初の観察から最後の観察までの X と Y の z 得点の積の合計を表します。
- n は観察の数です。

例えば，X と Y が下の表の最初の 2 列で定義されている通りであれば，X と Y の z 得点は隣の 2 列に示されている通りです：

i	X	Y	Z^X	Z^Y
1	2	6	-1.23	1.23
2	4	4	0	0
3	6	2	1.23	-1.23

そして X と Y の相関係数は

$$cor(X, Y) = \frac{\sum_{i=1}^{n} Z_i^X \times Z_i^Y}{n}$$

$$= \frac{(-1.23) \times 1.23 + 0 \times 0 + 1.23 \times (-1.23)}{3} = -1$$

各観察の2つのz得点の積は，次のようになります：
- 両方のz得点が正（観察が両方の変数で平均より上）のとき正。
- 両方のz得点が負（観察が両方の変数で平均より下）のとき正。
- 一方のz得点が負で，もう一方が正（観察が一方の変数で平均より下だが，もう一方の変数で平均より上）のとき負。

結果として，相関係数の符号は次のようになります：
- 2つの変数が，それぞれの平均値に対して同じ方向に動く傾向があるとき，つまり，一方の変数の平均値より高い値が，他方の変数の平均値より高い値と通常関連しているとき（両方のz得点が正），および一方の変数の平均値より低い値が，他方の変数の平均値より低い値と通常関連しているとき（両方のz得点が負），正になります。
- 2つの変数が，それぞれの平均値に対して相反する方向に動く傾向があるとき，つまり，一方の変数の平均値より高い値が，他方の変数の平均値より低い値と通常関連しているとき（2つのz得点は反対の符号），負になります。

上記「公式の詳細」にある式で，$X = \{2, 4, 6\}, Y = \{6, 4, 2\}$ の場合，X と Y の相関は -1 であることを手計算で求めました。ここから何がわかるでしょうか？

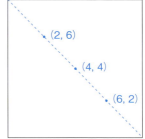

- 負の符号は，2つの変数がそれぞれの平均に対して相反する方向に動く傾向があることを示します（右に示したこれら2つの変数の散布図でわかるように，最良適合直線の傾きは，確かに負です）。
- 絶対値1は，2つの変数がお互いに完全な線

形関係を持っていることを示します（同じ散布図でわかるように，すべての点は最良適合直線の上にあります）。

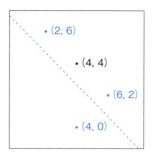

これは極端な例であることに注意してください。ほとんどの相関は –1 から 1 の間であり，両端は含まれません。上の例で 2 番目の観察を元の (4,4) の代わりに (4,0) に変えると，X と Y の新しい相関は約 –0.65 になります。横に示された新しい散布図でわかるように，最良適合直線の傾きは負のままですが，今，点は最良適合直線上にはありません。これは，負の線形関係が完全でなくなったことを意味し，相関が –1 ちょうどではなくなった理由を説明します。

R で 2 つの変数の相関係数を計算するには，関数 cor() を使います[40]。括弧の中では，2 つの変数を特定しなければなりません（カンマで区切り，順不同）。例えば，*high_education* と *leave* の相関を計算するには，次のようにします：

```
cor(dis1$high_education, dis1$leave) # 相関を計算
## [1] -0.7633185
```

high_education と *leave* の相関は –0.76 と強い負の相関です。最良適合直線の傾きが負なので，相関の符号は負になります。その絶対値は 0 より 1 に近いですが，これは観察が最良適合直線の周りに密に散らばっているからです（右に示した 2 つの図の左側にある *high_education* と *leave* の散布図を参照）。

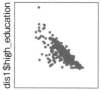

最後に相関係数について少し述べておきましょう。第 1 に，Y と X の

---

[40] 関数 cor() は，2 つの変数間の相関係数を計算します。2 つの変数を特定するコード（カンマで区切られ，順不同）が必要です。例：cor(*data$variable1, data$variable2*)。

3.5 英国全体における教育と離脱派票との関係 113

図 3.6 最良適合直線の傾きが急でも，必ずしも絶対値が大きい相関を意味するわけではありません。

相関は，X と Y の相関と同じです。数学的には $cor(Y, X) = cor(X, Y)$ となります。

例えば，以下のコードを実行することで，*leave* と *high_education* の相関は，*high_education* と *leave* の相関と同じであることがわかります：

```
cor(dis1$leave, dis1$high_education)  # 相関を計算
## [1] -0.7633185
```

変数の順序を入れ替えることで，散布図の軸を入れ替えているのです——X 軸上にあった変数が Y 軸上になり，その逆も同様です——が，変数間の関係は変わりません。線形関係の方向も強さも変わりません。前頁で示した右側にある *leave* と *high_education* の散布図と，左側にある *high_education* と *leave* の散布図を比べてください。最良適合直線の傾きはどちらも負で，点は両方の直線の周りに等しく集まっています。

第 2 に，最良適合直線の傾きが急であっても，絶対的に相関が強いとは限りません。相関係数の絶対値を決めるのは，観察が最良適合直線にどれだけ近いかです。例えば，図 3.6 では，観察が最良適合直線から遠いので，相関の絶対値は最初の散布図より 2 番目の散布図の方が（傾きが急であるにもかかわらず）小さくなります。

第 3 に，2 つの変数の相関係数がゼロであっても，両者の間に関係がないとは限りません。単に，それらの間に線形関係がないという意味です。例えば，右の図に描かれている 2 つの変数は，強い放物線の関係にあります。

しかし，その関係をうまく要約する直線がないため，その相関はほぼゼロです。

最後に，相関関係は必ずしも因果関係を意味しません。2つの変数に強い線形関係があるからといって，一方の変数の変化が他方の変数の変化を引き起こすという意味ではありません。第5章で詳しく見るように，処置群と統制群が，（処置自体を含まない）結果に影響するすべての変数に関して比較可能でない場合，相関関係は必ずしも因果関係を意味しません。

> **相関関係は必ずしも因果関係を意味しません**：2つの変数の相関が強いからといって，一方の変数の変化が他方の変数の変化を引き起こすとは限りません。

high_education と *leave* の間に強い負の相関があるにもかかわらず，さらなる証拠がなければ，英国の有権者が高学歴になればBrexitを支持する可能性も低くなるとは結論づけられません。言い換えれば，有権者の教育水準とBrexit支持に因果関係があるかどうかはわかりません。もしかすると，観察された関係は偽のもの，つまり，地域経済など，有権者の教育水準とBrexit支持の両方に影響を与える第3の変数の産物かもしれません（疑似相関（見せかけの相関；spurious relationship; spurious correlation）については第5章で詳しく説明します）。

3.6 ● まとめ

本章では，社会調査研究について学びました。無作為抽出がいかに母集団から代表的な標本を得るのに役立ち，部分集合化された観察から母集団の特徴を推測できるかを見てきました。

さらに，1つの変数の分布や2つの変数の間の関係を視覚化して要約するために使用できるツールをいくつか学びました。社会科学におけるデータ分析のほとんどは，測定，予測，説明のいずれの目的であっても，一度に1つの変数について調べたり，2つの変数の間の関係を理解しようとしたりします。本

章では，さまざまな文脈で，これらの目的のために使用できるさまざまな手法を見てきました．以下は，簡単なまとめです．

一度に1つの数値変数を調べるには，次のようにします：
- 度数表を作成します．
- 比率表を作成します．
- 度数や密度でヒストグラムを作成し，変数の分布を可視化します．
- 平均値や中央値を計算して，分布の中心を数値的に要約します．
- 標準偏差および／または分散を計算することによって，分布のばらつきを数値的に要約します．

2つの数値変数の関係を調べるときは，次のようにします：
- 二元度数表を作成します．
- 二元比率表を作成します．
- 散布図を作成して両者の関係を可視化します．
- 相関係数を計算することによって，線形関係の方向と強さを数値的に要約します．

これらはデータ分析の主要な構成要素であり，本書の残りの部分でも多くの分析で使用します．

第4章
線形回帰を用いた結果の予測[1]

　ここまで，因果効果の推定や母集団の特徴の推測のためにデータを分析する方法について見てきました。社会科学におけるデータ分析のもう一つの目的は，予測を行うことです。本章では，関心のある結果変数と予測変数と呼ばれる別の変数との間の関係を直線で要約する方法(線形回帰モデルの適合として知られるプロセス)を学びます。そして，予測変数の特定の値が与えられたときに，最も可能性の高い結果変数の値を推定するために，この直線を使用します。例として，170カ国のデータを分析し，夜間光放射量の変化に基づいてGDP成長を予測します。

4.1 ● GDPと夜間光放射量

　ある国の経済活動を評価するために，国内総生産(GDP)を測定することがよくあります。GDPとは，ある特定の期間にその国で生産された財や提供されたサービスの貨幣価値のことです。しかし，GDPの構築に必要なデータは，特に発展途上国では信頼性に欠けるか，一貫して収集するのが難しい場合があります。そのため，他に観察される変数を用いてGDPをうまく予測する方法が必要です。

---

[1] 本章で紹介するR記号，演算子，関数は次のとおり：lm(), log()。
　本章は，J. Vernon Henderson, Adam Storeygard, and David N. Weil, "Measuring Economic Growth from Outer Space," *American Economic Review* 102, no. 2 (2012): 994–1028 に基づきます。

近年，ある社会科学者のグループが，地球を周回する人工衛星から測定した夜間光放射量の変化が，経済活動と強い相関関係にあることに気づきました。経済活動が活発になると，夜間の電力使用量も増加します。その結果，宇宙から測定されたその国の夜間光放射量の変化は，その国の GDP 成長を予測する良い目安になるかもしれません。本章では，この関連性を探り，夜間光放射量の経年変化を用いて GDP 成長を予測します。ただし，まずはもっと単純な例から始めます。線形モデルの適合と結果の解釈を練習するために，事前に得た GDP の値を使って，ある時点におけるその国の GDP を予測することから始めましょう。

4.2 ● 予測変数，観察結果と予測結果，および予測誤差

社会科学では，まだ発生していなかったり，測定が困難だったりして，関心のある特定の変数 Y の値を観察できないことがよくあります。このような場合，通常，他の変数の値を観察し，もしその変数が Y と相関があれば，その変数を使って Y を予測することができます。このような他の変数を基に，現在，あるいは異なる時点において，平均的に，Y の値がいくらになりそうかをある程度推測することができます。

予測を行う目的でデータを分析するとき，私たちは予測を行うために使用する 1 つまたは複数の変数を**予測変数**（predictor(s)）と呼び，予測変数の値に基づいて予測しようとする関心のある変数を**結果変数**（outcome variable）と呼びます[2]。

例えば，過去の GDP を用いて GDP を予測することに関心がある場合，GDP は結果変数であり，過去の GDP は予測変数です。夜間光放射量の変化を用いて GDP 成長を予測することに関心がある場合，GDP 成長が結果変数であり，夜間光放射量の変化が予測変数です。

数学的表記では，予測変数を X，結果変数を Y と表します。因果効果を推

---

[2] **ヒント** 予測変数は独立変数の一種で，結果変数は従属変数としても知られています。

定するときと同じ数学的表記を用いますが，ここでの変数 X と変数 Y の関係は必ずしも因果関係とは限りません。

　後で詳しく見るように，良い予測をするためには，関心のある結果変数と強い相関を持つ予測変数を選びます。言い換えると，結果変数と強い線形関係を持つ予測変数を選びます（私たちが「強い相関」というとき，その符号に関係なく，相関係数の絶対値が大きいことを意味することに注意してください[3]）。第3章で述べたように，相関は必ずしも因果関係を意味しません。2つの変数の相関が強いからといって，一方の変数の変化が他方の変数の変化を引き起こすとは限りません。したがって，予測目的でデータを分析する場合は，X と Y の間に因果関係があるとは考えず，単に両者の相関が強いことを頼りに，片方の変数からもう片方の変数の値を推定します。

　予測は2段階のプロセスです。変数 X と変数 Y を特定したら，2つの変数がどのように関係しているかを理解する必要があります。そこで，まず両変数を含むデータセットを分析し，数学的なモデルを使って，X と Y の関係をまとめます。このプロセスは，平均的に X と Y がどのように関係しているかを表すモデルをデータにあてはめることから，「モデル適合（model fitting）」と呼んでいます。

　その後，Y は観察できないが X は観察できる状況になったら，予測変数の各観察値に対する結果変数の特定の平均値を予測するために，適合モデルを使用します。Y の予測を**予測結果**（予測された結果；predicted outcomes）と呼び，$\hat{Y}$（ワイ・ハットと発音）と表記します。予測結果 $\hat{Y}$ は，(i) 観察ごとに X と Y の両方を測定するデータセットにおいて，X と Y の関係を要約した適合モデルと，(ii) X の観察値に基づいて予測された Y の値です。

1. モデルを適合する
- X と Y の両方を観察します。
- 平均的な Y と X の関係をモデルで要約します。

---

3) **再確認** 相関係数は，-1 から 1 の範囲で，2つの変数間の線形関係の方向と強さを要約します。相関係数の絶対値が 1 に近いほど，2つの変数間の線形関係が強い（つまり，観察が最良適合直線に近い）ことを示します。

2. 予測を行う
- X のみを観察し，Y は観察しません。
- 観察された X の値を適合モデルに代入して，$\hat{Y}$ を計算します。

予測を行う際，私たちは可能な限り正確であることを目指します。言い換えれば，予測**誤差**(errors)を最小化することを目指します。予測誤差は，残差とも呼ばれ，予測値が観察値からどの程度離れているかを示すものです。観察された結果と予測された結果の差と定義され，$\hat{\epsilon}$ (ギリシャ文字のイプシロンの上に「帽子」を乗せたもの)で表されます。

なお，観察された変数と予測された変数を区別するために，しばしば観察結果(観察された結果：observed outcomes)として Y と表記しましたが，それは単なる結果だからというわけではなく，予測された結果 $\hat{Y}$ と明確に識別するためにそうするのです。

4.3 ● 2つの変数の関係を直線で要約する

予測目的でモデルを適合する場合，さまざまな数学的な関数を使うことができます。本書では，X と Y の関係は常に直線で表し，特に最良適合直線で表します。

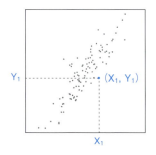

仮想的な例を使って，この仕組みを理解しましょう。(両方を観察できるデータセットで)変数 X と Y の散布図が右の図のようになったとします。すべての散布図と同じように，すべての点は X と Y の特定の観察を表します。この場合，各点は，ある観察での予測変数の値と観察された結果変数の値に基づいて配置されます。この図では，例として，この仮想データ集合の最初の観察を表す点 (X_1, Y_1) を示しています。

X と Y の散布図を見ることで，Y が X にどのように関連しているか，大まかな感触が得られます。この場合，データのかたまりの傾きが右上がりに見えることを踏まえると，大きい Y 値は大きい X 値と関連しやすく，小さい Y 値

は小さい X 値と関連しやすいと結論づけられます。これは，X を使って Y を予測するのに役立つ情報ですが，X の各値に対して Y の予測値を計算できるように，数式で関係を要約できればもっと良いでしょう。

例えば，X と Y の関係を直線で表すことができます。右の上図では，X と Y の散布図に加えて，そのような直線をプロットしています。ここで，どんな X の値に対しても，X 軸上で関心のある X の値を見つけ，適合した線まで上がり，線上の対応する点の高さを求めることで，予測される Y の値($\hat{Y}$)を求めることができます。例えば，データセットの最初の観察の X の値(X_1)に関心がある場合，プロット上に描かれた適合直線から，$\hat{Y}_1$ を Y の値として予測します。

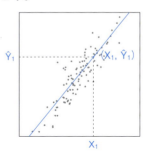

散布図を直線とともに見ることで，この適合モデルが生み出すであろう予測誤差の感触をつかめます。すべての観察について予測結果を計算するために直線を使えば，観察結果(Y)と予測結果($\hat{Y}$)の差として予測誤差($\hat{\epsilon}$)を測定できます

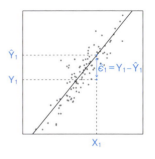

($\hat{\epsilon}_i = Y_i - \hat{Y}_i$)。各観察について，この差は点と適合直線との間の垂直距離に相当することに注意してください。例えば，最初の観察の予測誤差を示した下図をご覧ください。一般に，点が適合直線に近ければ近いほど予測誤差は小さく，直線から遠ければ遠いほど予測誤差は大きくなります。可能な限り最善の予測をするために，私たちは常に X と Y の関係を，データに最も近い，すなわち最良適合直線で要約します(4.3.4項では，この直線を選ぶための正確な方法を説明します)。

4.3.1 線形回帰モデル

では，いくつかの数学的表記を導入しましょう。線形モデルは，線形回帰モ

デルとしても知られ，次のように定義されます[4]：

$$Y_i = \alpha + \beta X_i + \epsilon_i$$

ここで，
- Y_i は，観察 i の結果変数の値です．
- α（ギリシャ文字のアルファ）は，切片の係数です．
- β（ギリシャ文字のベータ）は，傾きの係数です．
- X_i は，観察 i の予測変数の値です．
- ϵ_i（イプシロン・サブ・アイと発音）は，観察 i の誤差です．

これは，X と Y の真の関係を反映していると仮定した理論モデルです．係数 α と係数 β の値，観察ごとの誤差 ϵ_i の値がわかっていれば，予測変数の観察値 X_i に基づいて，この式を使って各観察の結果（Y_i）を計算できます．

残念ながら，α, β, そして ϵ_i の値はわかりません．データに基づいて推定する必要があります．まず，直線を定義する 2 つの係数である切片 α と傾き β を推定します．これは，直線をデータに適合するのと同じことで，つまり，X と Y の関係を最も上手く要約する直線を見つけるということです．

データに適合した直線の式は次のとおりです[5]：

$$\hat{Y}_i = \hat{\alpha} + \hat{\beta} X_i$$

ここで，
- $\hat{Y}_i$（ワイ・ハット・サブ・アイと発音）は，観察 i の予測された結果です．
- $\hat{\alpha}$（アルファ・ハットと発音）は，推定された切片の係数です．
- $\hat{\beta}$（ベータ・ハットと発音）は，推定された傾きの係数です．
- X_i は，観察 i の予測変数の値です．

この式では，Y, α, β は上に「ハット」がついていることに注意してください．これは推定値または近似値であることを示します．加えて，この式にはも

[4) **ヒント** 統計学では，わからない数量を表すのに α や β, ϵ_i のようなギリシャ文字を使います．2 つの係数である α と β は，観察によって変化しないので，i の添え字は付けません．これらは定数であり，変数ではありません．

5) **ヒント** m が傾きで b が切片を表す，$Y = mX + b$ と書かれた直線の方程式を見たことがあるかもしれません．もしそうなら，そのモデルの b が $\hat{\alpha}$ で，m が $\hat{\beta}$ だと考えるとよいでしょう．

う誤差(ϵ_i)が含まれていません。つまり，結果は必ずしもYの真値(真の値; Y_i)と等しいわけではなく，Yの予測値($\hat{Y}_i$)と等しいのです。言い換えると，この式はXのすべての値に対して，(観察された各データの点についてではなく)適合直線上の対応するYの値を提供します。適合モデルによって生成される$\hat{Y}$の値は平均予測値であることに注意してください。すなわち，Xの特定の値に対応するYの平均予測値です。実際，予測結果($\hat{Y}$)は平均結果($\overline{Y}$)と同じです。

Yの観察値とYの予測値の差は，推定誤差または残差で，次のように表されます：

$$\hat{\epsilon}_i = Y_i - \hat{Y}_i$$

ここで，
- $\hat{\epsilon}_i$ は，観察iの推定誤差(残差)です。
- Y_i は，観察iの観察された結果です。
- $\hat{Y}_i$ は，観察iの予測された結果です。

これらは，データに最良適合直線を使うことで最小化しようとしている予測誤差です。

要約すると，線形回帰モデルを用いて予測を行うには，各観察についてXとYの両方を含むデータセットを分析することから始めます。予測誤差が最小になるような直線である最良適合直線で，それらの間の関係を要約します。この直線を適合するには，任意の直線を定義する2つの係数，切片($\hat{\alpha}$)と傾き($\hat{\beta}$)を推定します。いったん直線を適合したなら，それを使って，観察されたXの値に基づいて，最も可能性の高いYの平均値を求めることができます。

1. 線形回帰モデルを適合する
- XとYの両方を観察します。
- 両者の関係を最も良く表す直線を求めます。そこで，その直線の切片($\hat{\alpha}$)と傾き($\hat{\beta}$)を，できるだけ予測誤差が小さくなるように推定します。

2. 予測を行う
- X は観察しますが Y は観察しません。
- X の観察値を適合線形回帰モデルに代入して，$\hat{Y}$ を次のように計算します：

$$\hat{Y} = \hat{\alpha} + \hat{\beta}X$$

ここで，直線の2つの係数が何を表しているのか，そしてそれをどのように解釈すればよいのか，少し考えてみましょう。

4.3.2 切片の係数

一般的に，直線の**切片**（intercept）は直線の垂直方向の位置を指定します。例えば，右図の直線は，切片は異なりますが，傾きは同じです。切片を増やしたり減らしたりすると，直線は上下に動きます。

具体的には，切片（$\hat{\alpha}$）は，$X = 0$ のときの $\hat{Y}$ の値です。

実際，以下のように適合線形モデルにおいて，$X = 0$ を代入すると，$\hat{Y}$ は $\hat{\alpha}$ と等しくなります。切片 $\hat{\alpha}$ は，$X = 0$ のときの $\hat{Y}$ です：

$$\hat{Y} = \hat{\alpha} + \hat{\beta} \times 0 = \hat{\alpha} \quad (X = 0 \text{のとき})$$

この切片の定義は便利です。グラフ上の任意の直線の $\hat{\alpha}$ の値を求めるのに使えます。X 軸上の $X = 0$ を見つけて，適合直線まで上がり，対応する点の高さを求めればよいのです。適合直線上で，$X = 0$ となる点での $\hat{Y}$ の値が，直線の切片の値です（右の図参照）。Y 軸は必ずしも $X = 0$ で引かれるとは限らないので，直線と Y 軸が交わる点での $\hat{Y}$ の値が必ずしも切片になるとは**限ら**

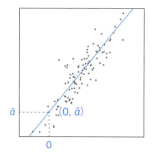

ないことに注意してください。

また，上の定義を使って，$\hat{\alpha}$ の値を実質的に解釈することもできます。予測モデルでは，予測変数 X が 0 に等しいときの予測結果である $\hat{Y}$ を切片と解釈します(すぐに具体例を示します)。

4.3.3 傾きの係数

一般的に，直線の**傾き**(slope)は直線の角度，つまり傾きの程度を表します。例えば，右図の直線は傾きが異なりますが，(左端が $X = 0$ のとき)切片は同じです。一番上の直線の傾きはプラス，真ん中の直線の傾きはゼロ，一番下の直線の傾きはマイナスです。

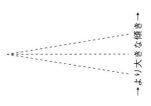

具体的には，傾き($\hat{\beta}$)は直線上の 2 点間の X の変化で $\hat{Y}$ の変化を割ったもので，一般に「上がった距離割る進んだ距離」として知られています[6]：

$$\hat{\beta} = \frac{上がった距離}{進んだ距離} = \frac{\Delta \hat{Y}}{\Delta X} = \frac{\hat{Y}_{終了点} - \hat{Y}_{開始点}}{X_{終了点} - X_{開始点}}$$

ここで，Δ (ギリシャ文字のデルタ)は変化を表すので，$\Delta \hat{Y}$ は $\hat{Y}$ の変化，ΔX は X の変化です。

例えば，直線上の 2 点における $\hat{Y}$ の変化($\Delta \hat{Y}$)と X の変化(ΔX)を示した図 4.1 を参照してください。

具体的にいえば，X を 1 単位増加させたときの $\hat{Y}$ の変化として，傾きの値を解釈することができます。数学的な表記では，$\Delta X = 1$ のとき，$\hat{\beta} = \Delta \hat{Y}$ となります：

---

[6] **ヒント** 2 つの点(開始点と終了点)の間の変数の変化は，終了点の変数の値と開始点の変数の値の差に相当します。例：

$$\Delta \hat{Y} = \hat{Y}_{終了点} - \hat{Y}_{開始点}$$

$$\Delta X = X_{終了点} - X_{開始点}$$

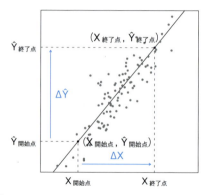

図 4.1 傾き ($\hat{\beta}$) は「上がった距離割る進んだ距離」として計算できます。ここで，上がった距離は直線上の 2 点間の $\hat{Y}$ の変化，進んだ距離は直線上の 2 点間の X の変化です。

$$\hat{\beta} = \frac{\Delta \hat{Y}}{1} = \Delta \hat{Y} \quad (\Delta X = 1 \text{ のとき})$$

予測モデルでは，予測変数 X の 1 単位増加に伴う予測される結果の変化 $\Delta \hat{Y}$ として傾きを解釈します。$\hat{\beta}$ は $\hat{Y}$ の**変化**を測定するので，正のときは増加，負のときは減少，ゼロのときは変化なしと解釈します。

適合直線は次のとおりです：

$$\hat{Y} = \hat{\alpha} + \hat{\beta} X$$

ここで：
- $\hat{\alpha}$ は推定された切片の係数で，$X = 0$ のときの $\hat{Y}$ と解釈できます。
- $\hat{\beta}$ は推定された傾きの係数で，$\Delta X = 1$ に伴う $\Delta \hat{Y}$ と解釈できます。

最良適合直線の求め方を学ぶ前に，グラフに描かれた直線を見て，その直線の具体的な式を計算する練習をしましょう（次頁の図を参照）。

まず直線上の 2 点の値を求めます：

- $X = 0$ に対応する点。
- X の値が 0 より大きい値に対応する点。

横の図では，これら2点は $(0, 5)$ と $(2, 25)$ です。これら2点の値から，次のことがいえます：

- 切片の係数 ($\hat{\alpha}$) は $X = 0$ のときの $\hat{Y}$ の値なので 5 に等しくなります(直線上の点 $(0, 5)$ を参照)。
- 傾きの係数 ($\hat{\beta}$) は 10 に等しくなります。これは，直線上の 2 点間の $\Delta \hat{Y}/\Delta X$ の値が 10 だからです：

$$\hat{\beta} = \frac{\Delta \hat{Y}}{\Delta X} = \frac{25 - 5}{2 - 0} = \frac{20}{2} = 10$$

この適合直線はそのとき：$\hat{Y} = 5 + 10X$

前述の図に示された 2 点 $(0, 5)$ と $(2, 25)$ が $\hat{Y} = 5 + 10X$ の直線上にあることが確認できます。各点について，X の値を直線の式に代入し，対応する $\hat{Y}$ を求めます：

$$\hat{Y} = 5 + 10 \times 0 = 5 \quad (X = 0 \text{ のとき})$$
$$\hat{Y} = 5 + 10 \times 2 = 25 \quad (X = 2 \text{ のとき})$$

上の計算から，この 2 点は確かに $\hat{Y} = 5 + 10X$ の直線上にあることが確認できます。

4.3.4 最小 2 乗法

散布図には何通りもの直線を引くことができますが，X と Y の関係を要約するのに，他の線より適した線もあります。例えば，図 4.2 に示した 3 本の直線のうち，最後の 1 本が Y と X の関係を最も良く表していることに異論はないでしょう(直感的には，最良適合直線は，散布図の点にできるだけ近い方が良いことがわかっています)。

X と Y の関係を最も良く要約する直線はどのように選べばよいのでしょうか？予測はできるだけ正確にしたいので，一般的にいえば，予測誤差 ($\hat{e}$)，つ

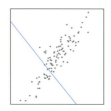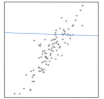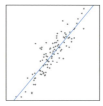

図 4.2 X と Y の散布図に引ける何通りもの直線のうちの 3 本。

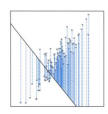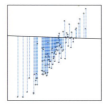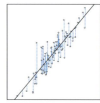

図 4.3 直線の適合は，左から右に向かって良くなっています。最後の直線は，X と Y の間の関係を最も良く要約しています。それは観察に最も近く，より小さな（青い破線で示された）予測誤差を生むことを意味します。

まり，各点と適合直線との間の垂直距離を小さくする直線を選びます。図 4.3 からわかるように，右の直線の方が（青い破線で示された）予測誤差が小さくなります。したがって，X と Y の関係を要約するには，他の 2 つの直線よりもこの直線を選ぶことになります。

数式的には，最良適合直線を選ぶために，SSR（sum of the squared residuals）として知られる「残差（residuals）平方（squared）和（sum）」を最小にする直線を特定する「最小 2 乗法」を使います（残差は予測誤差の別名です。この方法は予測誤差の平方和を最小化します）：

$$SSR = \sum_{i=1}^{n} \hat{\epsilon}_i^2$$

なぜ残差の和ではなく，残差の**平方和**を最小化するのでしょうか？　それは，最小化の過程で，正の予測誤差が負の予測誤差を打ち消すことを避けたいからです。残差を 2 乗することで，残差をすべて正の数に変換します（最良適合直線を選ぶこの手順は，残差**平方和**を**最小化**するので，「最小 2 乗法」と呼ばれます）。

表 4.1　countries データセットの変数の説明（観察単位は国）

変数名	説明
country	国名
gdp	2005 年から 2006 年の GDP（単位：兆現地通貨）
prior_gdp	1992 年から 1993 年の GDP（単位：兆現地通貨）
light	2005 年から 2006 年までの夜間光放射量の平均値（0〜63，0 は完全な暗闇，63 は極めて明るい光）。
prior_light	1992 年から 1993 年までの夜間光放射量の平均値（0〜63，0 は完全な暗闇，63 は極めて明るい光）。

　実際には，私たち自身がこの最小化処理を行うことはありません。その代わり，必要な計算は R に任せます。次節では，簡単な例を通じて，残差平方和を最小にする直線の 2 つの係数を R で推定する方法を学びます。言い換えれば，R と最小 2 乗法を使って最良適合直線を見つける方法を学びます。

4.4 ● 過去の GDP を利用して GDP を予測する方法

　本章の分析コードは "Prediction.R" ファイルにあります。分析するデータセットは "countries.csv" ファイルで提供され，含まれている変数の名前と説明を表 4.1 に示します。

　まずは，いつものようにデータを読み込んで保存します（作業ディレクトリは設定済みとします[7]）：

```
co <- read.csv("countries.csv")   # データの読み込みと保存
```

　データセットの感触をつかむために，最初のいくつかの観察を見てみましょう：

---

[7]　再確認　DSS フォルダがデスクトップに直接保存されている場合，作業ディレクトリを設定するには，Mac ユーザーであれば `setwd("~/Desktop/DSS")` を，Windows ユーザーであれば `setwd("C:/user/Desktop/DSS")`（*user* は自分のユーザー名）を実行しなければなりません。DSS フォルダが他の場所に保存されている場合，作業ディレクトリの設定方法については，1.7 節(1) を参照してください。

```
head(co)  # 最初の観察を表示
##    country     gdp  prior_gdp  light  prior_light
## 1      USA  11.107      7.373  4.227        4.482
## 2    Japan 543.017    464.168 11.926       11.808
## 3  Germany   2.152      1.793 10.573        9.699
## 4    China  16.558      4.901  1.451        0.735
## 5       UK   1.098      0.754 11.856       13.392
## 6   France   1.582      1.208  8.513        6.909
```

表 4.1 と上の出力から，データセットの観察はそれぞれ国を表し，データセットには 5 つの変数が含まれていることがわかります：

- *country* は国を識別する文字変数です．
- *gdp* と *prior_gdp* は，2005 年から 2006 年までと，1992 年から 1993 年までの，13 年離れた 2 つの時点における，各国の GDP です．単位は兆現地通貨単位(米国ならばドル，日本ならば円，ドイツならばユーロなど)．
- *light* と *prior_light* は，2005 年から 2006 年までと，1992 年から 1993 年までの，13 年離れた 2 つの時点における，各国の夜間光放射量の平均値です．0 から 63 までの尺度で測定されており，0 は完全な暗闇状態，63 は極めて明るい状態を表しています．

最初の観察は米国を表し，次のように解釈されます．GDP は 2005 年から 2006 年までが 11 兆ドル，1992 年から 1993 年までが 7 兆ドルでした．また，平均夜間光放射量は 2005 年から 2006 年が 4.2 単位，1992 年から 1993 年が 4.5 単位でした(0 から 63 までのスケールで測定)．

データセットの総観察数を求めるために，以下を実行します：

```
dim(co)  # データフレームの次元を表示：行，列
## [1] 170   5
```

このデータセットには 170 カ国の情報が含まれています．

4.4.1 GDP と過去の GDP の関係

ある国の 2 時点の GDP の関係を知るために，データセットにある GDP の 2 つの指標，*gdp* と *prior_gdp* が互いにどのように関係しているかを分析します。この 2 つの変数は 13 年離れて測定されているため，私たちの推計結果は，ある時点におけるその国の GDP と，約 13 年前の GDP との関係を示すことになります。

まず，関心のある 2 つの変数の関係を可視化するために，関数 plot() を使って散布図を作成することから分析を始めます。私たちは常に予測変数を *X* 軸に，結果変数を *Y* 軸にプロットすることに注意してください。この場合，*gdp* と *prior_gdp* の関係を可視化するために，以下のように実行します[8]：

```
plot(x=co$prior_gdp, y=co$gdp)  # 散布図を作成
```

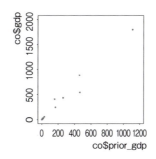

散布図を見ると，2 つの変数の間に正の関係が見られます。過去の GDP の値が高いほど，GDP の値も高くなる傾向があります。さらに，2 つの変数の間の関係は強い線形であることがわかります。線形関係の方向と強さをさらに調べるために，関数 cor() を使って相関係数を計算することができます[9]：

---

8) **再確認** plot() は 2 つの変数の散布図を作成します。例：plot(*data$x_var, data$y_var*)，plot(x=*data$x_var*, y=*data$y_var*)，または plot(y=*data$y_var*, x=*data$x_var*)。また，もし "Error in plot.new(): figure margins too large" というエラーメッセージが表示されたら，右下のウィンドウを大きくしてから，プロットを作成するコードを再実行してみてください。

9) **再確認** 相関係数は −1 から 1 の範囲で，2 つの変数の間の線形関係の方向と強さを要約します。R では，関数 cor() で 2 つの変数の相関係数を計算します。例：cor(*data$variable1, data$variable2*)。

```
cor(co$gdp, co$prior_gdp) # 相関を計算
## [1] 0.9903451
```

2つの変数の相関係数は 0.99 となり，上の散布図での結果を裏付けています。

これで，2つの変数がお互いにどのように関係しているのかの大体の感触をつかめたので，それらの関係を要約する線形モデルを適合させることができます。これは，後で予測を行うために使用するモデルです。私たちの関心のある結果は *gdp* で，予測変数は *prior_gdp* なので，適合したい直線は次のようになります[10]：

$$\widehat{gdp}_i = \hat{\alpha} + \hat{\beta}\, prior\_gdp_i \quad (i = 国)$$

ここで，

- $\widehat{gdp}_i$ は，*prior_gdp* の値が $prior\_gdp_i$ と等しい国の 2005 年から 2006 年の GDP 予測値の平均です。
- $prior\_gdp_i$ は，国 i の 1992 年から 1993 年の GDP です。

いったん $\hat{\alpha}$ と $\hat{\beta}$ を推定すれば，任意の *prior_gdp* の値を上の式に代入して，$\widehat{gdp}$ を得ることができます。

R で最小 2 乗法を用いて線形モデルの係数を推定するためには，線形モデル（<u>l</u>inear <u>m</u>odel）を表す関数 `lm()` を用います[11]。この関数は，Y~X という式を主引数として指定する必要があり，ここで *Y* は結果変数を，*X* は予測変数を示します。GDP と過去の GDP の関係を要約する直線を適合するには，次のように実行します：

---

10) **ヒント** モデルを初めて書くときは，(i) 添え字 i をつけることによって，変数が観察ごとに異なる値をとる可能性があることを強調し，(ii) 各観察 i が何を表すかを明確にすると便利です。この場合，観察の単位 i は国です。

11) **関数** `lm()` は線形モデルを適合します。Y~X 型の式が必要で，ここで *Y* は変数 *Y* を，*X* は変数 *X* を表します。データフレームが格納されているオブジェクトを指定するには，コードで各変数を識別するための `$` という記号を使うか，オプションの引数である `data` を使います。例：`lm(`*data*`$`*y_var*`~`*data*`$`*x_var*`)` または `lm(`*y_var*`~`*x_var*`, data=`*data*`)`。

```
lm(co$gdp ~ co$prior_gdp) # 線形モデルを適合
##
## Call:
## lm(formula = co$gdp ~ co$prior_gdp)
##
## Coefficients:
## (Intercept)  co$prior_gdp
##      0.7161        1.6131
```

モデル内の変数は常に同じデータフレームから取得するべきなので，関数 lm() を指定する別の方法があることに注意してください．各変数に記号 $ を使用する代わりに，オプションの引数 data を使用し，引数をすべての変数を含むデータフレームが格納されているオブジェクトの名前に設定することができます．例えば，lm(gdp ~ prior_gdp, data=co) とすると，上記のコードと同じ出力が得られます．

上記の関数 lm() の出力でわかるように，推定された切片 ($\hat{\alpha}$) は 0.72，変数 prior_gdp の係数である推定された傾き ($\hat{\beta}$) は 1.61 です．適合線形モデルは次のようになります：

$$\widehat{gdp} = 0.72 + 1.61 \, prior\_gdp$$

$\hat{\alpha} = 0.72$ はどう解釈すればよいでしょうか？ $X = 0$ のとき，$\hat{\alpha}$ の値は $\hat{Y}$ と等しくなります．ここで，Y は GDP，X は過去の GDP（いずれも兆現地通貨単位）であるため，推定された切片の係数は，過去の GDP が 0 兆現地通貨単位のとき，GDP は平均して 0.72 兆現地通貨単位であると予測することを示していると解釈します[12]（切片の解釈は，特に予測変数の観察値の範囲がゼロ

---

12) **ヒント** 2 つの推定された係数，$\hat{\alpha}$ と $\hat{\beta}$ の測定単位は何でしょうか？
- Y が非二値である場合，$\hat{\alpha}$ と $\hat{\beta}$ は両方とも Y と同じ単位です．
- Y が二値の場合，（両出力を 100 倍した後に）$\hat{\alpha}$ はパーセンテージ，$\hat{\beta}$ はパーセンテージポイントです．

ここで，gdp は非二値で，兆現地通貨単位で測定されるため，$\hat{\alpha}$ と $\hat{\beta}$ はともに兆現地通貨単位で測定されます．

を含まない場合，常に本質的な意味を持つわけではないことに注意してください。これは良い例です。ある国の過去のGDPが0兆現地通貨単位であるというのは意味を成しません。観察データの範囲を超えた予測をする場合，XとYの関係がそのまま続くという強い仮定をすることになります。これは外挿（extrapolation）と呼ばれ，無意味な予測につながる可能性があります）。

$\hat{\beta} = 1.61$の解釈はどうすればよいでしょうか？ $\hat{\beta}$の値は$\Delta X = 1$に伴う$\Delta \hat{Y}$に等しいです。ここで，YはGDP，Xは過去のGDP（いずれも兆現地通貨単位で測定）であるため，推定された傾きの係数は，過去のGDPが1兆現地通貨単位増加すると，GDPが平均で1.61兆現地通貨単位増加すると予測されることを示していると解釈します。

適合モデルを扱いやすくするために，割り当て演算子 `<-` を使って適合モデルをオブジェクトとして格納したい場合があります（ここでは *fit* という名前にしましたが，他の名前でも構いません）：

```
fit <- lm(gdp ~ prior_gdp, data=co)  # 適合モデルを格納
```

例えば，関数 `abline()` を使って，適合直線を散布図に簡単に追加できます[13]。前章で見たように，この関数は直前に作成されたグラフに直線を追加します。その際，水平線と垂直線を引く方法を見ました。ここでは，適合モデルの出力を含むオブジェクトを主引数に与えると，この関数が適合直線を描画することを学びます。それでは実行してみましょう：

```
abline(fit)  # 散布図に直線を追加
```

---

[13] 関数 `abline()` は，主引数に関数 `lm()` の出力を含むオブジェクトを指定すると，適合直線を直近に作成したグラフに追加します。例：`fit <- lm(Y~X)` そして `abline(fit)`。

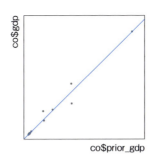

グラフを作成せずにこのコードを実行すると，R はエラーメッセージを表示することを覚えておいてください．本節で提供されているすべてのコードを順番に実行すると，上に示されている図が表示されるはずです．

関心のある 2 つの変数の間の関係を要約する直線を適合したので(これは線形回帰モデルの適合としても知られています)，適合モデルを使って予測を行うことができます．

一般的に，私たちは 2 つのタイプの予測に興味があります．第 1 に，予測変数の値を与えて結果変数の平均値を予測したい場合があります．この場合，適合直線の式を直接使用します[14]．

> X に基づいて $\hat{Y}$ を計算する場合：X の値を適合線形モデルに代入し，$\hat{Y}$ を計算します．
>
> $$\hat{Y} = \hat{\alpha} + \hat{\beta} X$$

例えば，ある国の現在の GDP を知りたいが，何らかの理由で測定できないとします．しかし，13 年前の GDP は 400 兆現地通貨単位であったとします．上で推計した GDP と過去の GDP の関係を考慮すると，現在の GDP の最善の

---

[14] **ヒント** 予測値，$\hat{Y}$ と $\Delta\hat{Y}$ の測定単位は何でしょうか？
- Y が非二値の場合，$\hat{Y}$ と $\Delta\hat{Y}$ は両方とも Y と同じ測定単位です．
- Y が二値の場合，(両方の出力に 100 を掛けた後) $\hat{Y}$ はパーセンテージ，$\Delta\hat{Y}$ はパーセンテージポイントです．

ここで，*gdp* は非二値で，兆現地通貨単位で測定されるため，$\hat{Y}$ と $\Delta\hat{Y}$ はどちらも兆現地通貨単位で測定されます．

予測はどうなるでしょうか？ 13年前のGDPの値に基づいて現在のGDPの値を予測するには，過去のGDPの値を適合線形モデルに代入します：

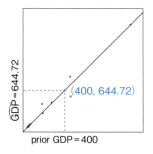

$$\widehat{gdp} = 0.72 + 1.61 \, prior\_gdp$$
$$= 0.72 + 1.61 \times 400$$
$$= 644.72$$

適合直線から，現在のGDPは約644兆7,200億現地通貨単位と予測されます（散布図に描いた適合直線を用いて，同じ結論に達する方法を視覚的に確認するには，右上の図をご覧ください）。

第2に，予測変数の値の変化に伴う結果変数の平均的な変化を予測したい場合があります。このような場合，私たちは予測される結果の変化を計算する式を使用します。

ΔX に対応する $\Delta \hat{Y}$ を計算するには：ΔX の値を以下の式に代入し，$\Delta \hat{Y}$ を計算します[15]。

$$\Delta \hat{Y} = \hat{\beta} \, \Delta X$$

例えば，過去のGDPが400兆現地通貨単位増加した場合の現在のGDPの変化量を予測したいとします。ここで計算を行うには，まず，予測される現在のGDPの変化量の式から計算を始めて，過去のGDPの変化量の値を代入します：

---

[15] **ヒント** この式は，(a)傾きの係数，または(b) 2つのポイント（開始点と終了点）間の予測される結果の変化のどちらかの定義を使用することで得られます：
(a) $\hat{\beta} = \Delta \hat{Y}/\Delta X$ なので，$\Delta \hat{Y} = \hat{\beta} \, \Delta X$
(b) $\Delta \hat{Y} = \hat{Y}_{終了点} - \hat{Y}_{開始点}$
$\qquad = (\hat{\alpha} + \hat{\beta} X_{終了点}) - (\hat{\alpha} + \hat{\beta} X_{開始点})$
$\qquad = \hat{\beta}(X_{終了点} - X_{開始点}) = \hat{\beta} \, \Delta X$

$$\Delta \widehat{gdp} = 1.61\, \Delta prior\_gdp$$
$$= 1.61 \times 400$$
$$= 644$$

13年前のGDPが400兆現地通貨単位増加した場合，現在のGDPの約644兆現地通貨単位の増加と対応するであろうと予測しています（散布図に描かれた適合直線を用いて，どのように同じ結論に達するかを視覚的に確認するために，もう一度右の図をご覧ください）。

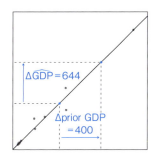

4.4.2 自然対数変換

前項で，関心のある2つの変数，gdpとprior_gdpを使って，変換なしで直線を適合する方法を学びました。直線の適合を良くするために，関心のある変数の一方または両方を変換したい場合があります。すぐにわかるように，これらの変換は係数の解釈方法に影響します。

変数が極端に大きな値や極端に小さな値を少しだけ含むとき，変数の分布は歪みます（分布が歪んでいるとみなされるのは，その分布の裾の一方が他方より長いために対称でない場合であることを再確認してください）。このような状況では，変数を自然対数で変換するのが良いでしょう[16]。この変換は，関心のある変数をより正規分布に近づけ，ひいてはデータへの直線の適合度を改善します。この例では，自然対数をとることによって関心のある変数を両方とも変換し，そして直線を再適合します。

Rでは，自然対数を計算する関数は，`log()`です[17]。変数内の各値の自然対数を計算するにはその変数を特定するコードを主引数に指定します。そして，その結果を新しい変数として格納するには，割り当て演算子`<-`を使います。この新しい変数を既存のデータフレームの中に保存するには，`$`という記

---

16) **ヒント** 自然対数は指数関数の逆関数です。自然対数の底はネイピア数として知られる定数 e で，およそ2.7183です。X の自然対数，$\log(X)$ は，X と等しくなるために，e にべき乗しなければならない値です（もし $X = e^Y$ なら，$\log(X) = Y$）。

17) **関数** `log()` は，括弧の中で指定された引数の自然対数を計算します。例：`log(10)`。

号を使います．この例に戻ると，GDP を対数変換した変数である *log_gdp* と *log_prior_gdp* を作るために，次のように実行します：

```
## 対数変換した GDP 変数の作成
co$log_gdp <- log(co$gdp) # gdp
co$log_prior_gdp <- log(co$prior_gdp) # 過去の gdp
```

新しい変数が正しく作成されたことをチェックするために，データフレーム *co* の最初のいくつかの観察を見てみましょう．もう一度，head(co) を実行すると *log_gdp* の最初の観察値が（gdp_1 = 11.1，log(11.1) = 2.4 であるため）約 2.4，そして *log_prior_gdp* の最初の観察値が（$prior\_gdp_1$ = 7.4，log(7.4) = 2 であるため）約 2 であることがわかります．

変換が関心のある 2 つの変数の分布にどのように影響したかを可視化するために，元の変数と対数変換した変数のヒストグラムを次のように作成します[18]：

```
## ヒストグラムを作成[19]
hist(co$gdp) # gdp
hist(co$log_gdp) # 対数変換した gdp
hist(co$prior_gdp) # 過去の gdp
hist(co$log_prior_gdp) # 対数変換した過去の gdp
```

---

18) **再確認** hist() は変数のヒストグラムを作成します．例：hist(*data$variable*)．
19) 訳者注：これらのコード（例えば hist(co$log_gdp)）で作成されるヒストグラムのビンの数と Y 軸の範囲が本書の図の設定と異なるため，表示される図は少し違って見えます．ビンの数を設定するには，オプションの引数で breaks を指定します．Y 軸の範囲を設定するには，第 3 章の脚注 18 で説明したように，オプションの引数で ylim を指定します．例：hist(co$log_gdp, ylim=c(0, 50), breaks=20)．

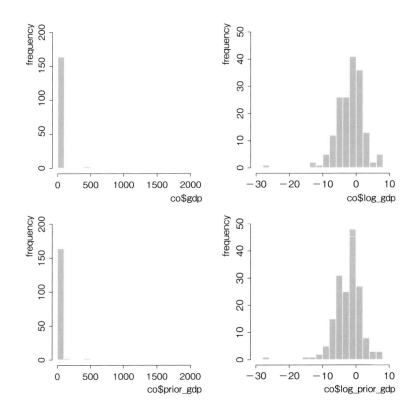

　左側のヒストグラムでわかるように，GDPの元の2つの指標には極端に大きな値が少数含まれており，分布が歪んでいます（どちらの場合も，右の裾は左の裾より長いです）。ほとんどの観察では200兆現地通貨単位以下の値でしたが，いくつかの外れ値もありました。例えば，インドネシアのGDPは1993年に1,100兆ルピアを超え，2006年には1,800兆ルピア近くに達しました。右側のヒストグラムからわかるように，変数を対数変換すると，分布はより対称的な釣鐘型になります。

　ここで，元の変数と対数変換した変数の散布図を作成することによって，変数の変換が直線の適合度にどのように影響したかを可視化できます：

```
## 散布図を作成
plot(x=co$prior_gdp, y=co$gdp)  # 元の変数
plot(x=co$log_prior_gdp, y=co$log_gdp)  # 対数変換した変数
```

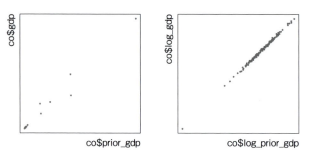

2つの散布図を比較すると，自然対数変換によって，関心のある2つの変数の関係がより直線的になることがよくわかります。これを確認するために，対数変換された変数の間の相関係数を求めましょう：

```
cor(co$log_gdp, co$log_prior_gdp)  # 相関を計算
## [1] 0.9982696
```

実際，新しい相関係数は対数変換前よりもさらに1に近くなっています（0.998 対 0.990）。

2つの対数変換された変数が，お互いにどのように関係しているかがわかったので，それらの関係を要約するために，次の線形モデルを適合することができます：

$$\widehat{log\_gdp}_i = \hat{\alpha} + \hat{\beta}\, log\_prior\_gdp_i \quad (i = 国)$$

ここで：

- $\widehat{log\_gdp}_i$ は，log_prior_gdp の値が $log\_prior\_gdp_i$ と等しい国の2005年から2006年の自然対数化GDPの予測値の平均です。
- $log\_prior\_gdp_i$ は，1992年から1993年の国 i の自然対数化GDPです。

この新しい最良適合直線の係数を推定するために，再度関数 `lm()` を使い，実行します[20]：

```
lm(log_gdp ~ log_prior_gdp, data=co)  # 線形モデルを適合する
## 
## Call:
## lm(formula = log_gdp ~ log_prior_gdp, data = co)
## 
## Coefficients:
##   (Intercept)   log_prior_gdp
##        0.4859          1.0105
```

上記の推定された係数を用いて，新たな適合線形モデルは以下のように書けます：

$$\widehat{log\_gdp} = 0.49 + 1.01\, log\_prior\_gdp$$

結果変数 Y と予測変数 X の両方が対数変換されたこのタイプのモデルは，**対数-対数線形モデル**（log-log linear model）と呼ばれます：

$$\widehat{\log(Y)} = \hat{\alpha} + \hat{\beta} \log(X)$$

通常の線形モデルと同じように係数を解釈することもできますが，実際には，特に $\hat{\beta}$ を解釈するとき，対数を扱うのを避けるために近似を使用します。

本章の終わり近くの付録で示すように，私たちは $\hat{\beta}$ を，予測変数が1% 増加することに伴う結果変数の予測された**パーセンテージ変化として解釈します**。ここでは，$\hat{\beta} = 1.01$ なので，過去の GDP が 1% 増加すると，平均して GDP が 1.01% 増加すると予測されます。$\hat{\beta}$ のこの解釈では，X の変化も $\hat{Y}$ の変化も，標準的な線形モデルのように単位ではなく**パーセンテージ**で測定され

---

[20] **再確認** `lm()` は線形モデルを適合します。この式には，`Y ~ X` 型の式が必要です。データフレームが格納されているオブジェクトを指定するには，オプションの引数である `data` か，`$` という記号を使います。例：`lm(y_var ~ x_var, data=data)` または `lm(data$y_var ~ data$x_var)`。

ることに注意してください。言い換えれば，対数-対数モデルでは，絶対的な変化ではなく，相対的な変化を推定します。

4.5 ● 夜間光放射量を用いた GDP 成長の予測

それでは，夜間光放射量の変化を用いて GDP の変化を予測するモデルの適合方法を考えてみましょう。先に述べたように，夜間光放射量を用いて GDP の伸びを予測することができれば，非常に便利です。GDP の測定が困難な世界の僻地であっても衛星画像から夜間光放射量を測定することができます。

私たちは，関係を理解したい 2 つの変数を作成することから分析を開始します。このモデルでは，関心のある結果は，2 つの時点間の GDP のパーセンテージ変化(GDP 成長率)であり，次のように定義されます[21]：

$$gdp\_change = \frac{gdp - prior\_gdp}{prior\_gdp} \times 100$$

第 1 章で説明したように，R は算術演算子である +, -, *, / を理解します。したがって，この変数を作成するには，次のように実行します：

---

[21] **ヒント** パーセンテージポイントの変化とパーセンテージの変化を混同しないでください。パーセンテージの変化は，ベースラインに対する変化として定義されます：

$$\frac{Y_{終了点} - Y_{開始点}}{Y_{開始点}} \times 100$$

一方，パーセンテージポイントの変化とは，終了点と開始点がパーセンテージで測定された場合のそれらの差として定義されます：

$$Y_{終了点} - Y_{開始点} \quad (どちらも ％ で測定)$$

例えば，投票率が 50％ から 60％ に上がった場合，そのパーセンテージの変化は次のようになります：

$$\frac{60\% - 50\%}{50\%} \times 100 = 20\%$$

そして，パーセンテージポイントの変化は：

$$60\% - 50\% = 10 \text{ p.p.}$$

この変化は，(a) 20 パーセントまたは (b) 10 パーセンテージポイントの増加と表現できます。

```
## GDP のパーセンテージ変化の変数を作成
co$gdp_change <-
  ((co$gdp - co$prior_gdp) / co$prior_gdp) * 100
```

予測変数は，同じ期間における夜間光放射量のパーセンテージ変化で，次のように定義されます：

$$light\_change = \frac{light - prior\_light}{prior\_light} \times 100$$

この変数を作成するには，次のように実行します：

```
## 夜間光パーセンテージ変化変数の作成
co$light_change <-
  ((co$light - co$prior_light) / co$prior_light) * 100
```

新しい変数が正しく作成されたかどうかは，*co* というデータフレームの最初の数件の観察を見ることで確認できます．もう一度 head(co) を実行すると，*gdp_change* の最初の観察の値は約 51 で，*light_change* の最初の観察の値は約 −6 であることがわかるはずです．どちらの新しい変数も変化をパーセンテージで測定するため，最初の数値は，研究対象の 13 年間にその国の GDP が 51% 成長したことを示すと解釈し，2 番目の数値は，同じ期間に同じ国の夜間光放射量が 6% 減少したことを示すと解釈します．

gdp_change と *light_change* の中身をよりよく知るために，これらのヒストグラムを作成してみましょう：

```
## ヒストグラムの作成
hist(co$gdp_change)   # GDP のパーセンテージ変化
hist(co$light_change) # 夜間光のパーセンテージ変化
```

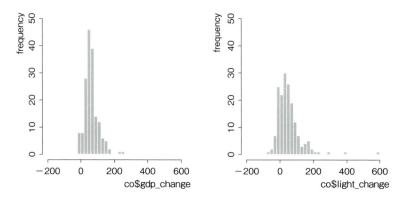

ここでは，両方の変数が多かれ少なかれ正規分布していること，そして，ほぼすべての国の GDP が 13 年間で 0〜200％ 成長した一方で，相当数の国の夜間光放射量が 200％ 以上増加したか，実は減少したことが観察されます。

さて，関心のある 2 つの変数を構築し，その解釈方法を学んだので，散布図を作成して，それらが互いにどのように関連しているかを知ることができます：

```
## 散布図を作成
plot(x=co$light_change, y=co$gdp_change)
```

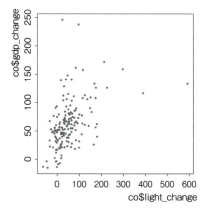

予想通り，散布図を見ると，夜間光の変化の値が大きいほど，GDP の変化

の値も大きくなる傾向があることがわかります．言い換えれば，ある国の夜間光放射量の増加は，通常，その国の GDP の増加を伴います．しかし，この関係は緩やかな線形関係でしかないようです．このことを確認するため，相関係数を計算します：

```
cor(co$gdp_change, co$light_change)  # 相関を計算
## [1] 0.4577672
```

この 2 つの変数の相関は 0.46 で，上の散布図で見たことと一致しています．

夜間光放射量の変化を用いて GDP 成長を予測するには，次の線形モデルに注目します：

$$\widehat{gdp\_change}_i = \hat{\alpha} + \hat{\beta}\, light\_change_i \quad (i = 国)$$

ここで：

- $\widehat{gdp\_change}_i$ は，$light\_change$ の値が $light\_change_i$ と等しい国における，1992-1993 年から 2005-2006 年の間の GDP の予測されたパーセンテージ変化の平均です．
- $light\_change_i$ は，国 i が 1992-1993 年から 2005-2006 年に経験した夜間光放射量のパーセンテージ変化です．

線形モデルの係数を推定するために，関数 `lm()` を使い，実行します：

```
lm(gdp_change ~ light_change, data=co)  # 線形モデルの適合
## 
## Call:
## lm(formula = gdp_change ~ light_change, data = co)
## 
## Coefficients:
##  (Intercept)   light_change
##      49.8202         0.2546
```

4.5 夜間光放射量を用いた GDP 成長の予測

上記の推定された係数をもとに，適合モデルを次のように書きます：

$$\widehat{gdp\_change} = 49.82 + 0.25\, light\_change$$

これで適合モデルを使って予測を行うことができます．例えば，ある国の 13 年間の GDP 成長を知りたいが，それを測定するのに必要なデータがないと想像してください．また，同じ期間にその国で夜間光放射量が 20% 増加したのを観察したとします．この国の GDP 成長はどの程度になるでしょうか？ この予測を計算するために，適合線形モデルに，$light\_change = 20$ を代入します：

$$\begin{aligned}\widehat{gdp\_change} &= 49.82 + 0.25\, light\_change \\ &= 49.82 + 0.25 \times 20 = 54.82\end{aligned}$$

適合モデルに基づくと，13 年間に同国の GDP は平均で約 55% 成長したと予測されます．

4.6 ● 決定係数 R^2 を用いたモデルのデータ適合度の測定

予測のためにモデルを使用するときは，常にモデルがデータにどの程度適合しているかを知りたいものです．この目的のために，**決定係数**(coefficient of determination)，または R^2（アール・スクエアードと発音）と呼ばれる統計量を使用します．R^2 の値は 0 から 1 の範囲で，Y の変動のうちモデルによって説明される割合を表します．例えば R^2 が 0.8 というのは，モデルが Y の変動の 80% を説明する（$0.8 \times 100 = 80\%$）と解釈します．したがって，R^2 が高いほど，モデルはより良くデータに適合しています．

> **公式の詳細**
>
> 数式では，R^2 は次のように定義されます：

$$R^2 = 1 - \frac{SSR}{TSS} = 1 - \frac{\sum_{i=1}^{n}(Y_i - \hat{Y}_i)^2}{\sum_{i=1}^{n}(Y_i - \overline{Y})^2}$$

ここで：

- SSR は「残差平方和(sum of the squared residualss)」を表し，モデルによって説明**されない** Y の変動を測定します。これは，最良適合直線を選ぶときに，最小2乗法を用いて最小化することになる指標です。より正確には：

$$SSR = \sum_{i=1}^{n} \hat{\epsilon}_i^2 = \sum_{i=1}^{n}(Y_i - \hat{Y}_i)^2$$

つまり，SSR は，点と最良適合直線との距離(下の左図に青の破線で表示)の2乗を合計したものです。

- TSS は「総平方和(total sum of squares)」の略で，Y の説明された変動と未説明の変動を含む総変動を測定します。第3章で見たように，これは Y の分散の分子で，変数のばらつきを表す尺度です：

$$TSS = \sum_{i=1}^{n}(Y_i - \overline{Y})^2$$

つまり，TSS は各点と Y の平均との間の距離(下の右図に青の破線で表示)の2乗を合計したものです。

上記の定義から，SSR/TSS は，モデルによって説明**されない** Y の変動の割合と解釈できます。したがって $1-(SSR/TSS)$ は，モデルによって説明される Y の変動の割合となります。

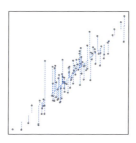 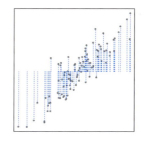

極端な場合，モデルがデータに完全に適合するとき，モデルは残差を生成せず，SSR は 0 に等しく，R^2 は 1 に等しくなります。もう一方の極端な例では，モデルが結果変数の変動を全く説明しないとき，SSR は TSS と等しくなり，R^2 は 0 になります。ほとんどの場合，その中間となります。

本章のように単回帰モデル，つまり X 変数[22]が 1 つだけの線形モデルを使用する場合，R^2 は X と Y の相関の 2 乗にも相当します[23]：

$$R^2 = cor(X, Y)^2$$

この R^2 の定義から，X と Y の相関が(絶対値で)高ければ高いほど，モデルがデータに適合していることがわかります。X と Y の間の線形関係が強くなる(例えば，図 4.4 の左側の散布図から右側の散布図に移る)につれて，モデルの予測誤差(点と直線の間の垂直距離)は小さくなり，モデルによって説明される Y の変動の割合(R^2 の値)は増加します。

一方の極端なケースでは，X と Y の関係が完全に線形(X と Y の相関が 1 または –1)であるとき，モデルは Y の変動の 100% を説明します($R^2 = (1)^2 = 1$，$R^2 = (-1)^2 = 1$)。もう一方の極端なケースでは，X と Y の間に線形関係がない(X と Y の間の相関が 0 に等しい)とき，モデルは Y の変動の 0% を説明します($R^2 = (0)^2 = 0$)。

予測モデルを構築するとき，私たちは Y と相関の強い変数を探し，予測変数として使用します。X と Y の相関係数が(絶対値で)大きければ大きいほど，通常，適合線形モデルは X を用いて Y を予測するのに適しています。

---

[22] 訳者注：本書では，処置変数や予測変数，第 5 章の統制変数などの独立変数をしばしば X 変数と呼びます。

[23] **ヒント** X 変数が 1 つだけの線形モデルは，複数の X 変数を使う重回帰モデルと区別するために，単回帰モデルとして知られています。X 変数が 1 つだけの線形モデルは，X と Y の 2 つの変数の関係を推定するので，2 変量(bivariate)線形モデルとも呼ばれます(「bi」は 2 つ，「variate」は変数という意味です)。

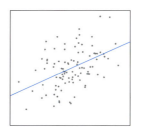 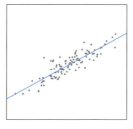

図 4.4 X と Y の間の相関の絶対値が大きいほど R^2 が大きくなり，モデルがデータに適合します。例えば，左のプロットの変数間の相関は 0.48 で，モデルの R^2 は 0.23 です（$0.48^2 = 0.23$）。これに対し，右のプロットにおける変数間の相関は 0.88 で，モデルの R^2 は 0.77 です（$0.88^2 = 0.77$）。

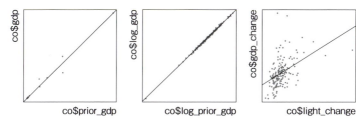

図 4.5 左のモデルは，過去の GDP を用いて GDP を予測します。中央のモデルは，過去の自然対数化 GDP を用いて自然対数化 GDP を予測します。右のモデルは，夜間光放射量の変化を用いて GDP 成長を予測します。

線形回帰を使用した結果の予測：Y と相関の強い X 変数を探します。なぜなら，X と Y の相関係数が（絶対値で）大きければ大きいほど，R^2 は大きく，通常，適合線形モデルは X を用いて Y を予測するのに適しているからです。

4.6.1 本章の 3 つの予測モデルはデータにどの程度適合するのでしょうか？

本章で適合させた 3 つの予測モデルを評価してみましょう。図 4.5 は，3 つの散布図と適合直線を示しています。

これらはすべて単回帰モデルなので，R^2 を計算するには，関心のある2つの変数の相関を2乗します：

```
## 各予測モデルの決定係数を計算
cor(co$gdp, co$prior_gdp)^2 # 左のモデル
## [1] 0.9807834
```

```
cor(co$log_gdp, co$log_prior_gdp)^2 # 中央のモデル
## [1] 0.9965422
```

```
cor(co$gdp_change, co$light_change)^2 # 右のモデル
## [1] 0.2095508
```

左のモデルの R^2 は，過去の GDP を予測変数とする線形モデルが GDP の変動の約 98% を説明することを示していると解釈できます。左のモデルの R^2 と中央のモデルの R^2 を比較すると(0.98 対約1)，GDP を対数-対数変換することで，モデルの適合度がわずかに改善されていることがわかります。いずれにせよ，予測モデルはデータに驚くほど良く適合しているようです。

最後に，右のモデルの R^2 は，夜間光放射量の変化を予測変数とする線形モデルが，GDP 成長の変動の約 21% を説明していることを示していると解釈できます。これは一見 R^2 が小さいように見えますが，GDP 成長を予測することがいかに難しいかを考えると，このモデルは相対的にはかなり優れています (ある結果は他の結果よりも本質的に予測しにくいので，同じ結果変数を持つモデル間でのみ R^2 を比較すべきであることに注意してください)。

4.7 ● まとめ

この章では，予測を行うための線形回帰モデルを紹介しました。私たちは，予測変数と結果変数の間の関係を要約する直線の適合方法を学びました。そして，(i)予測変数の値を与えて結果変数の平均値を予測し，(ii)予測変数の値の変化に伴う結果変数の平均的な変化を予測するために，適合直線を使用する方法を学びました。その過程で，予測誤差，すなわち観察された結果と予測された結果の差と，直線の2つの係数（切片と傾き）の解釈の仕方を学びました。最後に，モデルがどの程度データに適合するかを測定するために，R^2の計算と解釈の仕方を学び，この章を終えました。次の章では，因果効果を推定する目的で線形回帰モデルをどのように使用するかを見ていきます。

4.8 ● 付録：対数-対数線形モデルの傾きの解釈

対数-対数線形モデルでは，結果変数と予測変数の両方が対数変換されています：

$$\widehat{\log(Y)} = \hat{\alpha} + \hat{\beta} \log(X)$$

ここでは，$\hat{\beta}$の解釈に関心があるので，直線上の2点間の予測結果の変化の公式から説明します[24]：

$$\begin{aligned}\widehat{\log(Y_{終了点})} - \widehat{\log(Y_{開始点})} &= \left[\hat{\alpha} + \hat{\beta} \log(X_{終了点})\right] - \left[\hat{\alpha} + \hat{\beta} \log(X_{開始点})\right] \\ &= \hat{\alpha} - \hat{\alpha} + \hat{\beta} \log(X_{終了点}) - \hat{\beta} \log(X_{開始点}) \\ &= \hat{\beta}\left[\log(X_{終了点}) - \log(X_{開始点})\right]\end{aligned}$$

両辺を100倍すると，次のようになります：

---

[24] **再確認** 傾きは，直線上の2つの特定の点間の予測結果の変化を表します。また，2つの点（開始点と終了点）の間の変数の変化は，終了点の変数の値と開始点の変数の値の間の差に相当します。例えば：

$$\Delta \hat{Y} = \hat{Y}_{終了点} - \hat{Y}_{開始点}$$

$$\left[\log(\widehat{Y_{終了点}}) - \log(\widehat{Y_{開始点}})\right] \times 100 = \hat{\beta}\left[\log(X_{終了点}) - \log(X_{開始点})\right] \times 100$$

ここで，脚注 25 の **ヒント** に示された近似値を使用すると，公式は次のようになります：

$$\frac{\Delta \hat{Y}}{\hat{Y}_{開始点}} \times 100 \approx \hat{\beta}\frac{\Delta X}{X_{開始点}} \times 100$$

このとき：

- $\Delta \hat{Y}/\hat{Y}_{開始点} \times 100$ は，結果変数の予測されるパーセンテージ変化です。
- $\hat{\beta}$ は，推定された傾きの係数です。
- $\Delta X/X_{開始点} \times 100$ は，予測変数のパーセンテージ変化です。

上の公式から，予測変数が 1% 増加する (つまり $\Delta X/X_{開始点} \times 100 = 1$ の) 場合，結果は $\hat{\beta}$ 増加すると予測されます：

$$\frac{\Delta \hat{Y}}{\hat{Y}_{開始点}} \times 100 \approx \hat{\beta} \times 1 \approx \hat{\beta}$$

これらをまとめると，対数-対数モデルにおいて，推定された傾きの係数 $\hat{\beta}$ は，予測変数が 1% 増加することに伴う結果の予測された**パーセンテージ変化**です。

公式の詳細

ある変数における 2 つの値の自然対数の差は，2 つの値の間の距離が比較的小さい場合，その変数におけるその 2 つの値の間のパーセンテージ変化にほぼ等しくなります。以下はその計算です：

---

25) **ヒント** 下記の公式に基づいて，次のような概算ができます：
$$\left[\log(\widehat{Y_{終了点}}) - \log(\widehat{Y_{開始点}})\right] \times 100$$
$$\approx \frac{\Delta \hat{Y}}{\hat{Y}_{開始点}} \times 100$$
$$\left[\log(X_{終了点}) - \log(X_{開始点})\right] \times 100$$
$$\approx \frac{\Delta X}{X_{開始点}} \times 100$$

$$
\begin{aligned}
&\left[\log(X_{終了点}) - \log(X_{開始点})\right] \times 100 \\
&= \left[\log(X_{開始点} + \Delta X) - \log(X_{開始点})\right] \times 100 \quad \because X_{終了点} = X_{開始点} + \Delta X \\
&= \left[\log\left(X_{開始点} + X_{開始点} \frac{\Delta X}{X_{開始点}}\right) - \log(X_{開始点})\right] \times 100 \quad \because \frac{X_{開始点}}{X_{開始点}} = 1 \\
&= \left[\log\left(X_{開始点}\left(1 + \frac{\Delta X}{X_{開始点}}\right)\right) - \log(X_{開始点})\right] \times 100 \\
&= \left[\log(X_{開始点}) + \log\left(1 + \frac{\Delta X}{X_{開始点}}\right) - \log(X_{開始点})\right] \times 100 \\
&\qquad\qquad\qquad\qquad\qquad \because \log(A \times B) = \log(A) + \log(B) \\
&= \log\left(1 + \frac{\Delta X}{X_{開始点}}\right) \times 100 \\
&\approx \frac{\Delta X}{X_{開始点}} \times 100 \qquad\qquad \because A が小さいとき \log(1 + A) \approx A
\end{aligned}
$$

第 **5** 章

観察データによる因果効果の推定[1]

第 2 章では無作為化実験のデータを用いて平均因果効果を推定する方法を学びました。ここでは，無作為に処置を割り当てられず，観察データに頼らざるをえない場合の推定方法を学びます。例として，2014 年のウクライナ議会選挙におけるロシア系テレビ放送受信の因果効果を推定します。

5.1 ● ロシア国営テレビによる 2014 年ウクライナ情勢の報道

ウクライナは 1991 年にソ連から独立しました。それ以来，ロシアに対する姿勢はしばしば争点となってきました。長い間，ウクライナの住民や政党は親ロシア派と反ロシア派に分かれていました。

2014 年のウクライナ選挙に至るまで，ロシアとウクライナ（当時は「反ロシア」を掲げる政党が政権を担っていました）は政治的・軍事的に激しく対立していました。ロシア国営テレビの報道は，この対立とウクライナ選挙の争点について，激しく，一方的なものでした。例えば，ウクライナ政府は非合法であり，ウクライナ政府を誕生させた革命は外国によって組織されたものだと報道されました。こうした報道はロシア領内だけ

---

[1] 本章は，Leonid Peisakhin and Arturas Rozenas, "Electoral Effects of Biased Media: Russian Television in Ukraine（偏向メディアの選挙効果：ウクライナにおけるロシア系テレビ）," *American Journal of Political Science* 62, no. 3 (2018): 535–550 に基づきます。分析を単純化するため，50 dBμV 以上の信号強度で受信が可能であると考え，潜在的な交絡因子の数を制限しています。

でなく，ウクライナの一部でも放送されました。国境近くに住む一部のウクライナ人はこの電波を受信し，親ロシアのプロパガンダにさらされる可能性がありました。

本章では，ウクライナの2014年議会選挙におけるロシア系テレビ放送受信の効果を推計します。これは2つのレベルで行います。まず，個人レベルの社会調査データを分析し，個人の親ロシア政党への投票傾向への影響を推定します。次に，集計レベルのデータを分析し，親ロシア政党の得票率への影響を選挙区レベルで推定します。いずれの場合も，ロシア国境に近い地域に注目します。

5.2 ● 観察データによる因果効果推定における問題点

第2章で議論したように，因果効果を推定するためには，処置群と統制群が，処置変数以外の結果に影響する可能性のあるすべての変数に関して比較可能である状況を見つけるか，作り出す必要があります[2]。この仮定が満たされて初めて，一方の群の平均的な実際の(あるいは観察された)結果を，もう一方の群の平均的な反事実の結果の適切な推定値として使うことができるのです。

すでに見てきたように，無作為化実験では，すべての観察された，そして観察されていない処置前の特徴について，処置群と統制群を互いに平均的に同一にするために，無作為処置割り当てに頼ることができます。しかし，無作為化実験ができず，代わりに観察データを分析しなければならなくなったらどうなるでしょうか[3]？ もはや処置群と統制群が比較可能であるとは仮定できません。観察データを用いて処置の因果効果を推定するためには，まず処置群と統制群の間に関連する差異(交絡変数または交絡因子として知られています)を特定し，それらを統計的に統制して，2つの群を可能な限り比較できるようにしなければなりません。

---

[2] **再確認** 因果推論の根本問題は，反事実の結果を決して観察できないということです。しかし，因果関係を推論するためには，実際の結果と反事実の結果を比較する必要があります。

[3] **再確認** 観察データとは，研究者が処置を割り当てない，自然に起こる出来事について収集されたデータのことです。

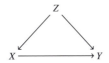

図 5.1 交絡変数 Z，処置変数 X，結果変数 Y の間の因果関係の図（私たちは因果関係を矢印で表すことを思い出してください。矢印の方向は，どちらの変数が他方の変数に影響するかを示します）。

本節では，まず交絡変数を定義します。そして，なぜ交絡変数の存在が因果効果を推定する際に問題となるのかを探り，無作為化実験において，処置割り当ての無作為化がどのように潜在的な交絡変数をすべて排除するのかを議論します。

5.2.1 交絡変数

交絡変数(confounding variable)とは，**交絡因子**(confounder)とも呼ばれ，(i) 処置 X を受ける可能性と(ii)結果 Y の両方に影響する変数のことです。

数学的表記では，処置変数を X，結果変数を Y と表現するように，潜在的な交絡変数を Z と表現します。図 5.1 は，これらの変数の因果関係を示しています。Z と X の間の矢印，Z と Y の間の矢印は，どちらも Z を起点としており，Z の変化が X と Y の値に影響を与えるが，その逆ではないことを示していることに注意してください。

この仕組みを理解するために，簡単な架空の例を見てみましょう。私たちは，公立学校ではなく私立学校に通うことが生徒の成績に及ぼす平均因果効果に関心があるとします。私たちの研究の目的を考えると：

- 処置変数 X は，生徒が私立学校に通っていたかどうかを示す二値変数です(これを **私立学校** と呼びます)。
- 結果変数 Y は，SAT(米国における大学進学のための標準テスト)のような標準化テストでの生徒の成績です(これを **テストの点数** と呼びます)。

親が選んだ学校に子供が通うという現実世界のデータを収集する場合，(i) 私立学校に通う可能性と(ii)テストでの生徒の成績の両方に影響するような変数を考えることができるでしょうか？ 言い換えれば，交絡変数 Z を考えることはできるでしょうか？

潜在的な交絡変数の一つは、**家庭の裕福さ**です。私立学校は生徒が授業料を支払う必要があることから、私立学校の生徒は公立学校の生徒よりも裕福な家庭の出身である可能性が高いです。したがって、家庭の裕福さは、生徒が私立学校に通う可能性に影響します：

家庭の裕福さ → 私立学校

家庭の裕福さは、生徒が放課後に1対1の家庭教師などの学習支援を受ける可能性にも影響し、その結果、標準化テストの成績も向上します：

家庭の裕福さ → 家庭教師 → テストの点数

このように、**家庭の裕福さ**は、**私立学校**と**テストの点数**の両方に影響するため、交絡変数となります：

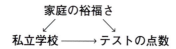

5.2.2　なぜ交絡因子が問題なのか？

なぜ交絡因子の存在が因果効果の推定において問題となるのでしょうか？それは、交絡因子が X と Y の因果効果を不明瞭にするからです。

先ほどの例に戻ると、私立学校の生徒の方が公立学校の生徒よりも平均的にテストで好成績を収めることが観察されたとしても、それが私立学校に通っているからなのか、それとも放課後に学習支援を受ける余裕のある裕福な家庭の生徒だからなのかはわかりません。言い換えれば、2群間のテストの平均点の差（平均の差推定量）を計算する場合、この差のどの部分が処置（私立学校への通学）に起因し、どの部分が交絡変数（裕福な家庭の出身）の結果であるかはわかりません。

交絡因子がある場合、相関関係は必ずしも因果関係を意味しません[4]。2つ

---

4) **再確認**　「相関が強い」というときは、符号に関係なく、相関係数の絶対値が大きいことを意味します。

の変数どうしが強く相関していることを観察したからといって，自動的に一方が他方を引き起こしているとは限りません．両方の変数に影響する第3の変数——交絡因子——があるかもしれません．極端な場合，XとYの両方に同時に影響を与えることで，交絡変数がXとYの間に完全な疑似相関を作り出し，実際には両者の間に直接の因果関係はないのにXとYとの間に因果関係があるかのように誤解させるかもしれません：

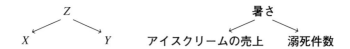

　例えば，アイスクリームの売上高と溺死件数は正の相関があります．アイスクリームの販売数が多ければ多いほど，溺死件数も多くなるのが普通です．だからといって，アイスクリームを食べると溺れるというわけではありません．明らかな交絡因子があります．暑さです．

　暑いとアイスクリームを食べる機会が増え，海水浴に行く機会も増えるので，悲しいことに溺死者が出るかもしれません．暑さという交絡因子があると，アイスクリームの売上と溺死件数が正の相関を持つことになります．しかし，私たちの知る限り，両者に直接の因果関係はありません．アイスクリームを食べると溺れやすくなるわけではありません（上に示した右図にある**アイスクリームの売上**と**溺死件数**の間に因果関係のリンク／矢印がないことに注意してください）．

　すべてのケースがこのように極端なわけではありません．通常，処置と結果の間には因果関係がありますが，（私立学校への通学が生徒のテストの点数に与える効果の例で見たように）交絡因子の存在によって，XのYに対する因果効果を正確に推定することが難しくなります．

　つまり，XとYに影響を与える交絡変数Zがある場合，相関を因果関係の尺度として信用すべきではなく，したがって平均の差推定量を使って平均因果効果を推定することはできません．

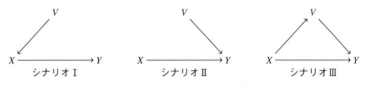

図 5.2 変数 V が，X，Y，またはその両方と因果関係があるにもかかわらず，交絡変数ではないシナリオの描写。

> **交絡変数がある場合**：相関は必ずしも因果関係を意味せず，平均の差推定量は平均処置効果の有効な推定値を**表しません**。

変数が交絡因子とみなされるためには，(i)処置を受ける可能性と(ii)結果の両方に影響しなければならないことに注意してください。もし片方だけに影響するなら，それは交絡変数ではなく，したがって，その存在は因果効果の推定を複雑にはしません（図 5.2 のシナリオ I と II を参照）。

例えば，カトリック教徒として育った生徒は，私立学校に通う可能性が高いかもしれません。しかし，カトリック教徒であることがテストの成績にも影響しない限り，それは交絡要因にはなりません（シナリオ I）。

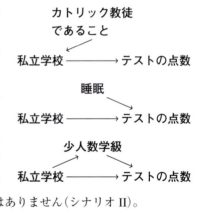

同様に，睡眠時間が長い生徒の方が学業成績が良いかもしれませんが，睡眠時間が長くても私立学校に通う可能性に影響しないのであれば，それは交絡変数ではありません（シナリオ II）。

また，処置が結果に影響を与えるメカニズムは交絡因子ではありません（シナリオ III）。例えば，私立学校は公立学校よりも少人数学級で，少人数学級が生徒の成績を向上させるかもしれません。私立学校での少人数学級の採用は交絡要因ではありませんが，私立学校が生徒の成績を向上させるメカニズムの一つである可能性があります。この違いを見る簡単な方法の一つは，因果関係の方向について考えることです。交絡因子は，処置と結果に因果的に影響を与え

るものであり，その逆ではありません．

5.2.3　無作為化実験における交絡因子

なぜ無作為化実験では交絡因子を心配する必要がないのでしょうか？ 処置割り当ての無作為化は，潜在的な交絡因子をすべて排除します．潜在的な交絡因子と処置との関連を断ち切ることで，処置群と統制群が比較可能であることを保証するのです．

私立学校への通学が生徒の成績に及ぼす因果効果に関心があった上記の例に戻りましょう．議論したように，親が子供の通う学校を選ぶ場合，潜在的な交絡変数となりうるのは**家庭の裕福さ**です．

```
        家庭の裕福さ
        ↙      ↘
    私立学校 ──→ テストの点数
```

研究をデザインしていて，交絡因子がないことを確実にしたい場合，私立学校に通う生徒と通わない生徒をどのように決めるべきでしょうか？ どの生徒が私立学校に通い，どの生徒が公立学校に通うかを決めるのに，コインをはじく（または他の無作為割り当ての方法を使う）ことができます．例えば，私立学校の助成プログラムにおいて，定員よりも志望者の方が多かった場合，抽選のような無作為割り当ての方法で助成券を割り当てることで，交絡因子がないようにすることができます：

```
              家庭の裕福さ
                    ↘
    抽選 ──→ 私立学校 ──→ テストの点数
```

これにより，裕福でない家庭の生徒も，裕福な家庭の生徒と同じように助成を受け，私立学校に通うことが可能になります．言い換えれば，私立学校に通う生徒をコインで割り当てることで，**家庭の裕福さ**と**私立学校**の間のリンクを断ち切ることができるのです．その結果，**家庭の裕福さ**は，（結果には影響し続けますが）処置を受ける確率に影響しなくなったので，交絡因子ではなくなりました．

一般に，処置を無作為に割り当てると，生徒の適性や意欲のような観察できない要因も含め，結果に関係する要因は，一切，処置を受ける可能性と関係し

ないことが保証されます。無作為処置割り当てにより，潜在的な交絡因子が排除されます。第2章で，無作為に処置群を割り当てれば，処置群と統制群の処置前の特徴が平均して同じになると述べたのはこのためです。

> **無作為化実験にはなぜ交絡変数がないのでしょうか？**：無作為に処置の割り当てを行うことで，潜在的な交絡因子と処置変数との関連を断ち切り，それにより潜在的な交絡変数をすべて排除するからです。

これが，無作為化実験が多くの科学分野で因果関係を立証するためのゴールド・スタンダード（最も信頼される基準）とみなされている理由です。処置割り当ての無作為化は，有効な因果効果の推定を比較的単純にしてくれます。必要なことは，平均の差推定量を計算することだけです。

5.3 ● ウクライナ人の投票行動に及ぼす ロシア系テレビ放送の影響

本節では，実験データとは対照的に，観察データを用いて平均的な処置効果を推定する方法を学びます。この例として，2014年の議会選挙におけるウクライナ人の投票行動に対するロシア系テレビ放送受信の効果を研究します。特に，ロシア国境から50キロメートル（約31マイル）以内の選挙区に住むウクライナ人の無作為抽出標本について，選挙から2, 3カ月後に実施された社会調査のデータを分析します（図5.3を参照）。

データセットは "UA_survey.csv" ファイルで提供されます。含まれる変数の名前と説明を表5.1に示します。

本章の分析コードは "Observational.R" ファイルにあります。まずデータを読み込んで保存します（作業ディレクトリは設定済みとします）[5]：

---

[5] **再確認** DSSフォルダがデスクトップに直接保存されている場合，作業ディレクトリを設定するには，Macユーザーであれば `setwd("~/Desktop/DSS")` を，Windowsユーザーであれば `setwd("C:/user/Desktop/DSS")` (*user* は自分のユーザー名)を実行しなければなりません。DSSフォルダが他の場所に保存されている場合，作業ディレクトリの設定方法については，1.7節(1)を参照してください。

図 5.3 調査対象選挙区はロシアとの国境から 50 キロメートル以内(黒色で表示)。

表 5.1 UA_survey データセットの変数の説明(観察単位は回答者)。

変数名	説明
russian_tv	回答者の選挙区でロシア系テレビ放送が受信されるかどうかを示します:1 = 受信される,0 = 受信されない
pro_russian_vote	2014 年のウクライナ議会選挙で親ロシア政党に投票したと答えた回答者を示します:1 = 親ロシア政党に投票した,0 = 投票しなかった
within_25 km	回答者の選挙区がウクライナとロシアの国境から 25 キロメートル以内であるかどうかを示します:1 = 国境から 25 キロメートル以内である,0 = 国境から 25 キロメートル以内でない

```
uas <-
  read.csv("UA_survey.csv") # データを読み込み,格納する
```

データセットの感触をつかむために,最初のいくつかの観察を見てみましょう:

```
head(uas) # 最初の観察を表示
##    russian_tv pro_russian_vote within_25km
```

5.3 ウクライナ人の投票行動に及ぼすロシア系テレビ放送の影響 163

```
## 1         1         0         1
## 2         1         1         1
## 3         0         0         0
## 4         0         0         1
## 5         0         0         1
## 6         1         0         0
```

表 5.1 と上の出力から，データセットの各観察は回答者を表し，データセットには 3 つの変数が含まれていることがわかります：

- *russian_tv* は，回答者の選挙区がロシア系テレビ放送を受信するかどうかを示す二値変数です。
- *pro_russian_vote* は，回答者が 2014 年のウクライナ議会選挙で親ロシア政党に投票したと回答したかどうかを示す二値変数です。
- *within_25km* は，回答者の選挙区がロシアとの国境に非常に近いかどうか（25 キロメートル以内と定義）を示す二値変数です。

最初の観察は，ロシア系テレビ放送を受信する選挙区に住み，親ロシア政党に投票せず，国境から 25 キロメートル以内の選挙区に住んでいた回答者を表していると解釈します。

データセット内の観察数の合計を求めるために，次のように実行します：

```
dim(uas)  # データフレームの次元を表示：行，列
## [1] 358   3
```

このデータセットには，358 人の調査回答者の情報が含まれています。

5.3.1 平均の差推定量を計算するための単回帰モデルの使用

本節では，平均の差推定量と同等の推定係数を生み出す単回帰モデルの適合方法を学びます[6]。この手順は，交絡因子を統計的に統制しながら平均因果効

---

[6] 再確認 単回帰モデルは，Y を予測するために 1 つの X 変数のみを使用します。

果を推定する，より複雑なモデルの適合への足がかりとなります。

　ここでは前章と同じ統計的手法を使用しますが，異なる目標を念頭に置いています。第4章では，関心のある数量を**予測する**，つまり予測変数 X の値から結果 Y を予測するために線形モデルを適合しました。本章では，関心のある数量を**説明する**ために，つまり処置 X と結果 Y の間の因果効果を推定するために，線形モデルを適合させます(ここで再確認してください。X は予測するときは予測変数を表しますが，因果効果を推定するときは処置変数を表します)。すぐにわかるように，分析の目的はモデルの数学的な裏付けには影響しませんが(直線を適合するための方法や係数の数学的定義は変わりませんが)，係数の実質的な解釈には影響します。

　例として UA_survey データセットを分析してみましょう。ここでは，2014年のウクライナ議会選挙で回答者が親ロシア政党に投票する確率に対して，ロシア系テレビ放送を受信することが持つ平均因果効果を推定することに関心があります。言い換えると，私たちは *russian_tv* と *pro_russian_vote* の因果効果に興味があり *russian_tv* は処置変数，*pro_russian_vote* は結果変数です：

ロシア系テレビ放送の受信 → 親ロシア政党への投票

　平均の差推定量を使って，この平均処置効果を推定できるのでしょうか[7]？このデータセットに含まれる情報は無作為化実験から得られたものではなく，むしろ自然発生的な出来事から得られたものです。ロシア系テレビ放送の受信は，選挙区ごとに無作為に割り当てられたわけではありません。その代わり，ロシア系テレビ放送の受信は，地形や回答者の住む選挙区とロシア系テレビ放送の送信所との距離などの要因によって決定されました。したがって，私たちが分析しているデータは観察データであり，実験データではありません。

　とはいえ，ロシア系テレビ放送の受信を決定した要因は研究者の統制の及ばないものである一方，それらの要因は個人の投票行動の決定要因とは無関係

---

[7] **再確認** 平均の差推定量は，処置群の結果の平均から統制群の結果の平均を引いたものとして定義されます：

$$\overline{Y}_{処置群} - \overline{Y}_{統制群}$$

処置群と統制群が比較可能な場合，平均処置効果の有効な推定値が得られます。

に，「あたかもランダム（無作為）な」処置の変動を生み出したといえるかもしれません。例えば，地形のわずかな違いはロシア系テレビ放送の受信に影響を与えましたが，おそらく投票行動には直接影響しなかったでしょう。今は，ロシア系テレビ放送を受信した回答者は，受信しなかった回答者と関連するすべての特性において類似していたと仮定し，平均の差推定量を用いて処置効果を推定します（後で，この仮定を緩和するとどうなるかを見ます）。

この例では，平均の差推定量を計算するために（2.5.3 項で行ったのと同じように），次のように実行します[8]：

```
## 平均の差推定量を計算
mean(uas$pro_russian_vote[uas$russian_tv==1]) -
  mean(uas$pro_russian_vote[uas$russian_tv==0])
## [1] 0.1191139
```

この出力に基づいて，次のように結論づけることができるでしょう：ロシア系テレビ放送を受信した回答者と受信しなかった回答者が比較可能であったと仮定すると，ロシア系テレビ放送を受信することは，回答者が親ロシア政党に投票する確率を平均で 12 パーセンテージポイント増加させたと推定されます[9]。

次で見るように，X が処置変数で，Y が関心のある結果変数とする直線を適合することで，同じ推定値を得ることができます。そして，推定された傾きの係数（$\hat{\beta}$）は，平均の差推定量と数値的に等しくなります。

> **平均の差推定量を計算するため**：次のどちらかを行います。
> (a) 直接計算する，もしくは

---

8) **再確認** R では，mean() は変数の平均を計算し，[ ] は変数から選択された観察を抽出するのに使われる演算子です。例：mean(*data*$*var1*[*data*$*var2*==1]) は，変数 *var2* が 1 に等しい観察の変数 *var1* の平均を計算します。
9) **再確認** 平均の差推定量は，次のように測定されます：
- Y が二値でない場合，Y と同じ測定単位
- Y が二値の場合，（出力を 100 倍した後に）パーセンテージポイント

ここでは，*pro_russian_vote* は二値なので，推定量は（出力を 100 倍した後に）パーセンテージポイントで測定されます。

(b) Y を関心のある結果変数，X を処置変数とする単回帰モデルに適合させます。この場合，推定された傾きの係数($\hat{\beta}$)は平均の差推定量と等しくなります。

適合直線の公式を思い出しましょう：

$$\hat{Y} = \hat{\alpha} + \hat{\beta}X$$

ここで，推定された傾きの係数($\hat{\beta}$)は，X の1単位増加に伴う予測結果の変化に等しくなります。

X が処置変数のとき，処置変数がとりうる値は0と1の2つだけなので[10]，X が0から1に変わるとき，X は1単位増加します。この X の増加は，処置を受けない状態($X = 0$)から処置を受ける状態($X = 1$)に変わることに相当します。そのため，$\hat{\beta}$ の値は，統制条件から処置条件への変化に伴う結果変数の推定された平均的な変化($\Delta\hat{Y}$)であり，平均の差推定量としても知られています（順を追った説明は，下記の「公式の詳細」を参照してください）。

公式の詳細

第4章で学んだように，推定された傾きの係数は，X を1単位増加させたときに生じる $\hat{Y}$ の変化に等しくなります：

$$\hat{\beta} = \Delta\hat{Y} \quad (\Delta X = 1 \text{のとき})$$

$\hat{Y}$ の変化は $\hat{Y}_{終了点} - \hat{Y}_{開始点}$ として計算できます：

$$\hat{\beta} = \hat{Y}_{終了点} - \hat{Y}_{開始点} \quad (\Delta X = 1 \text{のとき})$$

X が処置変数であるとき，X の1単位増加は，統制群($X = 0$)から処置群($X = 1$)への変化と同等です。これにより，統制群が開始点，処置群が

---

[10] **再確認** 本書では，処置変数 X を二値変数と定義し，処置の有無を示します：

$$X_i = \begin{cases} 1 & \text{個人 } i \text{ が処置を受けた場合} \\ 0 & \text{個人 } i \text{ が処置を受けなかった場合} \end{cases}$$

終了点となります：

$$\hat{\beta} = \hat{Y}_{処置群} - \hat{Y}_{統制群}$$

最後に，$\hat{Y}$ は平均の予測値であることを思い出しましょう．この場合，$\hat{Y}$ はそれぞれの群の $\overline{Y}$ とちょうど等しいことがわかります．このとき推定された傾きの係数は次のようになります：

$$\hat{\beta} = \overline{Y}_{処置群} - \overline{Y}_{統制群}$$

適合線形モデルにおいて，X 変数が処置変数であるとき，推定された係数 $\hat{\beta}$ は，平均の差推定量と数値的に等しくなります．

それでは，このモデルにおいて $\hat{\beta}$ の実質的な解釈を少し考えてみましょう．先ほど見たように，$\hat{\beta}$ は平均の差推定量と等しく，ある条件下では，平均処置効果の有効な推定値をもたらします．平均処置効果は，処置変数の変化によって**引き起こされる**結果変数の平均的な変化として定義されます．その結果，X が処置変数である線形モデルで $\hat{\beta}$ を解釈するとき，予測に関する言い回しではなく因果関係を示す言い回しを使います．ここでは，$\hat{\beta}$ の値を，単に処置に**伴う**だけでなく，処置によって**引き起こされた**結果変数の推定変化として解釈します．この因果的解釈の妥当性は，処置群と統制群がどの程度比較可能か，つまり交絡変数がないかどうかに依存します．

単回帰モデルにおける推定された傾きの係数の解釈：
- デフォルトでは，$\hat{\beta}$ を予測に関する言い回しで解釈します：それは $\Delta X = 1$ に伴う $\Delta \hat{Y}$ です．
- X を処置変数とした場合，$\hat{\beta}$ は平均の差推定量と等価なので，$\hat{\beta}$ を因果関係を示す言い回しで解釈します：これは，$\Delta X = 1$（処置の存在）によって**引き起こされた** $\Delta \hat{Y}$ です．この因果的解釈は，交絡変数が存在せず，したがって処置群と統制群が比較可能である場合に有効です．

ここでの例に戻ると，私たちの処置変数が *russian_tv* で，結果変数が *pro_*

russian_vote であるとすると，私たちが興味を持っている線形モデルは次のようになります[11]：

$$pro\_russian\_vote_i = \alpha + \beta\, russian\_tv_i + \epsilon_i \quad (i = 回答者)$$

ここで：

- *pro_russian_vote*$_i$ は，2014 年ウクライナ議会選挙で回答者 *i* が親ロシア政党に投票したかどうかを示す二値変数です。
- *russian_tv*$_i$ は，回答者 *i* が住んでいる選挙区がロシア系テレビ放送を受信していたかどうかを示す処置変数です。
- ϵ_i は，回答者 *i* の誤差項です。

線形モデルをデータに適合するには，関数 `lm()` を使います[12]：

```
lm(pro_russian_vote ~ russian_tv,
     data=uas) # 線形モデルを適合
##
## Call:
## lm(formula = pro_russian_vote ~ russian_tv, data = uas)
##
## Coefficients:
## (Intercept)    russian_tv
##      0.1709        0.1191
```

この出力から，適合線形モデルは次のようになります[13]：

---

11) **再確認** このモデルは，X と Y の間の真の関係を反映すると仮定した理論的モデルであるため，$\alpha, \beta, \epsilon_i$ の真値（つまり，ハットを除いた値）を使用します。私たちはこれらの値を知らないので，モデルをデータに適合することによって推定しなければなりません。
12) **再確認** `lm()` は線形モデルを適合します。この式には，`Y ~ X` 型の式が必要です。データフレームが格納されているオブジェクトを指定するには，オプションの引数である `data` か，`$` という記号を使います。例：`lm(y_var ~ x_var, data=data)` または `lm(data$y_var ~ data$x_var)`。
13) **再確認** 適合モデルは推定された係数 $\hat{\alpha}$ と $\hat{\beta}$ を使用します。しかしこのモデルは ϵ_i (残差または誤差項) を含みません。X の各値に対して，適合モデルは Y の平均値，つまり直線上の $\hat{Y}$ の値を示します。

$$\widehat{pro\_russian\_vote} = 0.17 + 0.12\,russian\_tv$$

　この種の分析では，平均処置効果を推定するのに役立つ係数であるため，一般的に，そのまま $\hat{\beta}$ の解釈を行います。

　$\hat{\beta} = 0.12$ はどのように解釈すればよいでしょうか[14]。$\hat{\beta}$ の値は $\Delta X = 1$ に伴う $\Delta \hat{Y}$ に等しく，ここでは *russian_tv*（モデルの X 変数）が処置変数であるため $\hat{\beta}$ は平均の差推定量と等しくなります（$\hat{\beta}$ の値は，上記で平均の差推定量を直接計算したときと実際に同じ値であることに注目してください）。結果として，$\hat{\beta}$ の値は，ロシア系テレビ放送を受信した場合（受信しなかった場合と比較して），回答者が親ロシア政党に投票する確率を平均で 12 パーセンテージポイント増加させたと推定していると解釈されます。この因果的な解釈は，ロシア系テレビ放送を受信した回答者が受信しなかった回答者と比較可能であった場合に成立します（以下の「公式の詳細」では，散布図上の適合直線と，このモデルの 2 つの係数の実質的な解釈がどのように関連するのかを示しています）。

公式の詳細

　散布図に示すように[15]，X が処置変数である場合は次のようになります：

- $\hat{\alpha} + \hat{\beta}$ は，$X = 1$ に対応する直線上の点の高さであり，処置群の結果の平均と解釈できます（$\overline{Y}_\text{処置群}$）。
- $\hat{\alpha}$ は，$X = 0$ に対応する直線上の点の高さであり，統制群の結果の平均と解釈できます（$\overline{Y}_\text{統制群}$）。

---

14) **再確認** 推定された傾きの係数 $\hat{\beta}$ は次の単位で測定されます：
　・Y が二値でない場合は，Y と同じ測定単位
　・Y が二値の場合は，（出力を 100 倍した後に）パーセンテージポイント
　ここで，*pro_russian_vote* は二値なので，$\hat{\beta}$ は（出力を 100 倍した後に）パーセンテージポイントで測ります。

15) **ヒント** X と Y が両方とも二値変数のとき，散布図は，データセットのすべての観察を表す最大 4 つの点を表示します。これらは，0 と 1 の 4 通りの組み合わせに対応します：(0,1), (1,1), (1,0), (0,0)。この場合，それらを表す点が重なって表示されるので，データセット中のいくつの観察が同じ値の組み合わせを持っているかを特定することができません。

- そして，この 2 つの高さの差である $\hat{\beta}$ は，平均の差推定量と等しくなります（$\bar{Y}_{処置群} - \bar{Y}_{統制群}$）。

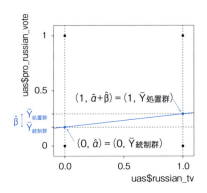

この例では次のようになります[16]：

- $\hat{\alpha} + \hat{\beta} = 0.29$ は，ロシア系テレビ放送が受信できる選挙区に住んでいた回答者（*russian_tv* = 1）の 29％ が親ロシア政党に投票したことを示します。
- $\hat{\alpha} = 0.17$ は，ロシア系テレビ放送が受信できない選挙区に住んでいた回答者（*russian_tv* = 0）の 17％ が親ロシア政党に投票したことを示します。
- $\hat{\beta} = 0.12$ は，ロシア系テレビ放送を受信することで，親ロシア政党に投票する確率が平均で 12 パーセンテージポイント上昇したと推定しています（29％ − 17％ = 12 p.p.）。

もし UA_survey のデータセットが無作為化実験から得られたものであれば，平均の差推定量を処置効果の有効な推定量として解釈できたでしょう。しかし，ここでは観察データを扱っているので，潜在的な交絡因子について考慮する必要があります。

---

16) **再確認** 予測結果（$\hat{Y}$）と推定された切片の係数（$\hat{\alpha}$）は，次のように測定されます：
- Y が二値でない場合は，Y と同じ測定単位
- Y が二値の場合，(出力に 100 を掛けた後の) パーセンテージ

ここで，*pro_russian_vote* は二値であるため，$\hat{Y}$ と $\hat{\alpha}$ は，(出力を 100 倍した後に) パーセンテージで測定されます。

5.3.2 重回帰モデルを用いた交絡因子の統制

観察データを扱う場合，最初のステップは，X と Y の関係における潜在的な交絡変数をすべて特定することです。今回のケースでは，ロシア国境に**非常に近いところに住んでいる**ことが，(i)ロシア系テレビ放送を受信する可能性と(ii)親ロシア政党に対する回答者の態度の両方に影響を与えたかどうかを心配するかもしれません。

一方では，国境に非常に近いところに住んでいる住民は，ロシア系テレビ放送の送信所に地理的に近いことから，ロシア系テレビ放送を受信する可能性が高いはずです($Z \to X$)。他方，この時期，国境沿いに軍事要塞があったことを考えると，国境に非常に近いところに住んでいる住民は，おそらく親ロシア政党に投票する可能性は低いです[17]($Z \to Y$)。

2014年の選挙までの数カ月間，ウクライナは国境に軍隊を配備し，ロシアの侵攻の可能性から自国を守る準備をしました。ウクライナ軍は，現地の地形や道路アクセスに応じて，国境から10キロメートルまでの場所に軍事要塞(塹壕や防壁)を建設しました。その緩衝地帯の中で，軍は戦略的な場所に戦車と軍隊を配置し，軍事検問所を設置しました。(国境から25キロメートル以内など)国境に非常に近い地域の住民は，軍事要塞のすぐ近くにいるか，少なくともその存在を知っているため，ロシアの侵攻の脅威を特に認識し，ロシアの影響をより恐れていました。

要約すると，国境に非常に近いところに住んでいることは，処置変数と結果変数の両方に影響する可能性があり，したがって潜在的な交絡変数です(関心のある3つの変数の因果関係を表した下図を参照)：

国境から25キロメートル以内に居住
↙ ↘
ロシア系テレビ放送の受信 ──→ 親ロシア政党への投票

UA_survey データセットでは *within_25km* という変数が，回答者が国境から25キロメートル以内の選挙区に住んでいるかどうかを示しており，交絡因子

---

17) **ヒント** 交絡因子は，処置を受ける可能性と結果に正反対の影響を与えることがあります。例えば，国境に非常に近いところに住んでいると，ロシア系テレビ放送を受信する確率は高くなりますが，親ロシア政党に投票する確率は低くなるかもしれません。

を測定しています．交絡変数 *within_25km* と処置変数 *russian_tv* の相関係数を計算することで，両者が互いに関連していることを確認できます：

```
## 相関を計算
cor(uas$within_25km, uas$russian_tv)
## [1] 0.8127747
```

上の出力から，*within_25km* と *russian_tv* との間には強い相関があります．もちろん，これは一方の変数の変化が他方の変数の変化を起こすということではありません．しかし，正の相関があるということは，平均して，*within_25km* の値が高いほど，*russian_tv* の値も高いということです．両変数とも二値変数なので，*within_25km* が 1 のとき，*russian_tv* が 1 になる可能性も高くなります．これを確認するために，二元度数表を作成します[18, 19]：

```
## 二元度数表の作成
table(uas$within_25km, uas$russian_tv)
##       0   1
##   0 139  14
##   1  19 186
```

上の表に示すように，国境から 25 キロメートル以内に住んでいる回答者のうち，約 91% がロシア系テレビ放送を受信している選挙区に住んでいます

---

18) 再確認 table() は，2 つの変数を必須の引数として指定すると，二元度数表を作成します．例：table(*data$variable1, data$variable2*)．関数の第 1 引数として指定された変数の値が行に，第 2 変数の値が列に表示されます．
19) ヒント この二元度数表では，非対角（右上から左下に走る対角線）にはほとんど観察がありません．国境から 25 キロメートル以上離れた場所に住んでいてロシア系テレビ放送を受信している回答者は 14 人しかおらず，国境から 25 キロメートル以内に住んでいてロシア系テレビ放送を受信していない回答者は 19 人しかいません．これは，*within_25km* が強い交絡因子であり，私たちの平均処置効果の推定がこの少数の観察に依拠することを示唆します．
　訳者注：平均処置効果を推定するには処置群と統制群の結果の両方が必要ですが，交絡因子と処置変数が共に変化する場合，結果変数の違いが交絡因子と処置変数のどちらの変化によるものか区別することが難しくなります．そのため，国境から 25 キロメートル以内に住む人々とそれ以外の人々それぞれについて，ロシア系テレビ放送を受信している回答者と受信していない回答者の結果の平均を観察の多寡にかかわらず計算する必要があります．

(186÷(19+186) = 0.91)。一方，国境から 25 キロメートル以上離れた場所に住んでいる回答者では，約 9%がロシア系テレビ放送を受信している選挙区に住んでいます(14÷(139+14) = 0.09)。国境から遠く離れたところに住むウクライナ人と比べて，国境に非常に近いところに住む人々は，(i)ロシア系テレビ放送を受信する可能性が高く，(ii)ロシアの侵略の脅威をより強く意識するなど，親ロシア政党への投票傾向に影響を与えるさまざまな観察される，あるいは観察されない特徴を持っている可能性があります。

　潜在的な交絡因子を特定したら，次のステップは重回帰モデルを適合することによって，それらを統計的に統制することです。単回帰モデルとは対照的に，<u>重回帰モデル</u>(multiple linear regression models)は<u>複数の X 変数を持つ線形モデル</u>です(「重」は「複数の」という意味)。重回帰モデルは，次のように定義されます：

$$Y_i = \alpha + \beta_1 X_{i1} + \cdots + \beta_p X_{ip} + \epsilon_i$$

ここで：
- Y_i は，観察 i の結果です。
- α は，切片の係数です。
- それぞれの β_j は，変数 X_j の係数です。j は，1 から p ($j = 1, \ldots, p$) までの異なる添え字の代わりに用いています。
- それぞれの X_{ij} は，観察 i における変数 X_j ($j = 1, \ldots, p$) の観察値です。
- p は，モデル中の X 変数の総数です。
- ϵ_i は，観察 i の誤差項です。

単回帰モデルと同様に，これはすべての X 変数と Y の間の真の関係を反映すると仮定された理論的なモデルです。係数 ($\alpha, \beta_1, \beta_2, \ldots, \beta_p$) や誤差項 ($\epsilon_i$) の値がわからないので，モデルをデータに適合して推定する必要があります。

　この場合，適合モデルは次のようになります：

$$\widehat{Y_i} = \hat{\alpha} + \hat{\beta}_1 X_{i1} + \cdots + \hat{\beta}_p X_{ip}$$

ここで：
- $\widehat{Y_i}$ は，観察 i における Y の予測値です。

表 5.2 重回帰モデルと単回帰モデルにおける係数の数学的定義
(注：ここでいうラテン語の *ceteris paribus* は，他のすべての X 変数を一定の値に保つことを意味します)。

重回帰 $\hat{Y} = \hat{\alpha} + \hat{\beta}_1 X_1 + \cdots + \hat{\beta}_p X_p$	単回帰 $\hat{Y} = \hat{\alpha} + \hat{\beta} X$
$\hat{\alpha}$：すべての X_j $(j = 1, \ldots, p)$について $X_j = 0$ のときの $\hat{Y}$	$\hat{\alpha}$：$X = 0$ のときの $\hat{Y}$
それぞれの $\hat{\beta}_j$：他のすべての X 変数を一定の値に保ったとき(*ceteris paribus* と表記)の $\Delta X_j = 1$ に伴う $\Delta \hat{Y}$	$\hat{\beta}$：$\Delta X = 1$ に伴う $\Delta \hat{Y}$

- $\hat{\alpha}$ は，推定された切片の係数です。
- それぞれの $\hat{\beta}_j$（ベータ・ハット・サブ・ジェイと発音）は，変数 X_j $(j = 1, \ldots, p)$の推定された係数です。
- それぞれの X_{ij} は，観察 i における変数 X_j $(j = 1, \ldots, p)$の観察値です。
- p は，モデル中の X 変数の総数です。

単回帰モデルは，重回帰モデルの特殊な場合(p が 1 に等しい場合)であることに注意してください。X 変数が 1 つだけの場合，適合モデルは直線で，単回帰モデルに戻ります。1 以外の p では，適合モデルは直線ではありません。例えば，p が 2 の場合，適合モデルは 3 次元空間の平面になります(右に平面の例を示します)。

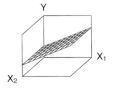

表 5.2 は，重回帰モデルの各係数の数学的定義を示しています。そこでわかるように，単回帰モデルの係数の定義は，X 変数の数を 1 に設定することで，重回帰モデルの係数の定義から導くことができます。

各係数の定義を順番に見ていきましょう：

- 複数の X 変数があるとき，$\hat{\alpha}$ の値は，すべての X 変数がゼロに等しいときの Y の予測値に等しくなります。X 変数が 1 つしかないとき $\hat{\alpha}$ の値は，その 1 つの X 変数がゼロに等しいときの Y の予測値に等しくなります。
- X 変数が複数ある場合は，複数の係数 $\hat{\beta}$（各 X 変数に 1 つずつ）が存在します。それぞれの $\hat{\beta}_j$ の値は，他の X 変数を一定に保った状態での，X_j（$\hat{\beta}_j$ の影響を受ける X 変数）を 1 単位増加させたとき($\Delta X_j = 1$) の Y の予測変

図 5.4 交絡変数 Z，処置変数 X，および結果変数 Y の間の因果関係の表現。Z を統制変数としてモデルに加えることによって遮断される経路は，青色の破線で示されています。

化量($\Delta \hat{Y}$)と等しいです。X 変数が 1 つしかないときは，$\hat{\beta}$ 係数は 1 つしかありません。$\hat{\beta}$ の値は，モデルに含まれる 1 つの X 変数の 1 単位増加に伴う Y の予測変化に等しくなります(ここでは他に X 変数がないので，それらを一定に保つ必要はありません)。

重回帰モデルは，交絡因子が存在する場合の平均因果効果の推定にどのように役立つのでしょうか？

最初の X 変数(X_1)が処置変数であるとします。対応する推定係数($\hat{\beta}_1$)の値は，他のすべての X 変数を一定に保った状態での処置の影響に伴う $\hat{Y}$ の変化に等しいです。

ここで，私たちが懸念している潜在的な交絡変数をそれぞれ追加の X 変数として(つまり，統制変数として)モデルに含めると，$\hat{\beta}_1$ の値は，すべての交絡変数の値を一定に保った状態での処置の影響に伴う $\hat{Y}$ の変化に等しくなります。つまり，推定過程ですべての交絡変数を統計的に統制することで，処置群と統制群を比較可能にするため，因果関係を示す言い回しで $\hat{\beta}_1$ を解釈できるのです[20]。

これをよりよく理解するために，交絡変数 Z，処置変数 X，結果変数 Y の間の因果関係を表した図 5.4 のダイアグラムを見てみましょう。直感的には，モデルに統制変数として Z を加えることで，統計的に Z の値を一定に保ち，青の破線で示した Z を介して X と Y を結ぶ経路を遮断します。この経路が遮断されているため，Y の変化を Z の変化に帰することはできません。Z の値は一定に保たれているため，Y の変化要因として残るのは X の変化だけです。

言い換えれば，すべての交絡変数の値を一定に保った後に残る処置群と統制

---

[20] **ヒント** このモデルでは，処置変数に影響する推定係数 $\hat{\beta}_1$ だけを因果関係を示す言い回しで解釈できます。他はすべて予測に関する言い回しで解釈し続けなければなりません。

図 5.5 処置後変数 V, 処置変数 X, および結果変数 Y の間の潜在的因果関係の表現。V を統制変数としてモデルに加えることによって遮断される経路を青色の破線で示しています。

群の間の結果の平均の差は，処置に関する差(処置群対統制群)に直接帰することができ，2 群間に他の差はありません。

これは，モデルにできるだけ多くの統制変数を加えるべきだという意味でしょうか？ いいえ。例えば，処置によって影響を受ける変数である**処置後変数**(post-treatment variables)を統制しないようにしなければなりません。例えば，処置が私立学校に通うことで，私立学校は公立学校より少人数学級である場合，**少人数学級**は，**私立学校**の値に影響されるので，処置後変数です：

私立学校 → 少人数学級

処置後変数をモデルに加えると，処置の総合効果を推定しようとするときに，処置の結果を統制することになるので，因果効果の推定を説得力のないものにしてしまいます。

これを説明するために，図 5.5 にある因果ダイアグラムを考えてみましょう。X の Y に対する因果効果を推定するとき，処置後変数 V を統制するとします。そうすると，X から V を経由して Y に至る因果経路が遮断されることになります。V は，X の変化が Y の変化を引き起こす経路の一つであり，X が Y に及ぼす総合的な因果効果の一部となります。

例えば，今回の分析では，回答者が毎週ロシア系テレビ放送を見るのに費やした平均時間数を表す変数をモデルに加えたくはないでしょう。この変数は，処置によって因果的に影響を受けるので，処置後変数です。なぜなら，その値は，回答者がそもそもロシア系テレビ放送を受信したかどうかに直接依存するからです。したがって，この変数を統制することは，推定しようとする因果効果の一部を吸収してしまうことになります。

> **観察データと重回帰モデルを用いた平均因果効果の推定**：X_1 を処置変数とする重回帰モデルにおいて，すべての潜在的交絡因子を追加の X 変数としてモデルに含めることで統制すれば，$\hat{\beta}_1$ を X の Y に対する平均因果効果の有効な推定値と解釈することができます．

　交絡変数がある場合の平均処置効果の推定方法がわかったので，今回の例に戻りましょう．処置変数が *russian_tv* で，結果変数が *pro_russian_vote*，交絡変数が *within_25km* なので，私たちが関心のある線形モデルは次のようになります：

$$pro\_russian\_vote_i = \alpha + \beta_1\, russian\_tv_i \\ + \beta_2\, within\_25km_i + \epsilon_i \quad (i = 回答者)$$

　R で重回帰モデルを適合するには，関数 `lm()` を使います[21]．ご記憶かもしれませんが，この関数は X 変数が 1 つの場合には $Y \sim X$ という式を指定する必要があります．X 変数が複数ある場合には $Y \sim X_1 + \cdots + X_p$ という式を指定する必要があります．例えば，上記の線形モデルを適合するには，次のように実行します：

```
lm(pro_russian_vote ~ russian_tv + within_25km,
       data=uas) # 線形モデルを適合
##
## Call:
## lm(formula = pro_russian_vote ~ russian_tv +
## within_25km, data = uas)
```

---

[21] **関数** `lm()` は線形モデルを適合します．引数には，$Y \sim X_1 + \cdots + X_p$ のような式を必要とします．X 変数が 1 つだけの場合，この式は $Y \sim X$ になることに注意してください．データフレームが格納されているオブジェクトを指定するには，オプションの引数である data か，$ という記号を使います．例：`lm(y_var~x_var1+x_var2, data=data)` または `lm(data$y_var~data$x_var1+data$x_var2)`．

```
## 
## Coefficients:
## (Intercept)    russian_tv    within_25km
##      0.1959        0.2876        -0.2081
```

出力に基づくと，新しい適合線形モデルは次のようになります：

$$\widehat{pro\_russian\_vote} = 0.2 + 0.29\,russian\_tv - 0.21\,within\_25km$$

$\hat{\beta}_1 = 0.29$ をどのように解釈すればよいでしょうか[22]。$\hat{\beta}_1$ の値は，他のすべての変数を一定に保った状態での $\Delta X_1 = 1$ に伴う $\Delta \hat{Y}$ に等しいです。また，この係数に影響を与える変数は処置変数である russian_tv であり，私たちが懸念している交絡因子である within_25km は統制変数としてモデルに含まれているため，因果関係を示す言い回しを使って $\hat{\beta}_1$ を解釈することができます。したがって，$\hat{\beta}_1$ の値は，国境に非常に近いところに住んでいるということを一定にした場合，ロシア系テレビ放送を受信すると，（受信しない場合と比較して）回答者が親ロシア政党に投票する確率が平均で 29 パーセンテージポイント増加することを推定していると解釈します。この因果関係の解釈の妥当性は，国境に非常に近いところに住んでいることが唯一の交絡変数であるかどうかによります。もし他の交絡変数があれば，この平均処置効果の推定は妥当ではありません。

5.4 ● ロシア系テレビ放送がウクライナの選挙結果に与えた影響

前節では，ロシア系テレビ放送の受信は回答者が親ロシア政党に投票する確率を高めると推定されたことから，親ロシア政策を掲げる政党がより多くの票

---

22) **ヒント** 重回帰モデルにおける $\hat{\beta}_1$ の測定単位は，単回帰モデルにおける $\hat{\beta}$ の測定単位と同じルールに従います。ここで，pro_russian_vote は二値なので，$\hat{\beta}_1$ は（出力を100倍した後に）パーセンテージポイントで測ります。

表 5.3 UA_precincts データセット（観察単位は選挙区）の変数の説明

変数名	説明
russian_tv	ロシア系テレビ放送を受信している選挙区を識別：1 = 受信あり，または 0 = 受信なし
pro_russian	2014 年ウクライナ議会選挙における親ロシア政党の選挙区得票率（単位：パーセント）
prior_pro_russian	2012 年ウクライナ議会選挙における親ロシア政党の選挙区得票率（単位：パーセント）
within_25km	ロシア国境から 25 キロメートル以内にある選挙区を識別：1 = 国境から 25 キロメートル以内，または 0 = 国境から 25 キロメートル以内ではない

を集めるのに，2014 年のウクライナ議会選挙までの数カ月間にロシア系テレビ放送が放映したプロパガンダが役立った可能性を示唆しました．本節では，集計レベルで同様の因果関係が見いだせるかどうかを検証します[23]．この分析は，処置変数（ロシア系テレビ放送の受信）自体は選挙区レベルで測定されるため，特に適切です．

ここでは，北東ウクライナの 3 つの州，チェルニーヒウ，スームィ，ハルキウのすべての選挙区からの集計データを使用します．紛争が続いているために，ロシアと国境を接するウクライナの州のうち，投票所が閉鎖されなかったのはこの 3 州だけでした．これらは，上述の調査の回答者が住んでいたのと同じ州です．

データセットは "UA_precincts.csv" ファイルで提供されます．表 5.3 は，データセットに含まれる変数の名前と説明です．

まず，いつものようにデータを読み込んで保存します（作業ディレクトリは設定済みとします）[24]：

---

[23] **再確認** 個人レベルの分析では，観察単位は個人です．対照的に，集計レベルの分析では，観察単位は個人の集まりです．例えば，ここでは観察単位は選挙区で，したがって，各観察は特定の選挙区の住民を表します．

[24] **再確認** DSS フォルダがデスクトップに直接保存されている場合，作業ディレクトリを設定するには，Mac ユーザーであれば `setwd("~/Desktop/DSS")` を，Windows ユーザーであれば `setwd("C:/user/Desktop/DSS")` (*user* は自分のユーザー名) を実行しなければなりません．DSS フォルダが他の場所に保存されている場合，作業ディレクトリの設定方法については，1.7 節 (1) を参照してください．

```
uap <-
  read.csv("UA_precincts.csv") # データの読み込みと格納
```

データセットの感触をつかむために，最初のいくつかの観察を見てみましょう：

```
head(uap) # 最初の観察を表示
##   russian_tv pro_russian prior_pro_russian within_25km
## 1          0   2.7210884          25.14286           1
## 2          0   0.8928571          35.34483           0
## 3          1   1.6949153          20.53232           1
## 4          0  72.2689076          84.47761           1
## 5          0   1.2820513          28.99408           0
## 6          1   1.4285714          45.58824           0
```

表 5.3 および上記の出力に基づくと，データセットの各観察が選挙区を表しており，データセットには 4 つの変数が含まれていることがわかります。

- *russian_tv* は二値変数で，選挙区がロシア系テレビ放送を受信したかどうかを示します。
- *pro_russian* と *prior_pro_russian* はそれぞれ，2014 年と 2012 年の議会選挙において親ロシア政党が獲得した得票率を示す変数です（どちらもパーセントで測定されています）。
- *within_25km* は二値変数で，選挙区が国境から 25 キロメートル以内にあるかどうかを示しています。

最初の観察は，ロシア系テレビ放送を受信しておらず，2014 年と 2012 年の議会選挙で親ロシア政党が約 3% と 25% の票を獲得し，ロシアとの国境から 25 キロメートル以内にあるウクライナの選挙区を表していると解釈します。

データセット内の観察数の合計を求めるために，次のように実行します：

```
dim(uap) # データフレームの次元を表示：行，列
## [1] 3589    4
```

データセットには 3,589 の選挙区に関する情報が含まれています。

5.4.1　平均の差推定量を計算するための単回帰モデルの使用

　この分析では，ロシア系テレビ放送によるウクライナ政治に対する一方的な激しい批判報道が，2014 年のウクライナ議会選挙における親ロシア政党の選挙パフォーマンスに及ぼした影響を，選挙区レベルで推定することに関心があります。処置は 2012 年と 2014 年の選挙の間に起こったので，結果変数はこの 2 回の選挙の間の親ロシア政党の得票率の変化と定義します。

　ここで，*russian_tv* は処置変数，*pro_russian_change* は結果変数で，私たちが関心を持っているのは，*russian_tv* と *pro_russian_change* の間の因果関係です：

ロシア系テレビ放送の受信 → 親ロシア政党の得票率の変化

　関心のある結果変数がデータセットからすぐに利用できないので，それを作成することから分析を開始します。2012 年から 2014 年の間の選挙区レベルでの親ロシア政党の得票率の変化は以下のように定義されます：

$$pro\_russian\_change = pro\_russian - prior\_pro\_russian$$

この変数を作成するには，次のように実行します：

```
## 親ロシア政党の得票率の変化変数を作成
uap$pro_russian_change <-
        uap$pro_russian - uap$prior_pro_russian
```

　新しい変数である *pro_russian_change* は，2 つのパーセンテージの差であるため，パーセンテージポイントで測定されます。例えば，ある選挙区の親ロシア派の得票率が 60% から 40% に低下した場合，それは −20 p.p. となります

（40% − 60% = −20 p.p.）。

 pro_russian_change の中身を知るために次のようにしてヒストグラムを作ります：

```
## ヒストグラムを作成
hist(uap$pro_russian_change)
```

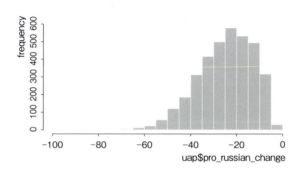

 pro_russian_change の値がすべて負であることに注意してください。これは，調査対象のすべての選挙区で，親ロシア政党の得票率がこの 2 つの選挙の間に減少したことを意味します。2014 年の選挙までの紛争の結果，親ロシア政党は全国的に支持を失い，伝統的な地盤であるウクライナ東部や南部でも支持を失いました。では，ロシア系テレビ放送の受信によって，選挙区レベルでの親ロシア政党の得票率の減少幅は小さくなったのでしょうか？

 平均の差推定量を計算するには，前節で行ったように，統制変数のない単回帰モデルを適合します。ここで関心のある線形モデルは，次のとおりです：

$$pro\_russian\_change_i = \alpha + \beta\, russian\_tv_i + \epsilon_i \quad (i = 選挙区)$$

ここで：

- *pro_russian_change$_i$* は，2012 年と 2014 年のウクライナ議会選挙における i 番目の選挙区での親ロシア政党の得票率のパーセンテージポイント変化です。
- *russian_tv$_i$* は処置変数で，i 番目の選挙区がロシア系テレビ放送を受信し

たかどうかを示します。

- ϵ_i は，i 番目の選挙区に関する誤差項です。

線形モデルを適合させるために，次のように実行します：

```
lm(pro_russian_change ~ russian_tv,
    data=uap) # 線形モデルを適合
##
## Call:
## lm(formula = pro_russian_change ~ russian_tv, data = uap)
##
## Coefficients:
## (Intercept)      russian_tv
##      -25.146          1.783
```

出力に基づくと，適合線形モデルは次のようになります：

$$\widehat{pro\_russian\_change} = -25.15 + 1.78\, russian\_tv$$

では，$\hat{\beta} = 1.78$ をどのように解釈すればよいのでしょうか[25]。ここで，$\hat{\beta}$ の値は $\Delta X = 1$ に伴う $\Delta \hat{Y}$ に等しく，$russian\_tv$（モデルの X 変数）は処置変数であるため，$\hat{\beta}$ も平均の差推定量に等しくなります。その結果，$\hat{\beta}$ の値は，ロシア系テレビ放送を受信した場合，（受信しなかった場合と比較して）親ロシア政党の選挙区レベルの得票率を平均で 1.78 パーセンテージポイント増加させたと推定していると解釈されます。なお，$\hat{\beta}$ の正の符号は，ロシア系テレビ放送によるプロパガンダの効果に関する私たちの予想と一致しています。これは，ロシア系テレビ放送を受信している選挙区では，親ロシア政党の得票率の低下が小さいことを示しています。この因果効果推定の妥当性は，ロシア系テレビ放

---

[25] <u>再確認</u> 推定された傾きの係数 $\hat{\beta}$ は，次の単位で測定されます：
- Y が二値でない場合は，Y と同じ測定単位
- Y が二値の場合は，（出力を 100 倍した後に）パーセンテージポイント

ここで，$pro\_russian\_change$ は二値ではなく，パーセンテージポイントで測定されるので，$\hat{\beta}$ もパーセンテージポイントで測定されます。

送を受信した選挙区とそうでない選挙区が比較可能かどうか，つまり交絡変数がないかどうかに依存します．

5.4.2 重回帰モデルを用いた交絡因子の統制

交絡変数として心配されるのは，やはり国境への近さです．一方では，国境に非常に近い選挙区はロシア系テレビ放送を受信しやすいはずです（$Z \to X$）．他方，国境沿いの軍事配備を考えると，親ロシア政党は国境に非常に近い選挙区でより大きな得票率減少を経験したと予想できるかもしれません（$Z \to Y$）．

国境に近いこと（ここでは 25 キロメートル以内と定義）は，(i) 処置を受ける可能性と (ii) 結果の両方に影響することから，これは交絡因子となります：

選挙区が国境から
25 キロメートル以内に所在
ロシア系テレビ放送の受信 ──→ 親ロシア政党の得票率の変化

UA_precincts データセットでは，変数 *within_25km* は，選挙区が国境から 25 キロメートル以内にあるかどうかを表しており，交絡因子を測定しています．交絡変数 *within_25km* と処置変数 *russian_tv* の相関係数を計算することで，両者が互いに関係していることが確認できます：

```
## 相関を計算
cor(uap$within_25km, uap$russian_tv)
## [1] 0.5317845
```

上記の出力に基づけば，*within_25km* と *russian_tv* との間には中程度の相関があります．

交絡変数を特定したので，平均処置効果を推定するために重回帰モデルを適合する準備ができました．ここで，処置変数が *russian_tv* で，潜在的交絡変数が *within_25km* なので，私たちが関心のある線形モデルは次のようになります：

$$pro\_russian\_change_i = \alpha + \beta_1\, russian\_tv_i$$
$$+ \beta_2\, within\_25km_i + \epsilon_i \quad (i = 選挙区)$$

上記の重回帰モデルを適合するには，次のようにします：

```
lm(pro_russian_change ~ russian_tv + within_25km,
    data=uap)  # 線形モデルを適合
##
## Call:
## lm(formula = pro_russian_change ~ russian_tv +
## within_25km, data = uap)
##
## Coefficients:
## (Intercept)     russian_tv     within_25km
##     -24.302          8.822         -14.614
```

出力に基づくと，新しい適合線形回帰モデルは次のようになります：

$$\widehat{pro\_russian\_change} = -24.3 + 8.82\, russian\_tv$$
$$- 14.61\, within\_25km$$

$\hat{\beta}_1 = 8.82$ をどのように解釈すればいいでしょうか？ $\hat{\beta}_1$ の値は，他のすべての変数を一定にした状態での $\Delta X_1 = 1$ に伴う $\Delta \hat{Y}$ に等しいです。また，この係数に影響を与える変数は処置変数である *russian_tv* であり，懸念される交絡因子である *within_25km* は統制変数としてモデルに含まれているため，$\hat{\beta}_1$ は因果関係を示す言い回しで解釈することができます。したがって，$\hat{\beta}_1$ の値は，国境への近さを一定にした場合，ロシア系テレビ放送を受信すると，（受信しない場合と比べて）親ロシア政党の選挙区レベルの得票率の変化が平均で 8.82 パーセンテージポイント増加したことを推定していると解釈します。もし選挙区の国境への近さが，関心のある 2 つの主要な変数の関係における（仮定どおり）唯一の交絡変数で，それをうまく表しているのであれば，これは平均処置

効果の有効な推定値となります。

5.5 ● 内的妥当性と外的妥当性

処置による結果の平均的な変化を推定する方法はすでに学びました（第 2 章では無作為化実験のデータを用いて平均処置効果を推定する方法について見ましたが，本章では観察データを用いて推定する方法について見てきました）。科学的な因果関係の研究を実施または評価する際に考慮しなければならない問題は，次の 2 つの性質を含め，他にもあります。

研究の**内的妥当性**（internal validity）とは，因果関係の仮定がどの程度満たされているかを意味します。言い換えれば，因果関係の推定に対する信頼度です。内的妥当性は，推定された因果効果が，研究の観察標本に対して有効かどうかを問うものです。その答えは，すべての潜在的な交絡因子をうまく除去あるいは統制できたかどうか，つまり，（もし交絡変数があれば）統計的統制が行われた後，推定に用いられた処置群と統制群が比較可能であるとみなせるかどうかによります。

研究の**外的妥当性**（external validity）とは，結論がどの程度一般化できるかということです。すなわち，推定された因果効果がこの特定の研究を超えて有効かどうかを問うものです。その答えは，(i) 研究の観察標本が，結果を一般化したい母集団を代表しているかどうか，(ii) 研究で用いられた処置が，結果を一般化したい処置を代表しているかどうかによります[26]。

5.5.1 無作為化実験と観察研究

実験データに基づく研究は，観察データに基づく研究と，これら 2 つの側面においてどのように比較されるのでしょうか？

内的妥当性に関していえば，無作為化実験は観察研究よりも大きな利点があります。実験では，無作為化された処置割り当てを用いることで，潜在的な交絡変数をすべて排除することができます。対照的に，観察研究では，観察され

---

[26] 再確認　代表的な標本では，全体として母集団と同じような割合で特徴が現れます。

た交絡因子を統計的に統制することはできますが，観察されていない交絡因子を考慮できない可能性が常にあります．

外的妥当性に関していえば，無作為化実験は観察研究と比較して不利になるような限界に悩まされることがあります．第1に，倫理的および管理上の理由から，無作為化実験は多くの場合，研究に参加する意思のある被験者からなる便宜的な標本を使って行われます(例えば，金銭と引き換えに実験の被験者を募集する広告を見たことがあるでしょう)．場合によっては，志願者が母集団の特定の層から集まることもあります．彼らは低所得者や非正規雇用者，失業者などかもしれません．このような場合，標本に含まれる個人は，関心のある母集団全体を代表していない可能性が高くなります．対照的に，観察研究では，通常，母集団全体か，その母集団から無作為に選択した観察のどちらかのデータを分析することができます．

第2に，無作為化実験は実験室のような人工的な環境で行われることが多く，処置が現実的でないため，現実世界の処置と比較しにくくなります．例えば，実験室でテレビ番組を見るのと，自分の家でくつろぎながらテレビ番組を見るのとでは，家では他の多くのこと(電話をかけたり，冷蔵庫を見に行ったり，他のチャンネルのテレビ番組を見たり)があなたの注意を奪うので，同じようにはいきません．対照的に，観察研究では私たちは通常，関心のある環境での処置を観察します．

要約すると，内的妥当性の優位性は外的妥当性の妥協を伴うことが多く，その逆もまた然りです．無作為化実験に基づく研究は，内的妥当性は高いが外的妥当性は比較的低い傾向があります．観察研究は，内的妥当性は比較的低いが外的妥当性は高い傾向があります．この力学は，なぜ研究者が因果効果を推定するために両方のタイプの研究を使うのかを説明します．とはいえ，実験データに基づく研究の中には外的妥当性が高いものもあれば，観察データに基づく研究の中には内的妥当性が高いものもあります．これらの研究を評価する際には，研究の詳細に注意を払う必要があります．

5.5.2 無作為化の役割

平均処置効果を推定するための理想的な研究デザインは，これまで見てきた

図 5.6 理想的な研究デザインは，これまで見てきた 2 種類の無作為化，すなわち無作為抽出と無作為処置割り当てを利用することです．

2 種類の無作為化を利用します．母集団から観察を無作為に選択するだけでなく，それらの観察の間で処置も無作為に割り当てます（図 5.6 参照）．

　処置も可能な限り現実的なものにすることができたと仮定すると，このデザインは強力な外的妥当性と内的妥当性を備えた研究を生み出すことになります．議論したように，無作為抽出は母集団を代表する標本にする最善の方法であり，それによって高い外的妥当性（対象の母集団に結果を一般化できること）を保証します．同様に，無作為処置割り当ては，処置群と統制群を比較可能にし，それによって高い内的妥当性（有効な因果推論を行えること）を保証する最善の方法です．

　第 2 章や上で述べたように，倫理的，財政的，あるいは運用上の理由から，両方のタイプの無作為化を含む研究はほとんどありません．しかし，理想的な研究デザインがどのようなものかを知ることは有用です．それは因果研究をデザインまたは評価する際の基準となるのです．

5.5.3　本章の 2 つの因果分析はどの程度優れているのか？

　本章の 2 つのデータ分析，(i) 個人レベル分析と (ii) 選挙区レベル分析の内的・外的妥当性を評価してみましょう．

　内的妥当性はどの程度高いのでしょうか？　どちらの分析でも，処置（ロシア系テレビ放送の受信）を受けるかどうかは，地形や選挙区からロシア系テレビ放送の送信所までの距離など，研究者の統制の及ばない要因によって決定されました．したがって，どちらの研究も無作為化実験ではありません．すべての潜在的交絡因子を排除するために処置割り当ての無作為化に頼ることはできな

いという事実にもかかわらず，どちらの分析も比較的高い内的妥当性があると主張することができます。

第1に，(どちらのケースにもいえることですが)ウクライナとロシアの国境に近い地域に焦点を当てると，ロシア系テレビ放送の受信の(空間的)変動は，「あたかもランダム(無作為)な」処置の割り当てになる可能性が高いです。なぜなら，それは地形やその他の要因の影響を受けており，親ロシア政党の支持レベルとはおそらく無関係だからです。第2に，潜在的な交絡因子を統計的に統制することで，処置群と統制群の間に残っている差異をほぼ確実に取り除きます。どちらの場合も，国境に非常に近いことを統制しています。これが唯一の交絡変数であれば，分析の内的妥当性は高いです。

外的妥当性はどの程度高いのでしょうか？ 個人レベルの分析では，対象地域に住む個人の無作為抽出標本のデータを使用しています。集計レベルの分析では，関心のあるウクライナの選挙区すべてのデータを使用しています。さらに，どちらの研究でも，現実世界の環境における処置(つまりロシア系テレビ放送の受信)を観察しています。その結果，もし私たちが，観察が得られた地域にこの研究結果を一般化することに関心があるとすれば，両研究の外的妥当性は高いです。もし結論を，世界の別の地域の政治的イベントに関する異なるタイプのテレビ偏向報道に一般化することに関心があるとすれば，ここでの分析における処置と観察が，関心のある実際の処置と母集団をどの程度代表しているかを評価しなければならないでしょう。

5.5.4　第2章の因果分析はどの程度優れていたのでしょうか？

ご記憶かもしれませんが，第2章では，少人数学級が生徒の成績に与える影響を推定するために，STARデータセットを分析しました。このデータは，テネシー州で行われた無作為化実験から得られたもので，生徒は少人数学級か標準規模学級のいずれかに無作為に割り当てられました。

内的妥当性はどの程度高いのでしょうか？ 処置は無作為に割り当てられたので，潜在的な交絡変数はすべて排除され，少人数学級に通う生徒の集団は，標準規模学級に通う生徒の集団とあらゆる面で類似しているはずです。無作為化実験のおかげで，因果関係の識別に必要な仮定が満たされ，実験に参加した

生徒の集団に対して，得られた因果効果の推定が有効であることを確信できます。この分析は，高い内的妥当性があると結論づけることができます。

外的妥当性はどの程度高いのでしょうか？ この研究の特徴から，テネシー州の大規模校の生徒のみが実験に参加することができました。その結果，参加生徒の標本は，テネシー州の全生徒を完全に代表するものではありませんでした。また，標本は米国の生徒を代表するものでもありませんでした。例えば，Schanzenbach (2006) によると，標本ではアフリカ系アメリカ人の割合が州全体よりも大きく，ヒスパニック系とアジア系の割合は国全体よりも小さかったことがわかっています[27]。その結果，現実世界での処置の観察はできたものの，分析結果の外的妥当性は比較的低いと結論づけることができます。特に，この研究の結論をテネシー州や全米のすべての学校や生徒に一般化したいなら，なおさらです。

5.5.5 決定係数 R^2

なお，因果分析の評価では，モデルの決定係数については一切触れていません[28]。この統計量は，平均処置効果を推定する際には直接関係ありません。特に効果が小さく，統計的に統制する必要がある交絡因子がほとんどない(あるいは全くない)場合は，R^2 が小さいモデルでも有効な因果効果を推定できるかもしれません。あるいは，R^2 が大きいモデルでも，特に統制すべき交絡因子が結果変数の変動の大部分を説明しているが，それらの交絡因子の統制によって処置群と統制群を比較可能にすることができなかった場合，誤った処置効果を推定してしまうかもしれません。

5.6 ● まとめ

本章では，因果効果の推定に戻りましたが，今回は観察データを使用しました。交絡変数について学び，なぜ交絡変数の存在が因果効果の推定を複雑にす

---

[27] 詳しくは，Diane Whitmore Schanzenbach, "What Have Researchers Learned from Project STAR?" *Brookings Papers on Education Policy*, no. 9 (2006): 205-228 を参照。

[28] **再確認** R^2 は決定係数としても知られ，0 から 1 の範囲で，結果変数の変動のうちモデルによって説明される割合を測ります。R^2 が大きいほど，モデルがデータに良く適合しています。

るのかを学びました．平均の差推定量を計算するための単回帰モデルの適合方法と，交絡因子を統制するための重回帰モデルの適合方法を見ました．最後に，内的妥当性と外的妥当性に基づいて因果的研究を評価する方法について議論しました．

　本章で使用した統計手法，線形回帰モデルの適合は，前章で使用したものと同じです(例を示しませんでしたが，社会科学者は予測を行うのに，単回帰モデルではなく，重回帰モデルをしばしば用います)．しかし，分析の目的は異なります．第4章では関心のある数量を**予測**することを目的としましたが，本章では関心のある数量を**説明**すること(つまり因果効果を推定すること)を目的としました．

　数学的モデルは同じでも，X 変数が研究の問いで果たす役割，推定される係数の実質的な解釈，分析で注目する点は，予測するためにデータを分析するのか，因果効果を推定するためにデータを分析するのかによって異なります．

　例えば，予測を行うために単回帰モデルを適合する場合：
- X は，予測変数です．
- $\hat{\beta}$ は，X の1単位増加に**伴う** $\hat{Y}$ の変化と解釈します．
- 目的は，可能な限り小さな誤差で予測を行うことなので，関心のある結果変数と強い相関を持つ予測変数を探します．X と Y の間の線形関係が強ければ強いほど，R^2 は大きくなり，適合線形モデルは通常，X を用いて Y をより良く予測できます．

対照的に，因果効果を推定するために単回帰モデルを適合する場合：
- X は，処置変数です．
- $\hat{\beta}$ は，処置 X の存在によって**引き起こされる** $\hat{Y}$ の変化と解釈します．
- 目的は，因果効果の有効な推定値を得ることなので，(もしあれば)統計的統制を適用した後，分析に使用する処置群と統制群が比較可能であると考えられる状況を見つけるか，作り出すことを目指します．言い換えれば，潜在的な交絡変数をすべて取り除くか，統制することを目指します．

　したがって，回帰分析を行うとき，あるいは他の人が行った回帰分析を評価するときは，常にその目的を念頭に置くべきでしょう．

第 6 章

確　率[1]

第 2 章から第 5 章では，(i)無作為化実験と観察データの両方による因果効果の推定，(ii)社会調査研究による母集団の特徴の推測，(iii)予測を目的としてデータ分析を行ってきました。これまでのところ，私たちは系統的な関係を特定することに注意を向け，データに含まれるノイズを無視してきました。しかし，現実世界のデータには少なからずノイズ(無関係な変動)が含まれていて，それが結論に不確実性を与えています。次章では，経験的発見に含まれる統計的不確実性の程度を数値化する方法を学びます。しかしその前に，確率について学び，確率を使ってどのように変動をモデル化できるかを学ぶ必要があります。

6.1 ● 確率とは何か？

確率の解釈には，頻度論的解釈とベイズ的解釈の 2 通りがあります。
頻度論的解釈(frequentist interpretation)によれば，確率は多数の同一の試行において特定の事象が発生する割合を表します。具体的には，ある事象の確率は，無限に同じ試行がある中で，その事象が発生する割合となります。

例えば，コイントスで考えてみましょう。コインをはじいたときに表が出る確率はどれくらいでしょうか。何回もコイントスをすることを想像してみてください。表が出る確率は，コイントスの回数のうち，表が出た回数で近似でき

---

[1] 本章で紹介する R 記号，演算子，関数は次のとおり：c(), sample(), rnorm(), pnorm(), for(i in 1:n){}, print()。

ます[2]。もしコインに偏りが無ければ，コイントスの回数を増やすにつれて，表が出る割合は 0.5 に近づくはずです。

対照的に，**ベイズ的解釈**(Bayesian interpretation)によれば，確率は事象の相対的な起こりやすさについての主観的な信念を表します。例えば，今日雨が降る確率は約 80% であるというとき，私たちは複数日にわたる雨の頻度を述べているのではありません。私たちは単に，その事象が起こることをどの程度確信しているかを述べているのです。確率が 1，つまり 100% であれば，その出来事が確実に起こることを示します。確率が 0，つまり 0% であれば，その事象が起こらないことを示します。

頻度論的解釈を批判する人達は，全く同じ試行を無限に繰り返すことは不可能だと主張します(例えば，コイントスをする際，同じ発射角度と速度を維持することは難しいでしょう)。ベイズ的解釈を批判する人達は，データを分析するときに，個人的，主観的な信念は役割を果たすべきでないと主張します。幸いなことに，両者の違いはあっても，この 2 つの解釈は同じ数学的ルールに依拠しています。本章の残りの部分では，この共通のルールに焦点を当てます。

6.2 ● 確率の公理

確率の公理は，確率論全体の基礎となる基本規則です。確率の公理を学ぶ前に，いくつかの概念を定義する必要があります：

- **試行**(trial)とは，関心のある結果を生み出す単独ないし一連の行為のことです。例えば，サイコロを振ることも試行とみなすことができます。
- **結果**(outcome)とは，試行の帰結(result)のことです。サイコロを振ると，起こりうる 6 つの結果のうちの 1 つが出ます：1, 2, 3, 4, 5, 6。
- **事象**(event)は，結果の集合です。この例では，考えられる事象の 1 つは **3**

---

2) **再確認** ある基準を満たす観察の比率は次のように定義されます：

$$\frac{\text{基準を満たす観察数}}{\text{総観察数}}$$

割合をパーセンテージとして解釈するために，小数の値に 100 を掛けます。

未満の数字を出すことで，これには1と2という2つの起こりうる結果が含まれます。事象には，結果がいくつ含まれていても構いません。例えば，別の考えられる事象として，**3を出す**というものがあり，これには1つの結果，3だけが含まれます。

- **互いに排反な事象**(mutually exclusive events)とは，結果を共有しない事象のことです。例えば，上で定義した2つの事象，**3未満の数字を出す**ことと**3を出す**ことは，共通する結果がないので，互いに排反な事象です。
- **標本空間**(sample space)は，Ω（ギリシャ文字のオメガ）で表され，ある試行が生み出すすべての起こりうる結果の集合です。結果の集合なので，標本空間も事象とみなされます。サイコロを転がす例では，$\Omega = \{1, 2, 3, 4, 5, 6\}$となります。
- ある事象に含まれる起こりうる結果のうち，どれか1つでも実現すれば，その**事象**は**発生**(occur)したことになります。例えば，1を出した場合，**3より小さい数字を出す**という事象が発生し，標本空間で定義された事象が発生したと考えます。

確率には3つの公理があります。驚くべきことに，この3つの基本法則から確率論全体を導くことができるのです。

1. 最初の公理は，あらゆる事象Aの確率は負でない，というものです。数学的表記では，この公理を次のように書きます：

$$P(A) \geq 0$$

ここで，Pは事象の確率を表し，Aは事象を表します。

このことは，確率はゼロか正のどちらかであることを意味します。例えば，**3を出す**確率が負になることはありません。

2. 第2の公理は，標本空間の確率は常に1であるというものです。数学的表記では次のようになります：

$$P(\Omega) = 1$$

ここで，Ωは標本空間，つまり1つの試行で起こりうるすべての結果の集合を表します。

例えば，サイコロを振るときの標本空間 Ω は，{1, 2, 3, 4, 5, 6} です。事象は，その事象に含まれる起こりうる結果のうち，どれか1つでも起これば発生するということを思い出しましょう。この場合，$P(\Omega)$ は，6つの起こりうる結果のいずれかが起こる確率を表します。数学的表記では次のようになります：

$$P(\Omega) = (1\text{ または }2\text{ または }3\text{ または }4\text{ または }5\text{ または }6) = 1$$

3. 第3の公理は，事象 A と B が互いに排反である（つまり，同時に発生しない）場合，A または B のいずれかが発生する確率は，A が発生する確率に B が発生する確率を足したものに等しいというものです。数学的表記では次のようになります：

$$A\text{ と }B\text{ が互いに排反な事象である場合}$$
$$P(A\text{ または }B) = P(A) + P(B)$$

例えば，**3未満の数を出すまたは3を出す**確率は，この2つの事象が互いに排反であるため，**3未満の数を出す**確率に**3を出す**確率を足したものに等しくなります。

これらの確率の公理は，まとめると，確率は0から1までの範囲にあり，ある試行が生み出すすべての起こりうる結果の確率を足すと必ず1になることを意味します。

コイントスを一度行うことを考えてみましょう。この試行では，**表が出る**か，**裏が出る**かの2通りの結果が起こる可能性があります。この場合の標本空間は次のようになります：Ω = {**表が出る**, **裏が出る**}。

表が出る確率と**裏が出る**確率は，どちらも0から1の間でなければならず，それらが標本空間を構成しているので，合計して1にならなければなりません（つまり，それ以外の結果はありえません）。

数学的表記を使って，この結論に至る方法を見てみましょう。公理2から始めましょう：

$$P(\text{表または裏}) = 1$$

第3の公理によれば，**表が出ること**と**裏が出ること**は互いに排反な事象です：

$$P(表または裏) = P(表) + P(裏) = 1$$

したがって，コインをはじいて得られる2つの結果の確率を足すと1になるはずです。

6.3 ● 事象，確率変数，および確率分布

私たちは，人生で起こるほとんどのことを**事象**として分類することができます。事象とは，特定の確率で発生する結果の集合です。あなたが本書を読んでいることも事象ですし，あなたの身長も，目の色も，政党の好みも，大学に通うか通わないかの選択も事象です。

事象に数値を割り当てた瞬間に**確率変数**(random variable)と呼ばれるものができあがります。確率変数では，試行によって生じる互いに排反な事象にそれぞれ数値を割り当てます。実際，本書ではずっと確率変数を扱ってきました。それらを変数と呼んできたわけです。

例えば，大学に通う事象に1を割り当て，大学に通わない事象に0を割り当てる場合，以下に定義する二値確率変数 *college* は，これらの事象を取り込むことになります。

試行で起こりうる出来事	確率変数 *college*	*college* の確率分布
• 大学に通う • 大学に通わない	• $college_i = 1$ 　個人 i が大学に通う場合 • $college_i = 0$ 　個人 i が大学に通わない場合	• $P(college = 1)$ • $P(college = 0)$

各確率変数には，その変数がとりうる各値の起こりやすさを表す**確率分布**(probability distribution)があります。定義により，ある分布におけるすべての確率の合計は1にならなければなりません。

数学的表記では，確率変数 X が値 x をとる確率を次のように書きます[3]：

$$P(X = \mathrm{x}) = p$$

ここで：

- X は，確率変数です。
- x は，確率変数 X がとりうる特定の値です。
- p は，X が値 x をとる確率です。

例えば，上記の確率変数 *college* の分布は，大学に通う確率 $P(college = 1)$ と，大学に通わない確率 $P(college = 0)$ を表します。なぜなら，この変数がとりうる値はこの 2 つだけだからです。

6.4 ● 確率分布

本書では，(i) 二値変数の確率分布であるベルヌーイ分布，そして (ii) 多くの非二値変数の優れた近似分布としてよく使われる確率分布である正規分布，の 2 種類の確率分布に焦点を当てます。正規分布の中でも，特に標準正規分布に注目します。

第 3 章で見てきたように，平均 (`mean()`)，中央値 (`median()`)，標準偏差 (`sd()`)，分散 (`var()`) などの関数は，確率変数の確率分布の主な特徴を数値的に要約するために使うことができます。本節では，(i) 平均によって測定される分布の中心と，(ii) 分散によって測定される分布のばらつきを表す尺度に焦点を当てます（ご記憶かもしれませんが，分散は標準偏差の 2 乗に相当します）。

6.4.1 ベルヌーイ分布

ベルヌーイ分布 (Bernoulli distribution) は二値変数の確率分布です。二値変数は 2 つの値 (1 か 0) しかとりえないので，ベルヌーイ分布は，変数が 1 に等しい確率と変数が 0 に等しい確率の 2 つの確率を表しています。

---

[3] ヒント 確率変数 (X, Y, Z など) を指すときは大文字を使い，確率変数がとりうる特定の値 (x, y, z など) を指すときは小文字を使います。

定義によって，ベルヌーイ分布のすべての確率の合計は1に等しくなければなりません。二値変数が1に等しい確率を p で表すと，二値変数が0に等しい確率は $1-p$ です（$p+(1-p)=1$ であることに注目してください）。

もう一度，コイントスについて考えてみましょう。コインをはじくという行為は，「表」か「裏」の2つの事象のうちどちらか1つしかもたらしません。表に1，裏に0を割り当てると，その結果から二値の確率変数を作ることができます。この確率変数の分布（ベルヌーイ分布）は，表が出る確率と裏が出る確率を表しています。この二値確率変数とその分布の定義は次のとおりです：

$$flip_i = \begin{cases} 1 & \text{コイントスで } i \text{ が表を出した場合;} \quad P(flip=1)=p \\ 0 & \text{コイントスで } i \text{ が裏を出した場合;} \quad P(flip=0)=1-p \end{cases}$$

ベルヌーイ分布の平均は p，つまり二値変数が1に等しい確率に等しく[4]，ベルヌーイ分布の分散は $p(1-p)$ に等しいです（すぐに例を示します）。

p の値を近似的に求めるには，コイントスを何度も行い，複数のコイントスで表が出た割合を計算します。説明のために，仮にコイントスを12回行い，その割合を計算する下の例を見てみましょう。

実現した事象	確率変数の実現値	近似的な確率分布[5]
	$flip = \{1, 0, 1, 0,$ $1, 1, 1, 1,$ $1, 0, 1, 0\}$	$\bullet\ P(flip=1) \approx \dfrac{\text{表の出た回数}}{\text{コイントスの回数}}$ $\approx \dfrac{8}{12} = 0.67$ $\bullet\ P(flip=0) \approx \dfrac{\text{裏の出た回数}}{\text{コイントスの回数}}$ $\approx \dfrac{4}{12} = 0.33$

上の例では，表が67%，裏が33%です。コインを12回しかはじかなかっ

---

[4] **再確認** 第1章で見たように，二値変数の平均は，その変数で識別される特徴を持つ観察の割合に相当します。言い換えると，二値変数の平均は，変数が1に等しい確率で，p と表記されます。

[5] **ヒント** 数学的表記法では，記号 $\approx$ は「ほぼ等しい」を表します。

たので，これらの割合は 50% には程遠いです。コインをはじく回数を増やすと，コインに偏りがなければ，表の割合 p と裏の割合 $1-p$ は 50% に近づくはずです。

これをよりよく理解するために，R を使って偏りのないコインによる 100 万回のコイントスのシミュレーションを行い，表と裏の割合を計算します[6]。まず，コイントスをしたときに得られるであろう 2 つの値を，"combine values into a vector."（値を 1 つのベクトルにまとめる）を表す関数 c() を使ってリストアップします[7]。次のコードでは，1 を表，0 を裏とする，1 と 0 を含むベクトルを持つ *possible_values* というオブジェクトを作成します：

```
## とりうる値のベクトルを作成
possible_values <- c(1, 0) # 1が表，0が裏
```

ここでは，この 2 つの値のどちらかを 100 万回無作為に選ぶよう，R に指示することができます。ここで，1 を選ぶ確率と 0 を選ぶ確率はそれぞれ 0.5 です。このために，"randomly sample from a set of values."（値の集合から無作為に抽出する）という意味の関数 sample() を使います[8]。括弧の中では，まず標本抽出したい値の集合をベクトルで指定します。この場合，このベクトルには *possible_values* を使用します。次に，(i) 100 万回の抽出を行いたいので，引数 size を 1000000 に設定し[9]，(ii) 抽出では復元抽出を行う，つまり同じ値を 2 回以上抽出できるようにするため，引数 replace を TRUE に設定し，(iii) 各値を選択する確率を両方とも "0.5" になるように，引数 prob をベクトル c(0.5, 0.5) に設定します。ここで，1 番目の数値は 1（*possible_values* の 1 番目の値）

---

6) **ヒント** 本章で使われているコードは "Probability.R" ファイルにあります。
7) **関数** c() は値をベクトル（添え字で区別される要素の集まり）に結合します。結合される値は括弧の中で指定し，カンマで区切ります。例：c(1, 2, 3)。
8) **関数** sample() は，値の集合から無作為に標本を抽出します。必須の引数は，抽出する値の集合を表すベクトルだけです。デフォルトでは，この関数は値を非復元抽出します。抽出する数を指定するには，引数 size を使用します。同じ値を複数回抽出できる復元抽出を行うには，引数 replace に TRUE を指定します。各値が選択される確率を指定するために，引数 prob には，各値の確率を含むベクトルを設定します。例：sample(c(1, 2, 3)) または sample(c(0, 1), size=1000000, replace=TRUE, prob=c(0.2, 0.8))。
9) **ヒント** コードを書くとき，数千や数百万を示すのにコンマを使わないでください。R のコンマは引数を区切るためのものです。例：size= 1,000,000 ではなく，size=1000000 と記述します。

を選択する確率を示し，2 番目の数値は 0（*possible_values* の 2 番目の値）を選択する確率を示します：

```
## possible_values から無作為抽出
flip <- sample(possible_values, # 値を抽出するベクトル
               size=1000000, # 100 万回
               replace=TRUE, # 復元抽出
               prob=c(0.5, 0.5)) # 偏りのないコインから
```

変数 *flip* には，偏りのないコインで 100 万回コイントスをしたシミュレーション結果が含まれています（1 と 0 の値を持つ観察が 100 万件含まれています）。1（表）と 0（裏）の比率表を計算するには，関数 prop.table() と関数 table() を併用します[10]：

```
prop.table(table(flip)) # 比率表を作成
## flip
##         0         1
## 0.499933 0.500067
```

上の出力でわかるように，偏りのないコインによるコイントスを 100 万回行うシミュレーションをすると，表の割合（p）と裏の割合（$1-p$）はともに 0.5 に近づきます（上記のコードを実行した後にコンソールに表示される値は，ここで示した値とは異なる可能性が高いことに注意してください。*flip* は無作為の処理から作成されたため，作成されるたびにわずかに異なる値が含まれます。実際，本章のすべての計算は無作為の処理に依存しており，したがって，私たちが示す出力とあなたのコンソールに表示される出力には，全体を通して若干の違いがあることを予め理解しておいてください）。

---

10) 再確認 prop.table() は度数表を比率表に変換します。唯一の必須の引数は，括弧内に変数を指定するコードを含む関数 table() の出力です。例：prop.table(table(*data$variable*))。

これで，次の計算で，*flip* の平均と分散が計算できます[11]：

```
mean(flip) # 平均を計算
## [1] 0.500067
```

```
var(flip) # 分散を計算
## [1] 0.2500002
```

flip の平均は約 0.5 で，これはベルヌーイ分布の平均が，二値確率変数が 1 となる確率である p（ここでは $p = 0.5$）と等しくなることから予想される値です。つまり，*flip* の平均は，コインの表が出る確率が 50% であることを示していると解釈できます（$0.5 \times 100 = 50\%$）。

最後に，*flip* の分散は 0.25 で，これもベルヌーイ分布の分散が $p(1-p)$ に等しいことを考えると予想通りです（この場合，$0.5(1-0.5) = 0.25$）。

6.4.2　正規分布

正規分布（normal distribution）は，広く知られている左右対称の釣鐘型の分布で，多くの非二値変数の分布の近似としてよく使われます。

正規分布は，正規確率変数の分布です。この分布は，平均（μ，ミューと発音）と分散（σ^2，シグマ・スクエアードと発音）の 2 つのパラメーターによって表されます。数学的表記では，正規確率変数 X を次のように書きます：

$$X \sim N(\mu, \sigma^2)$$

解説のために，第 2 章で分析したデータセットに戻り，STAR プロジェクトの読解力テストの点数の密度ヒストグラムを作成してみましょう[12]：

---

[11]　**再確認**　mean() は変数の平均を，var() は分散を計算します。例：mean(*data$variable*) と var(*data$variable*)。

[12]　**再確認**　データセットを読み込む前に，作業ディレクトリを設定する必要があります。DSS フォルダがデスクトップに直接保存されている場合，作業ディレクトリを設定するには，Mac ユーザーであれば setwd("~/Desktop/DSS") を，Windows ユーザーであれば setwd("C:/user/Desktop/DSS")（*user* は自分のユーザー名）を実行しなければなりません。DSS

```
star <- read.csv("STAR.csv")  # データの読み込みと格納
```

```
hist(star$reading, freq=FALSE)  # 密度ヒストグラムを作成
```

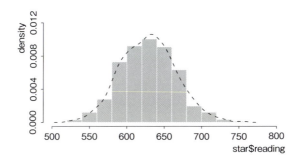

ビンの高さで縁取られたヒストグラムの形(上の密度ヒストグラムに追加した破線で表示)に注目すると，*reading* の確率分布は多かれ少なかれ対称的な釣鐘型であることがわかります[13]。この非二値変数の分布は，正規分布を使って近似できます。

理論上の正規分布は，(i)(負の無限大から無限大まで)実数直線上の任意の値をとりうる確率変数について表し，(ii)以下に詳しく示す式によって決定される非常に特殊な形状を持つ左右対称な釣鐘型曲線に従う確率分布の一種です。正規分布に従う確率変数を正規確率変数と呼びます。

公式の詳細

正規確率分布の確率密度関数は以下の式で与えられます：

フォルダが他の場所に保存されている場合，作業ディレクトリの設定方法については，1.7 節(1)を参照してください。

13) **再確認** 密度ヒストグラムは，(確率)変数の(確率)分布を可視化したものです。ビンの相対的な高さは，値の相対的な起こりやすさを意味します。密度ヒストグラムのすべてのビンの面積の合計は 1 でなければなりません。R では，関数 `hist()` は，オプションの引数 `freq` を `FALSE` に設定すると密度ヒストグラムを作成します。例：`hist(data$variable, freq=FALSE)`。

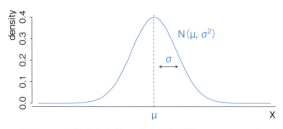

図 6.1 正規確率変数の確率密度関数：$X \sim N(\mu, \sigma^2)$

$$\frac{1}{\sigma\sqrt{2\pi}} e^{-(x-\mu)^2/2\sigma^2}$$

ここで：

- μ は，確率変数の平均です．
- σ は，確率変数の標準偏差で，σ^2 は確率変数の分散です．
- x は，確率変数がとりうる実数直線上の任意の値（負の無限大から無限大まで）です．
- π は，定数の円周率パイで，およそ 3.1416 です．
- e は，ネイピア数として知られる定数で，およそ 2.7183 です．

正規分布の**確率密度関数**（probability density function；詳しくは上の「公式の詳細」を参照）は，正規確率変数がとりうる各値（負の無限大から無限大まで）に対する密度曲線の高さを示します（図 6.1 を参照）。曲線の相対的な高さは，値の相対的な起こりやすさを表します．確率密度関数の曲線下の合計面積は 1 になります．

確率密度関数の曲線の形は，2 つのパラメーターの値に依存します：

- μ（ギリシャ文字のミュー）は，確率変数の平均を表し，分布の中心を決定します．
- σ^2（ギリシャ文字のシグマの 2 乗）は，確率変数の分散を表し，分布のばらつきを決定します[14]．

---

14) **再確認** 変数の分散は変数の標準偏差の 2 乗です．σ が標準偏差なら，σ^2 が分散です．

数学的表記では，確率変数 X が正規分布に従う場合，次のように書きます：

$$X \sim N(\mu, \sigma^2)$$

ここで：

- X は，確率変数の名前です．
- 記号 $\sim$ は，「に従って分布」を表します．
- N は，「正規分布」を表します．
- μ は，変数の平均，σ^2 は，変数の分散です．

例えば，X が平均 3，分散 4 の正規分布に従って分布していることを表すには，次のように書きます：$X \sim N(3,4)$．

$N(3,4)$ の確率密度関数の形を視覚化するには，上記「公式の詳細」にある式を使います．また，もっと便利な方法として，R でシミュレーションをすることもできます．

R を用いて，私たちは関心のある正規分布から 100 万件の観察を無作為に抽出できます．そして，抽出された観察の密度ヒストグラムを作成できます．100 万件の観察からなる標本は十分大きいので，その分布で観察が抽出された（母集団の）分布を近似できるはずです．

まず，"randomly sample from a normal distribution."（正規分布から無作為に標本抽出する）を意味する関数 `rnorm()` を使うことから始めましょう[15]．この関数の必須の引数は，標本抽出したい観察の数です．デフォルトでは，この関数は平均 0，分散 1 の正規分布から標本抽出します．他の正規分布から標本抽出したい場合は，オプションの引数である `mean` を使って異なる平均を指定したり，オプションの引数である `sd` を使って異なる標準偏差を指定したりできます（標本抽出したい正規分布の分散 σ^2 ではなく，標準偏差 σ を指定する必要があることに注意してください）．例えば，100 万件の観察を $N(3,4)$ から抽出し，X という変数として保存する場合，次のように実行します：

---

[15] 関数 `rnorm()` は正規分布から無作為抽出します．必須の引数は標本抽出したい観察の数だけです．デフォルトでは，この関数は（標準正規分布として知られている）平均 0，分散 1 の正規分布から標本抽出します．（標準正規分布とは）異なる正規分布から標本抽出するには，オプションの引数である `mean` を使って異なる平均を指定したり，オプションの引数である `sd` を使って異なる標準偏差を指定したりできます．例：`rnorm(100)` および `rnorm(100, mean=3, sd=2)`．

```
## N(3, 4) の分布から無作為抽出
X <- rnorm(1000000,  # 標本の観察数
           mean=3,   # 平均
           sd=2)     # 標準偏差
```

ここで，X の確率分布を視覚化するために，密度ヒストグラムを作成します：

```
hist(X, freq=FALSE) # 密度ヒストグラムを作成
```

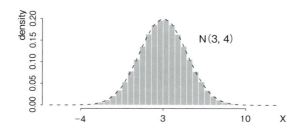

$N(3,4)$ の確率密度関数の形は，密度ヒストグラムのビンの高さ（上のヒストグラムに追加した破線で表示）で縁取られます．

X の平均と分散を求めるには，次のようにします：

```
mean(X) # 平均を計算
## [1] 2.998545
```

```
var(X) # 分散を計算
## [1] 3.998968
```

上記の出力に基づくと，X の分布は，約 3 を中心とし，分散は約 4 です．これは，100 万件の観察を含む標本が，観察が抽出された分布とほぼ同じ分布に

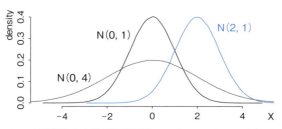

図 6.2 3つの正規分布の確率密度関数：$N(0,1)$, $N(2,1)$, そして $N(0,4)$.

従うことを裏付けます。ここで，形状を定義する2つのパラメーターが変化したときに正規分布の形がどのように変化するかをよりよく理解するために，同じ手順を数回行います。例えば，図6.2は3つの異なる正規分布の確率密度関数を示しています：$N(0,1)$, $N(2,1)$, そして $N(0,4)$。

上に示したように，$N(0,1)$ も $N(0,4)$ も 0 を中心にしていますが，$N(0,4)$ の方が $N(0,1)$ より分散が大きいため，より平らに広がっています。$N(0,1)$ と $N(2,1)$ は分散が同じなのでばらつきと高さは同じですが，$N(0,1)$ が 0 を中心にしているのに対し $N(2,1)$ は 2 を中心にしています。

確率を計算するために確率密度関数をどのように使用できるでしょうか？確率密度関数の曲線下の面積を使って，しばしば**累積**確率と呼ばれるもの，つまり正規確率変数が**所与の範囲内の**値をとる確率を計算することができます[16]。例えば，x_1 と x_2 の間の曲線下の面積は，正規確率変数が x_1 と x_2 の間の値をとる確率に等しいです（分布のすべての確率は足して 1 にならなければならないので，確率密度関数の曲線下の面積の合計は 1 に等しくなります）。

確率密度関数において

$P(x_1 \leq X \leq x_2) =$ 曲線下の x_1 と x_2 の間の面積

---

[16] **ヒント** 負の無限大から x までの確率密度関数の下の面積は，正規確率変数が x 以下の値をとる累積確率 $P(X \leq x)$ に等しくなります。この確率を生み出す関数は累積分布関数として知られています。

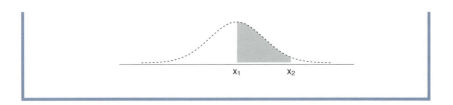

確率密度関数のこの性質により，相対確率を求めることができます[17]。例えば，図 6.3 の X の確率密度関数を見てください。

x_1 と x_2 の間の曲線下の面積(青で網掛け)は，x_3 と x_4 の間の曲線下の面積(グレーで網掛け)より大きいです。これは，X が x_1 と x_2 の間の値をとる確率が，X が x_3 と x_4 の間の値をとる確率よりも大きいことを意味します。数学的表記では次のように表せます：

$$P(x_1 \leq X \leq x_2) > P(x_3 \leq X \leq x_4)$$

6.4.3 標準正規分布

標準正規分布(standard normal distribution)とは，平均 0 ($\mu = 0$)，分散 1 ($\sigma^2 = 1$) の正規分布のことです。1 の平方根は 1 ですから，標準正規分布の標準偏差も 1 ($\sigma = 1$) です。

数学的表記では，通常，標準正規確率変数を Z と呼び，次のように書きます：

$$Z \sim N(0, 1)$$

(ここでの Z は，第 5 章で交絡変数を表すのに使った Z とは関係ないことに注意してください。)

標準正規分布の 2 つの性質は特に有用です。まず，分布が対称で 0 を中心とするため，Z が $-z$ 以下の値をとる確率は，Z が z 以上の値をとる確率と同

---

[17] **ヒント** ある特定の値 x の密度曲線の高さは，x の確率と同じではありません。正規確率変数 X がとりうる値は無限にあり，X がどんな特定の値 x と**等しくなる**確率も 0 です。しかし，ここで説明したように，確率密度関数の曲線下の面積を使えば，X が特定の範囲の値をとる確率を計算することができます。

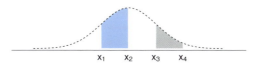

図 6.3 x_1 と x_2 の間の曲線下の面積(青で網掛け)が，x_3 と x_4 の間の曲線下の面積(グレーで網掛け)より大きい X の確率密度関数。したがって，X が x_1 と x_2 の間の値をとる確率は，X が x_3 と x_4 の間の値をとる確率よりも大きいです。

じです(ここで，z は z ≥ 0 と定義されます)。これは，負の無限大と −z の間の曲線下の面積は，z と無限大の間の曲線下の面積と同じであるためです。

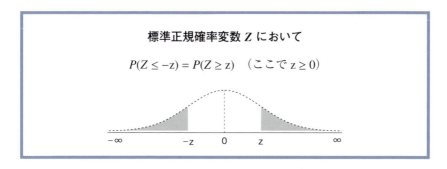

次に，標準正規分布では，観察の約 95% は −2 から 2 の間，より正確には −1.96 から 1.96 の間にあります[18]。

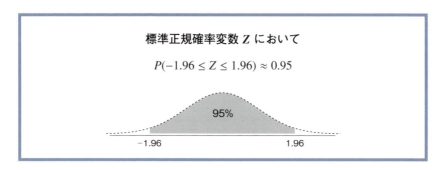

---

18) **再確認** 第 3 章で触れたように，正規分布の際立った特徴の一つは，観察の約 95% が平均から 2 標準偏差以内に入る(つまり，平均マイナス 2 標準偏差と平均プラス 2 標準偏差の間にある)ことです。ここで，標準偏差は 1 に等しいので，観察の約 95% は −2 と 2 の間(より正確には，−1.96 と 1.96 の間)にあります。

これら2つの性質をよりよく理解するために，Rで正規確率変数の確率を計算する方法を学びましょう。

正規確率変数の確率を計算するには，負の無限大からxまでの正規確率変数の累積確率(the cumulative probability of a normal random variable from negative infinity to x)を表す関数 pnorm() を使い

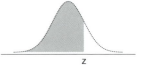

ます[19]。デフォルトでは，この関数は標準正規確率変数が括弧の中で指定された数以下の値をとる確率を計算します(右上の図参照)。例えば，Zが -1.96 以下の値をとる確率を計算するには，次のように実行します：

```
## Z が -1.96 以下の確率
pnorm(-1.96)
## [1] 0.0249979
```

出力から，Zが -1.96 以下の値をとる確率は約 2.5% ($0.025 \times 100 = 2.5\%$) と言えます。

Zがある値 z 以上の値をとる確率に興味がある場合，Zがz以下の値をとる確率を計算し，1からその結果の確率を引いたものを計算します[20]（分布のすべての確率は足して1にならなければならないので，これはすべての正規確率変数にあてはまります）。

確率変数 X について，

$$P(X \geq x) = 1 - P(X \leq x)$$

---

[19] **関数** pnorm() は，標準正規確率変数 Z が括弧の中に指定された**数値以下**の値をとる確率を計算します。異なる正規確率変数の確率を計算するには，オプション引数 mean で異なる平均を，オプション引数 sd で異なる標準偏差を指定します。例：pnorm(0) および pnorm(0, mean=3, sd=2)。

[20] **ヒント** 確率変数 X について：
$$P(X = x) = 0$$
したがって：
$$P(X \geq x) = P(X > x)$$
$$P(X \leq x) = P(X < x)$$

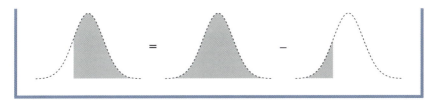

例えば，Z が 1.96 以上の値をとる確率を計算するには，次を実行します：

```
## Z が 1.96 以上の確率
1 - pnorm(1.96)
## [1] 0.0249979
```

この出力から，Z が 1.96 以上の値をとる確率も約 2.5% であることがわかります。このことから，Z が -1.96 以下の値をとる確率は，Z が 1.96 以上の値をとる確率と同じであることが確認できます。

ここで，Z が z_1 と z_2 の間の値をとる確率に関心がある場合，Z が z_2 以下の値をとる確率から Z が z_1 以下の値をとる確率を引いたものとして計算できます[21]（ここでも，分布のすべての確率は足して必ず 1 になるので，これはすべての正規確率変数にもあてはまります）。

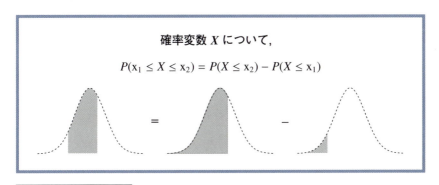

確率変数 X について，

$$P(x_1 \leq X \leq x_2) = P(X \leq x_2) - P(X \leq x_1)$$

---

21) **ヒント** 正規確率変数 X について：
$$P(X = x) = 0$$
したがって：
$$P(x_1 \leq X \leq x_2) = P(x_1 < X < x_2)$$
$$P(X \leq x) = P(X < x)$$

例えば，Z が -1.96 と 1.96 の間の値をとる確率に興味がある場合，次のように計算できます：

$$P(-1.96 \leq Z \leq 1.96) = P(Z \leq 1.96) - P(Z \leq -1.96)$$

そこで，Z が -1.96 と 1.96 の間の値をとる確率を計算するには，Rで次のように実行します：

```
## Zが-1.96～1.96の確率
pnorm(1.96) - pnorm(-1.96)
## [1] 0.9500042
```

この出力から，標準正規分布では，観察の約 95% が -1.96 と 1.96 の間にあることが確認されます。

この後わかるように，どんな正規確率変数も標準正規確率変数に変換できるので，標準正規分布のこれら 2 つの性質を知っておくと便利です。変換のためにすべきことは標準化，つまり，元の正規確率変数から平均を引いて，その結果を標準偏差で割ることだけです。視覚的には，この変換によって中心が移動し，分布のばらつきが調整されます。

結果として得られる標準化変数は，一般に元の確率変数の z 得点と呼ばれます（これらは，2 つの変数の間の相関係数を計算するときに第 3 章で用いたものと同じ z 得点です）。

例えば，前項で作成した正規確率変数 X を見てみましょう。変数 X は平均 3，分散 4 です。公式 6.1 から，$(X-3)/2$ は標準正規分布に従うはずです（正規確率変数を標準化するには，分母に分散 σ^2 ではなく標準偏差 σ を使うことに注意してください。標準偏差を計算するには，分散の平方根をとります。この場合，分散は 4 ですから，標準偏差は 2 です）：

$$X \sim N(3, 4) \text{ のとき，} \quad \frac{X-3}{2} \sim N(0, 1)$$

これを確認するために，変数 X を標準化したものと等しい新しい確率変数 Z を作成するように R に指示することができます：

公式 6.1　正規確率変数 X を標準正規確率変数 Z に変換する式

> **正規確率変数を標準正規確率変数に変換する方法**
>
> $$X \sim N(\mu, \sigma^2) \text{ のとき,} \quad \frac{X - \mu}{\sigma} \sim N(0, 1)$$
>
> ここで：
> - μ は，X の平均です。
> - σ^2 は，X の分散です。
> - σ は，X の標準偏差です($\sigma = \sqrt{\sigma^2}$)。

```
## 新しい確率変数を作成
Z <- (X - 3)/ 2 # Xを標準化
```

次に，Z の密度ヒストグラムを作成して，その確率分布を可視化します：

```
hist(Z, freq=FALSE) # 密度ヒストグラムを作成
```

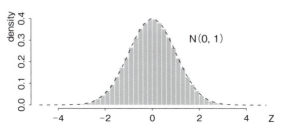

上の密度ヒストグラムでわかるように，Z は標準正規分布(0を中心とし，分散が1)にぴったりと従います。これを検証するために，次のように Z の平均と分散を計算します：

```
mean(Z) # 平均を計算
## [1] -0.0007277148
```

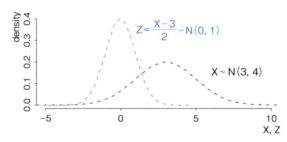

図 6.4 X と Z の確率密度関数，ここで Z は標準化した X に等しい。

```
var(Z)  # 分散を計算
## [1] 0.999742
```

予想通り，Z の分布は，ほぼ 0 を中心とし，分散はほぼ 1 です。

まとめると，X は $N(3, 4)$ として分布する確率変数でしたが，標準化（平均を引き，その結果を標準偏差で割ること）した結果，得られた確率変数は $N(0, 1)$ に従って分布します（X と Z の確率密度関数を示した図 6.4 を参照）。

なぜ正規確率変数の標準正規確率変数への変換が有用なのでしょうか？ それは，他のすべてのタイプの正規分布の確率を計算するために，標準正規分布の特性を使うことができるからです。

$N(3, 4)$ 分布に従う上記の正規確率変数 X の観察値の 95% を含む値の範囲を知りたいとします。X を標準正規分布に変換する方法がわかったので，標準正規分布では観察値の約 95% は -1.96〜1.96 であるという事実を出発点として使うことができます：

$$P(-1.96 \leq Z \leq 1.96) \approx 0.95$$

$$P(-1.96 \leq \frac{X-3}{2} \leq 1.96) \approx 0.95 \quad \text{（なぜなら } Z = \frac{X-3}{2}\text{）}$$

$$P(-0.92 \leq X \leq 6.92) \approx 0.95 \quad \text{（各項に 2 を掛け，3 を加えた後）}$$

Z の式を代入して X について解くと，X の観察値の 95% が -0.92 と 6.92 の間にあるという結論に至ります。

この結果を確認するために，$N(3,4)$ が -0.92 から 6.92 の間の値をとる確率を次のように計算します[22]：

```
## N(3,4) が -0.92～6.92 の確率
pnorm(6.92, mean=3, sd=2) -
    pnorm(-0.92, mean=3, sd=2)
## [1] 0.9500042
```

上記の出力に基づくと，確かに $X \sim N(3,4)$ の観察値の 95% は -0.92 から 6.92 の間です。

6.4.4 おさらい

本書では，二値変数と正規変数の 2 種類の確率変数を取り上げています。それらの確率分布を以下にまとめます。

X が二値変数の場合	X が正規確率変数の場合
X はベルヌーイ分布を持ち，1 つのパラメーター，p で表されます。	X は正規分布を持ち，2 つのパラメーター，μ と σ^2 で表されます。
平均 $= p$	平均 $= \mu$
分散 $= p(1-p)$	分散 $= \sigma^2$

確率とは何か，そして二値変数と正規確率変数，それぞれの確率分布について理解したところで，母集団のパラメーターと標本統計の区別を明らかにしましょう。

---

[22] **再確認** pnorm() で標準正規分布と異なる正規分布の確率を計算するには，オプションの引数 mean と sd を指定します。例：pnorm(0, mean=3, sd=2)。

6.5 ● 母集団のパラメーターと標本統計量の比較

データを分析するとき，私たちは通常，母集団におけるパラメーターの値に関心があります[23]。例えば，ある国の全有権者の母集団の中で，特定の立候補者がどの程度支持されているかに関心があるかもしれません。しかし，通常，私たちは対象の母集団から抽出された小さな観察標本からのみ統計量にアクセスできます。例えば，私たちは，調査に回答した有権者における支持者の割合しかわからないかもしれません。本節では，対応する母集団のパラメーターを知るために標本統計量を使用する方法を見ていきます。

確率変数 X の母集団のパラメーター

平均 $= \mathbb{E}(X)$ （X の期待値）

分散 $= \mathbb{V}(X)$ （X の母分散）

観察 X の標本統計量

平均 $= \overline{X}$ （X の標本平均）

分散 $= var(X)$ （X の標本分散）

標本統計量と母集団における対応するパラメーターを区別するために，異なる用語を用います。X の標本平均（sample mean of X；$\overline{X}$ と表記）は，特定の標本における X の平均値を表し，X の期待値（expectation of X；$\mathbb{E}(X)$ と表記）は，確率変数 X の母平均（母集団の平均）を表します。X の標本分散（sample variance of X；$var(X)$ と表記）は，特定の標本における X の分散を表し，X の母分散（population variance of X；$\mathbb{V}(X)$ と表記）は，確率変数 X の母分散（母集団の分散）を表します。

今回の例では，関心のある候補者を個人 i が支持しているか（1 = 支持，0 = 不支持）を識別する二値変数として *support* を定義することができます。*support* の標本平均は，調査回答者における支持者の割合となり，*support* の期待値は，対象の母集団すべての人々における支持者の割合となります[24]。

---

[23] **ヒント** パラメーターとは，（多くの場合，母集団における）関心のある未知の数量のことです。統計量は観察されたデータからなる標本に基づいています。つまり，標本特有です。

[24] **再確認** 二値変数の平均は，その変数で識別される特徴を持つ観察の割合に相当します。

母集団におけるパラメーターは標本における統計量と同じなのでしょうか？標本が母集団全体でない限り，一般的には同一ではありません。

標本の統計量が母集団のパラメーターと異なるのは，標本にノイズが含まれているからです。ノイズは**標本変動**(sampling variability)に由来します。標本変動とは，各標本が対象の母集団から抽出された異なる観察集合を含むため，統計量の値が標本ごとに異なるという事実を指します。同じ母集団から無作為に複数の標本を抽出すると，各標本は異なる観察を含みます。その結果，たとえすべての観察が無作為抽出で選ばれたとしても，標本ごとに標本統計量は異なる値になるのです。この例では，異なる調査は異なる回答者を含むため，候補者に対する支持のレベルが異なることを示します。これは，調査が全く同じ方法で回答者を選んだ場合でも同様です。

標本の観察数が小さいと，一般に標本変動が大きくなります。逆に標本の観察数が大きくなると，標本変動は小さくなります。これが，100万件の観察のような非常に大きな標本になると，標本統計量が母集団のパラメーターに良く近似する理由です。この調査の例では，標本の観察数が大きくなるにつれて，支持者の標本比率が支持者の母集団比率に近づくことが予想されます。

標本から母集団についての結論を導くとき，標本変動によってもたらされるデータのノイズを考慮に入れる必要があります。本節で取り上げる2つの大標本の定理——大数の法則と中心極限定理——は，母集団のパラメーターと標本統計量の関係を明らかにすることで，まさにその助けとなります。

6.5.1 大数の法則

大数の法則(law of large numbers)は，標本の観察数が大きくなるにつれて，Xの標本平均がXの母平均(Xの期待値としても知られる)に近似するというものです。

大数の法則

nが増加するにつれ，$\overline{X} = \dfrac{\sum_{i=1}^{n} X_i}{n} \approx \mathbb{E}(X)$

ここで：
- n は，標本の観察数です。
- X は，元の確率変数です。
- $\overline{X}$ は，X の標本平均です。
- $\mathbb{E}(X)$ は，X の母平均です。

大数の法則を説明するために，R を使って同じ分布から異なるサイズの無作為標本を抽出し，標本平均と母平均を比較することができます。この定理が広く適用できることを示すために，二値変数の確率変数と正規分布の確率変数で，この演習を 2 回行います。

二値確率変数の例

先ほど定義された二値変数 *support*（1 = 支持，0 = 不支持）に関心があるとします。これは二値変数なので，ベルヌーイ分布に従います。

さらに，その国の有権者の 60％ が関心のある候補を支持しているとします。このとき，*support* が 1 になる確率は 0.6（$p = 0.6$）で，これは *support* の母平均（$\mathbb{E}(support) = 0.6$）と等しくなります（先に見たように，ベルヌーイ分布の平均は，二値変数が 1 に等しい確率となり，p と表記されます）。

ここで，関数 sample() を使って，この二値変数から 3 つの無作為標本を抽出します[25]。この場合，1 の確率は 0.6（$p = 0.6$），0 の確率は 0.4（$1 - p = 1 - 0.6 = 0.4$）であるため，引数 prob を c(0.6, 0.4) と設定することに注意します：

---

25) **再確認** sample() は値の集合から無作為に標本を抽出します。唯一の必須の引数は，抽出する値の集合を持つベクトルです。デフォルトでは，この関数は非復元抽出を行います。引数 size でサンプリング回数を指定します。同じ値を複数回抽出する復元抽出を行うには，引数 replace に TRUE を設定します。各値が選択される確率を指定するために，各値の確率を含むベクトルと等しくなるように，引数 prob を設定します。例：sample(c(1, 2, 3))，sample(c(0, 1), size=1000000, replace=TRUE, prob=c(0.2, 0.8))。

```r
## 二値変数から無作為抽出
support_sample_1 <- sample(c(1, 0), # とりうる値
                           size=10, # n=10
                           replace=TRUE, # 復元抽出
                           prob=c(0.6, 0.4)) # 確率
```

```r
support_sample_2 <- sample(c(1, 0),
                           size=1000, # n=1,000
                           replace=TRUE,
                           prob=c(0.6, 0.4))
```

```r
support_sample_3 <- sample(c(1, 0),
                           size=1000000, # n=1,000,000
                           replace=TRUE,
                           prob=c(0.6, 0.4))
```

上のコードからわかるように，最初の標本は 10 件の観察を含み，2 番目は 1,000 件の観察を含み，3 番目は 100 万件の観察を含みます。3 つの標本それぞれの平均を計算するために，次のように実行します：

```r
## 標本平均を計算
mean(support_sample_1) # n=10 の標本の場合
## [1] 0.8
```

```r
mean(support_sample_2) # n=1,000 の標本の場合
## [1] 0.62
```

```
mean(support_sample_3)   # n=1,000,000 の標本の場合
## [1] 0.599957
```

　回答者の支持率は 3 つの標本間で異なります。1 番目の標本では回答者の 80％ が候補者を支持，2 番目の標本では回答者の 62％ が候補者を支持，3 番目の標本では回答者の 60％ 近くが候補者を支持する結果となりました[26]。観察数が最も多い標本，100 万件の観察数を持つ標本 3 は，母集団における真の支持の比率に最も近い支持の比率をもたらします。この発見は，標本の観察数が大きくなるにつれて，標本平均が母平均（この場合は 60％）に近づく傾向があるという事実と一致します。

正規確率変数の例

　ここで，ある母集団の各人の身長に関心があるとします。対応する確率変数 *height* は正規分布に従うと仮定します。さらに，この正規分布の平均が 67 インチで，分散が 14 インチ^2 であることがわかっているとします[27]。

　関数 rnorm() を使って，この正規確率変数から，それぞれ異なる大きさの 3 つの無作為標本を抽出します[28, 29]：

```
## 正規分布から無作為に標本を抽出
height_sample_1 <- rnorm(10,   # n=10
                         mean=67,   # 母平均=67
                         sd=sqrt(14))   # 母分散=14
```

---

26) **再確認** 二値変数の平均は，（数に 100 を掛けた後）その変数で識別される特徴を持つ観察の比率として解釈されます。
27) 訳者注：1 インチは 2.54 センチメートルで，67 インチは約 170 センチメートルとなります。
28) **再確認** rnorm() は正規分布から無作為抽出します。必須の引数は抽出する観察の数だけです。デフォルトでは，この関数は標準正規分布（平均 = 0，標準偏差 = 1）から観察を抽出します。異なる正規分布から標本を抽出するには，オプションの引数である mean を使って異なる平均を指定したり，オプションの引数である sd を使って異なる標準偏差を指定したりできます。例：rnorm(100)，rnorm(100, mean=3, sd=2)。
29) **再確認** 関数 rnorm() を使って正規分布のばらつきを変えるには，分散ではなく標準偏差を指定します。ここで，分散が 14 であるとすると，標準偏差は sqrt(14) となります。

```
height_sample_2 <- rnorm(1000, # n=1,000
                    mean=67,
                    sd=sqrt(14))
```

```
height_sample_3 <- rnorm(1000000, # n=1,000,000
                    mean=67,
                    sd=sqrt(14))
```

前の例と同様，1番目の標本は10件の観察を含み，2番目は1,000件の観察を含み，3番目は100万件の観察を含みます。各標本の標本平均を計算するために，次のように実行します：

```
## 標本平均を計算
mean(height_sample_1) # n=10 の標本の場合
## [1] 65.21607
```

```
mean(height_sample_2) # n=1,000 の標本の場合
## [1] 66.81554
```

```
mean(height_sample_3) # n=1,000,000 の標本の場合
## [1] 66.99905
```

平均身長は3つの標本間で異なります。最初の標本では約65.22インチ，2番目の標本では66.82インチ，3番目の標本では67インチです。ここでも標本の観察数が大きくなるにつれて，標本平均は元の確率変数の母平均（この場合は67インチ）に近づく傾向があります。

6.5.2　中心極限定理

中心極限定理(central limit theorem)は，標本の観察数が大きくなるにつれて，X の標準化された標本平均が標準正規分布で近似できるというものです．

中心極限定理

n が増加するにつれて，$\dfrac{\overline{X} - \mathbb{E}(X)}{\sqrt{\mathbb{V}(X)/n}} \overset{\text{approx.}}{\sim} N(0, 1)$

ここで：

- n は，標本の観察数です．
- X は元の確率変数であり，$\overline{X}$ は標本平均です．ここで $\overline{X}$ は，観察数の大きい X の標本から得られる複数の標本平均を含む確率変数です．
- $\mathbb{E}(X)$ は，X の母平均で，$\mathbb{V}(X)$ は X の母分散です．
- $\overset{\text{approx.}}{\sim}$ は，「近似的に〜に従って分布する」を表し，$N(0, 1)$ は標準正規分布です．

この定理をよりよく理解するために，どのようにしてこの定理にたどり着くかを見てみましょう．

まず，X の標本平均は標本によって異なるので，確率変数と考えることができます．すべての確率変数がそうであるように，X の標本平均はそれ自身の分布を持っています．

第 2 に，中心極限定理は，標本の観察数が大きくなるにつれて，X の標本平均の分布が正規分布に近づくことを意味しています：

　　　n が増加するにつれて，$\overline{X}$ は近似的に正規分布になります．

第 3 に，ご存知のように，正規分布は 2 つのパラメーター，平均と分散で表されます．X の標本平均の平均と分散を求めるには，期待値と分散の性質に拠る必要があります（下記の「公式の詳細」を参照してください）．

公式の詳細

期待値のいくつかの性質：
- $\mathbb{E}(aX) = a\mathbb{E}(X)$　ここで，a は定数で X は確率変数
- $\mathbb{E}(X_1 + X_2) = \mathbb{E}(X_1) + \mathbb{E}(X_2)$　ここで X_1 と X_2 は確率変数

上記の性質が与えられたとき，X の標本平均の母平均あるいは期待値である $\mathbb{E}(\overline{X})$ は何でしょうか？

$$\begin{aligned}
\mathbb{E}(\overline{X}) &= \mathbb{E}\left(\frac{\sum_{i=1}^{n} X_i}{n}\right) &&\text{なぜなら } \overline{X} = \frac{\sum_{i=1}^{n} X_i}{n} \\
&= \frac{1}{n}\mathbb{E}\left(\sum_{i=1}^{n} X_i\right) &&\text{なぜなら } \mathbb{E}(aX) = a\mathbb{E}(X) \\
&= \frac{1}{n}\sum_{i=1}^{n} \mathbb{E}(X_i) &&\text{なぜなら } \mathbb{E}(X_1 + X_2) = \mathbb{E}(X_1) + \mathbb{E}(X_2) \\
&= \frac{1}{n} \times n\mathbb{E}(X) &&\text{なぜなら } \sum_{i=1}^{n} \mathbb{E}(X_i) = n\mathbb{E}(X) \\
&= \mathbb{E}(X)
\end{aligned}$$

公式の詳細

分散のいくつかの性質：
- $\mathbb{V}(aX) = a^2\mathbb{V}(X)$　ここで，a は定数で X は確率変数
- $\mathbb{V}(X_1 + X_2) = \mathbb{V}(X_1) + \mathbb{V}(X_2)$　ここで，X_1 と X_2 は互いに独立の確率変数（つまり，一方の変数の値から他方の変数の値を推測することはできません）

上記の性質が与えられたとき，X の標本平均の母分散である $\mathbb{V}(\overline{X})$ は何でしょうか？

$$\mathbb{V}(\overline{X}) = \mathbb{V}\left(\frac{\sum_{i=1}^{n} X_i}{n}\right) \quad \text{なぜなら } \overline{X} = \frac{\sum_{i=1}^{n} X_i}{n}$$

$$= \left(\frac{1}{n}\right)^2 \mathbb{V}\left(\sum_{i=1}^{n} X_i\right) \quad \text{なぜなら } \mathbb{V}(aX) = a^2 \mathbb{V}(X)$$

$$= \left(\frac{1}{n}\right)^2 \sum_{i=1}^{n} \mathbb{V}(X_i) \quad \text{なぜなら } \mathbb{V}(X_1 + X_2) = \mathbb{V}(X_1) + \mathbb{V}(X_2)$$

$$= \frac{1}{n^2} \times n\,\mathbb{V}(X) \quad \text{なぜなら } \sum_{i=1}^{n} \mathbb{V}(X_i) = n\,\mathbb{V}(X)$$

$$= \frac{\mathbb{V}(X)}{n}$$

上に詳しく示したように：
- X の標本平均の母平均は X の母平均に等しくなります：

$$\mathbb{E}(\overline{X}) = \mathbb{E}(X)$$

- X の標本平均の母分散は，X の母分散を標本の観察数で割ったものに等しくなります：

$$\mathbb{V}(\overline{X}) = \frac{\mathbb{V}(X)}{n}$$

第 4 に，標本平均の母平均と母分散がわかったので，母平均を引き，その結果を母標準偏差で割ることによって，X の標本平均を標準化できます（公式 6.1 を参照）。標準化された標本平均は次のようになります：

$$\frac{\overline{X} - \mathbb{E}(X)}{\sqrt{\mathbb{V}(X)/n}}$$

中心極限定理によると，標本の観察数が大きくなるにつれて，X の標準化された標本平均（上で定義）は標準正規分布で近似されます：

$$n \text{ が大きくなるにつれて，} \frac{\overline{X} - \mathbb{E}(X)}{\sqrt{\mathbb{V}(X)/n}} \overset{\text{approx.}}{\sim} N(0, 1)$$

驚くべきことに，この定理は元の確率変数 X がベルヌーイ分布に従うとき

にも成り立ちます。それどころか，元の確率変数が統計学で用いられるほとんどすべての分布のいずれかに従うときにもこの定理は成り立ちます。これは重要なことです。なぜなら，私たちは関心のあるデータを生成する確率分布をほとんどの場合知らないからです。

この定理を説明するために，R を使って次のことができます。(i)同じ分布から複数の大きな無作為標本を抽出します。(ii)各標本平均を計算します。(iii)標本平均の母平均と母分散を用いて，公式 6.1 を適用して各標本平均を標準化します。(iv)標準化された標本平均を新しい変数として保存します。(v)標準化された標本平均の分布を調べます。

ここでは，元の確率変数が二値である 1 つの例だけを取り上げます。元の確率変数が正規分布であれば，中心極限定理は必要ありません。この場合，標準化された標本平均は標準正規分布に完全に従うので，観察数の大きな標本（大標本）での近似は不要になります。

6.5.3 二値確率変数による例

二値確率変数 *support* に戻りましょう。これは上で説明したように，ベルヌーイ分布に従います。

引き続き，この国の有権者の 60% が，関心のある候補者を支持していると仮定します。この場合，$p = 0.6$ です。

ベルヌーイ分布の性質を考えると，元の確率変数 *support* は 0.6 に中心があり，分散は 0.24 であるはずです：

$$\mathbb{E}(support) = p = 0.6$$

$$\mathbb{V}(support) = p(1 - p) = 0.6 \times (1 - 0.6) = 0.24$$

シミュレーションを開始するには，確率変数 *support* から抽出した標準化された標本平均を格納する空のベクトルを作成する必要があります。そのために，関数 c() を使います[30]。この関数は，引数を指定しなければ空のベクトルを作成します：

---

30) **関数** c() は値をベクトルに結合します。主引数が与えられない場合，この関数は出力を格納するのに使用できる空のベクトルを作成します。例：c()。

```
## 標準化された標本平均を格納する空のベクトルを作成
sd_sample_means <- c()
```

　これで，R を使用して，*support* からそれぞれ 1,000 件の観察を含む 10,000 の無作為標本を抽出し，標準化された標本平均をそれぞれ先ほど作成したベクトルに保存することができます．無作為抽出を 10,000 回行うコードは書きたくないので，`for loop` として知られているものを使います[31]．for ループは，与えられたコードを指定された回数だけ繰り返し実行します (for ループがどのように機能するかのより詳しい説明は，6.7 節付録を参照してください)．

　例えば，以下のコードを実行すると，$i = 1$ から $i = 10,000$ まで (つまり合計 10,000 回) の一連の各 i について，R に次のように求めることになります[32]：

- $p = 0.6$ の二値確率変数から観察数 1,000 の無作為標本を抽出します．
- 標準化された標本平均を計算します：

$$\frac{\overline{support_i} - \mathbb{E}(support)}{\sqrt{\mathbb{V}(support)/n}} = \frac{\overline{support_i} - 0.6}{\sqrt{0.24/1000}}$$

- 標準化された標本平均を観察 i の空ベクトル sd_sample_means に格納します[33]．

```
## 10,000 回繰り返しの for ループ
for(i in 1:10000){
    ## p=0.6 の二値確率変数から 1,000 件の観察の無作為標本を抽出
    support_sample <- sample(c(1, 0), # とりうる値
```

---

31) **関数** `for(i in 1:n){}` は for ループの基本構文です．for ループは，1 から n までの一連の各 i に対して ($i = \{1, \ldots, n\}$ について，$i = 1$ から始まり $i = n$ で終わる i を 1 つずつ使ってという意味)，与えられたコードを繰り返し実行します．繰り返し実行されるコードは，波括弧の中で指定します．例：`for(i in 1:3){print(i)}` は $i = 1$ から $i = 3$ までの i の値を表示します．
32) **ヒント** ここで i は観察の位置ではなく，for ループの繰り返し回数を表します．最初の回では，$i = 1$．最後の繰り返しでは，$i = n$ (この場合は 10,000)．
33) **演算子** `[]` は，ベクトルから選択された観察を抽出するために使用される演算子です．その左側には，部分集合化したいベクトルを指定します．角括弧の中では，選択の基準を指定します．例えば，抽出される観察の位置 i を指定します．例：`vector[i]`．

```
                    size=1000, # n=1,000
                    replace=TRUE, # 復元抽出
                    prob=c(0.6, 0.4)) # 確率
 ## 標準化された標本平均を計算し，保存
 sd_sample_means[i]<-
     (mean(support_sample) - 0.6)/sqrt(0.24/1000)
}
```

上記のコードを実行すると[34]，sd_sample_means には，関心のある二値確率変数(つまり，$p = 0.6$)の標本の標準化された標本平均が 10,000 個含まれます。

密度ヒストグラムを作成することで，標準化された標本平均の分布を可視化できます：

```
## 密度ヒストグラムの作成
hist(sd_sample_means, freq=FALSE)
```

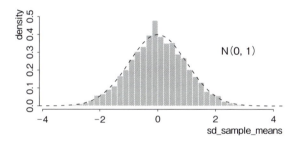

予想通り，標本は二値確率変数から抽出されたにもかかわらず，標準化された標本平均は標準正規分布に近似的に従っています。

---

34) **ヒント** for(i in 1:n){ から } までのこの部分のコードは，必ず一度に実行してください。そうしないと R がコードを実行できず，エラーメッセージが出ます。

6.5.4 標本平均の標本分布

中心極限定理により，平均 $\mathbb{E}(X)$，分散 $\mathbb{V}(X)$ の確率変数 X の観察数の大きな標本を複数抽出した場合，標本平均は平均 $\mathbb{E}(X)$，分散 $\mathbb{V}(X)/n$ の正規分布に近似的に従います[35]。

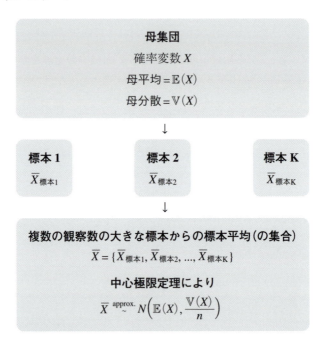

上の分布は**標本平均の標本分布**（sampling distribution of the sample mean）として知られています。これは，それぞれの標本平均が標本変動によってどの程度異なるかを表すものです。

---

35) **ヒント** 中心極限定理にはこうあります：

$$\frac{\overline{X} - \mathbb{E}(X)}{\sqrt{\mathbb{V}(X)/n}} \overset{\text{approx.}}{\sim} N(0, 1)$$

公式 6.1 を逆方向に使えば，結論はこうなります：

$$\overline{X} \overset{\text{approx.}}{\sim} N\left(\mathbb{E}(X), \frac{\mathbb{V}(X)}{n}\right)$$

6.6 ● まとめ

本章では確率について紹介しました。まず，確率の頻度論的解釈とベイズ的解釈，そして確率の公理について学びました。次に，二値変数と正規変数という2種類の確率変数の確率分布を，特に標準正規分布に注目して見ました。次に，大数の法則と中心極限定理という2つの大標本の定理を学び，それらが母集団のパラメーターと標本統計量の関係を理解するのに役立つことを学びました。最後に，中心極限定理を使って標本平均の標本分布を導き，この章を終えました。次章では，この知識を活用して，母集団レベルの結論における不確実性の度合いを数値化する方法を学びます。

6.7 ● 付録：for ループ

まず，R で for ループがどのように機能するかを理解するために，簡単な例を見てみましょう。次のコードを実行してみてください[36]：

```
for(i in 1:3){
  print(i) # i の値を表示
  }
## [1] 1
## [1] 2
## [1] 3
```

最初の行，`for(i in 1:3){` は次のように解釈できます：1 から 3 までの一連の各 i に対して（$i = \{1, 2, 3\}$ について，$i = 1$ から始まり $i = 3$ で終わる i を1つずつ使ってという意味），最初の行に続くコードを実行します。

---

[36] **再確認** `for(i in 1:n){}` は for ループの基本構文です。for ループは，1 から n までの一連の各 i に対して（$i = \{1,...,n\}$ について，$i = 1$ から始まり $i = n$ で終わる i を1つずつ使ってという意味），与えられたコードを繰り返し実行します。繰り返し実行されるコードは，波括弧の中で記述します。例：`for(i in 1:3){print(i)}` は $i = 1$ から $i = 3$ までの i の値を表示します。

2行目は，$i=1$ から $i=3$ まで連続して繰り返し実行されるコードです。この場合，コードは単に i の値を関数 print() を使って表示するように R に指示します[37]。

　最後に，3行目のコードで，繰り返し実行されるコードの終わりを示すために，1行目で始めた括弧を閉じます。

　3行のコードをまとめて実行した後，Rは，1から3の間の各 i について1つずつ，3つの出力を示します。最初の出力は1で，これは最初の反復における i の値だからであり，以降も同様です。

　それでは，上記の for ループを修正し，Rで繰り返し実行したいコードに変更してみましょう。さあ，実行してみてください：

```
## 3回繰り返しの for ループ
for(i in 1:3){
    ## p=0.5 の二値変数から 1,000 件の観察の無作為標本を抽出
    flip <- sample(c(1, 0),  # とりうる値
                   size=1000,  # n=1,000
                   replace=TRUE,  # 復元抽出
                   prob=c(0.5, 0.5))  # 確率
    ## 標本平均を表示
    print(mean(flip))
}
## [1] 0.495
## [1] 0.505
## [1] 0.502
```

　最初の行は修正していないので，for ループには3つの繰り返ししか含まれていません。したがって，このコードを実行すると3つの出力が得られます。それぞれ，偏りのないコイン（1が表，0が裏）で1,000回コイントスをした標

---

[37] 関数 print() は，括弧の中に記述された引数を R コンソールに表示します。例：print("this")。

本平均です。それぞれの標本平均がわずかに異なることに注意してください。先ほど説明したように，これらの違いは標本変動によるものです。

ここで，標本平均を表示する代わりに R がそれらをベクトルに格納するように for ループを修正します。まず標本平均を格納するために空のベクトルを作成します[38]：

```
## 標本平均を格納する空のベクトルを作成
sample_means <- c()
```

次に，処理が繰り返し実行されるようにコードを修正します。print(mean(flip)) の代わりに，sample_means[i]<-mean(flip) と書きます。このコードは，各標本平均を新しい観察として，ベクトル *sample_means* に保存します。割り当て演算子の左側のベクトル名に続く [i] は，ベクトルを観察 *i* に部分集合化します[39]。その結果，最初の標本平均がベクトルの最初の観察として保存され，以降も同様です。

```
## 3 回繰り返しの for ループ
for(i in 1:3){
  ## p=0.5 の二値変数から 1,000 件の観察の無作為標本を抽出
  flip <- sample(c(1, 0), # とりうる値
                 size=1000, # n=1,000
                 replace=TRUE, # 復元抽出
                 prob=c(0.5, 0.5)) # 確率
  ## 標本平均を格納
  sample_means[i] <- mean(flip)
}
```

---

[38] **再確認** c() は値をベクトルに結合します。主引数が与えられない場合，この関数は出力を格納するのに使用できる空のベクトルを作成します。例：c()。

[39] **再確認** [] は，ベクトルから選択された観察を抽出するために使用される演算子です。その左に，部分集合化したいベクトルを指定します。角括弧の中では，選択の基準を指定します。例えば，抽出される観察の位置 i を指定します。例：vector[i]。

6.7 付録：for ループ　231

上のコードを実行すると，*sample_means* に 3 つの無作為標本の標本平均が入っているはずです。これを確認するには，R がその内容を表示するようにオブジェクトの名前を実行します：

```
sample_means # オブジェクトの内容を表示
## [1] 0.481 0.531 0.485
```

　最後に，3 つの標本の代わりに 10,000 個の標本を抽出したい場合は，for ループの 1 行目を修正します。for(i in 1:3) の代わりに，for(i in 1:10000) と書きます。

```
## 10,000 回繰り返しの for ループ
for(i in 1:10000){
    ## p=0.5 の二値変数から 1,000 件の観察の無作為標本を抽出
    flip <- sample(c(1, 0),  # とりうる値
                   size=1000,  # n=1,000
                   replace=TRUE,  # 復元抽出
                   prob=c(0.5, 0.5))  # 確率
    ## 標本平均を格納
    sample_means[i] <- mean(flip)
}
```

第7章
不確実性の数値化[1]

　これまでの章では、関心のあるさまざまな数量を推定するためにデータを分析しました。例えば、第2章では、STARプロジェクトのデータを分析し、少人数学級に通うことが生徒の読解力テストの点数に与える平均因果効果を推定しました。第3章では、BES調査のデータを分析し、Brexitに賛成する英国の有権者の割合を推定しました。第4章では、170カ国のデータを分析し、夜間光放射量を用いてGDP成長を予測しました。最後に第5章では、ウクライナ人を対象とした社会調査データを分析し、ロシア系テレビ放送の受信が回答者の投票行動に与える平均因果効果を推定しました。これらの各分析で私たちが得た結果は、私たちが分析した観察標本にしか適用できません。しかし、ほとんどの場合、私たちは、観察標本が抽出された母集団に結論を一般化したいのです。そのためには、標本変動を考慮する必要があります。標本変動は不確実性をもたらし、標本における推定値を関心のある母集団における数量とは異なるものにします。本章では、推定値の不確実性の程度を数値化する方法を学びます。実例として、前述の各分析を再確認します。

7.1 ● 推定量と標本分布

　第6章で見たように、データを分析するとき、私たちは通常、母集団における数量に関心のあることが多いのですが、たいてい観察の標本にしかアクセ

---
1) 本章で紹介するR記号、演算子、関数は次のとおり：nrow(), [], predict(), abs(), summary()$coef。

スできません。例えば，第3章では，英国の全有権者のBrexit支持の度合いに興味がありましたが，BES調査回答者における支持者の割合しかわかりませんでした。

関心のある未知の数量を**パラメーター**(parameter)と呼びます（パラメーターは標本における数量でも構いませんが，ここでは母集団におけるパラメーターに注目します）。標本データを用いて計算された統計量を**推定値**(estimate)，それを生成する式を**推定量**(estimator)と呼びます。正式には，推定量とは，パラメーターの推定値を計算するために使用される観察データの関数です。

本書では，4つの推定量の使い方を見てきました：

- 第2章では，平均の差推定量を用いて無作為化実験による平均処置効果を推定しました。
- 第3章では，母集団の平均と比率を推定するために標本平均を用いました。
- 第4章では，適合線形モデルを使って結果を予測しました。
- 第5章では，適合線形モデルの係数を用いて，観察データを用いた平均処置効果を推定しました。

これらの分析では，それぞれ対応するパラメーターの推定値を計算するために推定量を使用しました。しかし，これらの推定値は，私たちが関心を持つパラメーターと必ずしも一致しません。前章で見たように，標本統計量は母集団におけるパラメーターとは異なります。なぜなら，各標本は対象母集団の部分集合でしかなく，標本統計量は標本ごとに異なるからです。BES調査の場合，回答者は英国の全有権者のごく一部にすぎません。その結果，Brexitに賛成する調査回答者の標本比率は，Brexitに賛成する英国の**全**有権者の母集団比率と必ずしも同じではありません。専門的な用語でいえば，私たちの推定値には標本変動による不確実性があります。

そこで私たちの目標は，推定値の不確実性を数値化して，パラメーターについての結論を導き出すことです。推定量の値は標本ごとに変動するので，推定量は確率変数と考えることができます。

```
┌─────────────────────────────────────┐
│              母集団                  │
│   パラメーター＝関心のある未知の数量    │
└─────────────────────────────────────┘
                  ↓
┌──────────┐  ┌──────────┐     ┌──────────┐
│  標本 1   │  │  標本 2   │     │  標本 K   │
│ 推定量を用いて │ 推定量を用いて │ ... │ 推定量を用いて │
│ 推定値₁を計算 │ 推定値₂を計算 │     │ 推定値ₖを計算 │
└──────────┘  └──────────┘     └──────────┘
                  ↓
┌─────────────────────────────────────┐
│             確率変数                  │
│  推定量＝{推定値₁, 推定値₂, ..., 推定値ₖ} │
└─────────────────────────────────────┘
```

この確率変数の**標本分布**(sampling distribution)は，標本ごとの推定量の変動や母集団におけるパラメーターとの関係に由来する推定量の変動を表します。推定値の不確実性を数値化するには，この標本分布を表す必要があります。

前章の最後で，中心極限定理を用いて標本平均の標本分布を導きました。他の推定量についても同じことができます。

中心極限定理の含意の一つは，本書で扱うすべての推定量は，標本分布が正規分布に近似的に従い，母集団におけるパラメーターを中心としているということです(中心極限定理を安心して使えるように，標本は十分大きいと常に仮定していることに注意してください)。

母集団におけるパラメーター周辺の変動を数値化するには，推定量の標本分布のばらつきを測定する必要があります。第3章で見たように，確率変数の標準偏差を使って，分布のばらつきを測ることができます。残念ながら，ほとんどの場合，推定量の標本分布の標準偏差は直接計算できません。そのためには対象母集団から複数の標本を抽出する必要がありますが，複数の標本を入手できることはほとんどないからです。代わりに，抽出した1つの標本に基づいて標準偏差を推定します。推定量の標本分布の推定標準偏差を推定量の**標準誤差**(standard error)と呼びます(標準誤差の公式は推定量ごとに異なります。

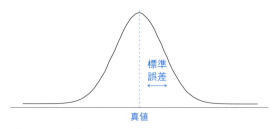

図 7.1 推定量の標本分布。本書で扱うすべての推定量は，標本分布が正規分布に近似的に従い，母集団におけるパラメーターの真値を中心としています。推定量の標準誤差は，その標本分布のばらつきを数値化し，推定量の不確実性の尺度となります。

これらの公式の中には非常に複雑なものもあり，本書の範囲を超えています）。

図 7.1 は，ある推定量の標本分布を表しています。見てわかるように，標準誤差は標本変動による推定量の不確実性の程度を数値化します。標準誤差は，母集団におけるパラメーターの真値に対する推定量のばらつきの大きさを測ります。

通常，母集団からは1つの標本しか抽出しないので，推定量の値は1つしか計算できないことに注意してください。この1つの推定値は，(例えば，右の図の 推定値$_1$ の値のように)

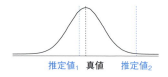

パラメーターの真値に近いかもしれませんし，(推定値$_2$ の値のように)かなり遠いかもしれません。1つの標本しかデータを扱わない場合，真値が未知であるため，推定値が真値からどの程度離れているかを知ることはできません。

推定値とパラメーターの真値の差は**推定誤差**(estimation error)と呼ばれます：

$$推定誤差_i = 推定値_i - 真値$$

ここで：

- **推定誤差**$_i$ は，標本 i の推定誤差です。
- 推定値$_i$ は，標本 i の推定値です。

- 真値 は，母集団におけるパラメーターの真値です。

上記の仮想的なケースでは，推定誤差は (推定値$_1$ − 真値) と (推定値$_2$ − 真値) となります。

特定の推定値の推定誤差を計算することはできませんが，中心極限定理を用いて推定誤差に関する 2 つの有用な統計量を設定することができます。

まず，複数の仮想の標本を想定して求められる推定値とパラメーターの真値との差の平均である平均推定誤差（average estimation error；バイアスとも呼ばれます）を求めることができます。

> ### 公式の詳細
>
> 数学的表記では，平均推定誤差は次のようになります：
>
> $$\text{平均推定誤差} = \mathbb{E}(\text{推定値}_i - \text{真値})$$
>
> ここで：
> - $\mathbb{E}$ は，母平均です。
> - 推定値$_i$ は，標本 i の推定値です。
> - 真値 は，母集団におけるパラメーターの真値で，推定量の標本分布の母平均に等しくなります。

推定量は，複数の仮想の標本を想定して求められる平均推定誤差がゼロである場合，不偏（unbiased）であるといいます。詳細は本書の範囲外ですが，ここで取り上げた推定量は，すべて対応するパラメーターの不偏推定量であることは注目に値します。それらは平均すると正確な推定値を示すのです。これは，推定量がすべて母集団におけるパラメーターの真値を中心とする標本分布を持っているという事実と一致しています。

第 2 に，複数の仮想の標本を想定して求められる推定誤差の平均的な**大きさ**を導き出すことができます。これは実際，推定量の標準誤差によって測られるものです（第 3 章で見たように，確率変数の標準偏差は，ある平均値に対する観察の平均距離を測定します。ここでは，この平均距離は推定誤差の平均的な

大きさに相当します）。

公式の詳細

数学的表記では，推定量の標準誤差は次のようになります：

$$\text{標準誤差} = \sqrt{\mathbb{V}(\text{推定量})} \qquad \text{なぜなら標準偏差} = \sqrt{\mathbb{V}(X)}$$

$$= \sqrt{\mathbb{E}[(\text{推定値}_i - \mathbb{E}(\text{推定量}))^2]} \qquad \text{なぜなら} \mathbb{V}(X) = \mathbb{E}[(X - \mathbb{E}(X))^2]$$

$$= \sqrt{\mathbb{E}[(\text{推定値}_i - \text{真値})^2]} \qquad \text{なぜなら} \mathbb{E}(\text{推定量}) = \text{真値}$$

ここで：
- $\mathbb{V}$ は，母分散，$\mathbb{E}$ は，母平均です。
- **推定量** は，複数の仮想の標本を想定して求められる確率変数で，推定値$_i$ は，標本 i の推定値です。
- **真値** は，母集団におけるパラメーターの真値で，推定量の標本分布の母平均に等しくなります。

平均推定誤差と標準誤差の違いに注意してください。平均推定誤差の式では，正の誤差は負の誤差を相殺します。一方，標準誤差の式では，正の誤差は負の誤差を相殺しません（誤差はすべて正になるように 2 乗されます。そして平均 2 乗誤差を計算した後，平方根をとって最初の測定単位に戻します）。その結果，これら 2 つの統計量は一般的に互いに異なります。私たちが使用する推定量は平均推定誤差がゼロに等しいのですが，標準誤差は通常ゼロにはなりません。

まとめると，対象母集団から複数の標本を抽出し，それぞれの標本について推定値を計算すると，確率変数である **推定量** は近似的に次のように分布します：

$$\text{推定量} \overset{\text{approx.}}{\sim} N\left(\text{真値}, \text{標準誤差}^2\right)$$

ここで：
- **推定量** は，複数の仮想の標本を想定して求められる確率変数です。

公式 7.1 複数の仮想の標本を想定して求められる標準化推定量の式とその分布。

標準化推定量

$$\frac{\text{推定量} - \text{真値}}{\text{標準誤差}} \overset{\text{approx.}}{\sim} N(0, 1)$$

ここで：
- **推定量** は，複数の仮想の標本を想定して求められる確率変数です。
- **真値** は，母集団におけるパラメーターの真値です。
- **標準誤差** は，複数の仮想の標本を想定して求められる推定量の推定標準偏差です。

- $\overset{\text{approx.}}{\sim}$ は，「おおよそ ∼ に従って分布する」を意味します。
- N は，「正規分布」を表し，括弧の中の最初の数字は正規分布の平均，2番目の数字は分散を表します。
- **真値** は，母集団におけるパラメーターの真値です。
- **標準誤差** は，複数の仮想の標本を想定して求められる推定量の推定標準偏差なので，標準誤差^2 はそうした推定量の推定分散です。

本書のすべての推定量の標本分布は正規分布で近似できるので，公式6.1を用いて推定量を標準化することができます。

各推定量について，同じ対象母集団から複数の標本を抽出し，各標本について標準化した推定値を計算すると，得られる統計量は標準正規分布に近似的に従うことになります（公式 7.1 参照）。

後で詳しく述べますが，母集団におけるパラメーターについて結論を導くために，この分布を使用することができます。特に，次の2つの目的で使うことができます。

まず，標本分布を使って信頼区間を計算できます。推定量の信頼区間は，パラメーターの真値を含む可能性の高い値の範囲を表します。7.2 節では，標本平均，平均の差推定量，結果の予測値の信頼区間を計算する方法を学びます。

2つ目として，標本分布を用いて仮説検定を行うことができます。仮説検定

を通して，パラメーターの真値が特定の値と等しい可能性が高いかどうかを調べます。例えば，平均処置効果が母集団においてゼロと異なるかどうかを判断したい場合があります。7.3 節では，平均の差推定量と推定された回帰係数（回帰モデルによって推定された傾きの係数）を用いた仮説検定の使い方を学びます。

7.2 ● 信頼区間

信頼区間(confidence interval)は，パラメーターの真値を含む可能性の高い値の範囲を表します。

社会科学では，信頼区間を設定するために，90%，95%，99% の3つの信頼水準が慣例的に使用されます。信頼水準は，複数の標本を想定した際に，真値が区間内にある確率（含まれる割合）を示します。信頼水準が高くなると，不確実性の度合いは減少しますが，信頼区間の幅は広がります。最も一般的に使用される信頼水準は 95% なので，本書ではこれを使用します。

95% 信頼区間を設定するために，標準正規分布の特性の一つから始めます[2]。第 6 章で見たように，標準正規確率変数の観察の約 95% は，−1.96 と 1.96 の間に入ります。Z を標準正規確率変数とすると，数学的表記では次のようになります：

$$P(-1.96 \leq Z \leq 1.96) \approx 0.95$$

標準化推定量は標準正規分布に近似的に従うので（公式 7.1 を参照），複数の標本を想定した際に，標準化推定量の 95% は −1.96 と 1.96 の間に収まります：

$$P\left(-1.96 \leq \frac{\text{推定量} - \text{真値}}{\text{標準誤差}} \leq 1.96\right) \approx 0.95$$

項を移動させて真値について解くと，次のようになります：

---

[2] **ヒント** 95% 信頼区間を設定したいので，標準正規分布では観察の約 95% が −1.96 と 1.96 の間に入るという特性に注目します。例えば，99% 信頼区間を設定したい場合，標準正規分布では観察の約 99% が −2.58 と 2.58 の間であることから始めます。結果として信頼区間は，もっと広くなります。

公式 7.2 95% 信頼区間(95% CI)を設定するための公式。複数の仮想の標本の 95% で，この公式を使用して設定された 95% 信頼区間にパラメーターの真値が含まれます。

95% 信頼区間

95% CI = [**推定量** − 1.96 × **標準誤差**,
推定量 + 1.96 × **標準誤差**]

ここで：

- **推定量** は，複数の仮想の標本を想定して求められる確率変数です。
- **標準誤差** は，複数の仮想の標本を想定して求められる推定量の標準偏差です。

$$P(\text{推定量} - 1.96 \times \text{標準誤差} \leq \text{真値} \leq \text{推定量} + 1.96 \times \text{標準誤差}) \approx 0.95$$

上記の確率が与えられると，推定量の 95% 信頼区間を公式 7.2 のように定義できます。

この信頼区間は，パラメーターの真値がどこにありそうかの境界を示します。区間の信頼水準は 95% なので，仮に同じ母集団から複数の標本を抽出した場合，この式を用いて設定される区間は 95% の確率でパラメーターの真値を含むはずです。言い換えると，区間の信頼水準は，**複数の標本を想定した際に設定された区間が真値を含む確率(割合)**を意味します。

すでに説明したように，現実には，標本は通常 1 つしか抽出しません。その結果，1 つの信頼区間しか設定できません。この 1 つの信頼区間は，真値を含むかもしれないし，含まないかもしれません。私たちは真値を知らないので，それが含まれるかどうかを識別することは不可能です。

中心極限定理のおかげで，標本の 5% では 95% 信頼区間がパラメーターの真値を**含まない**ことがわかっています。残念なことに，私たちは信頼区間外の

標本の1つを偶然，分析しているのかどうかを知る方法がありません。これが，社会科学研究を再現すること，つまり同じ対象母集団から異なる標本データを分析したときに同じような結論に達することが非常に重要である理由です。(真値を含まない)不運な標本を1つ得ることは 5% の確率で起こりますが，2つ続けて不運な独立の標本を得ることは 0.25% の確率でしか起こりません。信頼区間を設定する一般的な公式がわかったので，それを使って(i)標本平均，(ii)平均の差推定量，(iii)適合線形モデルからの予測結果という3つの推定量の信頼区間を設定する方法を見てみましょう。

7.2.1 標本平均の信頼区間

第3章の分析に戻りましょう[3]。そこでは，2016年の Brexit 国民投票前に実施された BES 調査のデータを分析し，英国母集団全体の世論を測定しました。

以下のコードを実行することで，(i)データセットを読み込んで *bes* というオブジェクトに格納し，(ii)(投票するかどうか未定か投票するつもりがない回答者の観察を含む)欠損データのある観察を除去して，新しいデータセットを *bes1* というオブジェクトに格納し，(iii)*bes1* データセットの観察数と変数の数を表示し，(iv)最初の6つの観察を表示します(R がどこで CSV ファイルを見つけるかわかるように，最初に作業ディレクトリを設定することを忘れないでください[4])：

```
bes <- read.csv("BES.csv")  # データの読み込みと格納
```

```
bes1 <- na.omit(bes)  # NA を含む観察を削除
```

---

[3] **ヒント** 本章の分析のコードは "Uncertainty.R" ファイルにあります。
[4] **再確認** DSS フォルダがデスクトップに直接保存されている場合，作業ディレクトリを設定するには，Mac ユーザーであれば `setwd("~/Desktop/DSS")` を，Windows ユーザーであれば `setwd("C:/user/Desktop/DSS")`(*user* は自分のユーザー名)を実行しなければなりません。DSS フォルダが他の場所に保存されている場合，作業ディレクトリの設定方法については，1.7 節(1)を参照してください。

```
dim(bes1)  # データフレームの次元を表示：行，列
## [1] 25097       4
```

```
head(bes1)  # 最初の観察を表示
##    vote leave education age
## 1 leave     1         3  60
## 3  stay     0         5  73
## 4 leave     1         4  64
## 6  stay     0         4  85
## 7 leave     1         3  78
## 8 leave     1         2  51
```

ご記憶かもしれませんが，leave は二値変数であり，Brexit 支持者，つまり "leave"（離脱）に投票するつもりの回答者を特定します。

Brexit に賛成した BES 回答者の割合を知りたい場合，二値変数の平均は，その変数で識別される特徴を持つ観察の割合に等しいので，leave の平均を計算できます。leave の平均は，次のように実行することで計算できます：

```
mean(bes1$leave)  # 平均を計算
## [1] 0.4718891
```

この結果から，BES の回答者の 47.19% が Brexit に賛成であったといえます（$0.4719 \times 100 = 47.19\%$）。

ここから，英国の**全**有権者の約 47% が Brexit に賛成していたと推測できるでしょうか？ それはできません。これは標本における結果です。母集団において結論を導くには，標本変動によってもたらされるノイズを考慮する必要があります。

ここでは，標本平均の不確実性の尺度を設定できます。具体的には，標本平均とその標準誤差を公式 7.2 に代入して 95% 信頼区間を導くことができま

す。その結果，次の 95% 信頼区間が得られます：

標本平均の 95% 信頼区間

$$\left[\overline{Y} - 1.96 \times \sqrt{\frac{var(Y)}{n}}, \quad \overline{Y} + 1.96 \times \sqrt{\frac{var(Y)}{n}} \right]$$

ここで：
- $\overline{Y}$ は，Y の標本平均です。
- $\sqrt{var(Y)/n}$ は，標本平均の標準誤差です[5]。
- $var(Y)$ は，Y の標本分散です。
- n は，標本の観察数です。

この区間は，Y の母集団平均の真値，すなわち $\mathbb{E}(Y)$ を含む可能性の高い値の範囲を示します。

この例では，*leave* の標本平均の信頼区間を計算するために，まず標本の観察数 n を計算してオブジェクトに格納し，その値をより簡単に操作できるようにします。

データフレームの標本の観察数を計算するには，行数（number of rows）を表す関数 nrow() を使います[6]。必須の引数は，データセットが格納されるオブジェクトの名前だけです。ここでは，標本の観察数を計算して n というオブジェクトに格納するために，次のように実行します：

```
n <- nrow(bes1)   # n を計算し，格納
```

これで，次のようにして区間の下限を計算することができます：

---

5) 訳者注：標本平均の分散については，6.5.2 項の「公式の詳細」を参照。
6) **関数** nrow() は，データフレームの行数を計算します。必須の引数は，データフレームが格納されているオブジェクトの名前だけです。例：nrow(*data*)。

```
## 標本平均の 95% CI の下限を計算
mean(bes1$leave) - 1.96 * sqrt(var(bes1$leave) / n)
## [1] 0.4657127
```

そして，次のように，上限を計算することができます：

```
## 標本平均の 95% CI の上限を計算
mean(bes1$leave) + 1.96 * sqrt(var(bes1$leave) / n)
## [1] 0.4780655
```

上記の出力に基づき，英国の**全**有権者における Brexit 支持の真の割合は 46.57% から 47.81% の間であった可能性が高いと結論づけられます。

信頼区間を表現するには世論調査の分野で人気がある別の方法もあります。それは，信頼区間の幅の半分として定義される**許容誤差**(margin of error)として知られているものを使用することです。この用語を使えば，信頼区間を次のように表現することができます：

推定量 ± 許容誤差

この場合，許容誤差は 0.62 パーセンテージポイントに相当します(信頼区間の幅が 47.81% − 46.57% = 1.24 p.p.，その半分が 0.62 p.p. です[7])。したがって，英国の全有権者における Brexit 支持率は 47.19% で，許容誤差は 0.62 パーセンテージポイントだったといえます[8]。

許容誤差が小さいのは，先に計算したように，BES 調査が 25,097 件という観察数の大きな標本だからです。ほとんどの世論調査は，標本の観察数が 1,000 件程度と非常に少ないため，許容誤差がずっと大きくなっています(標本の観察数 n が小さくなるにつれて，信頼区間の幅は大きくなります)。一般

---

7) `再確認` 2つのパーセンテージの差はパーセンテージポイントで測定されます(% − % = p.p.)。
8) `ヒント` ここで，95% 信頼区間は [46.57%, 47.81%] または 47.19% ± 0.62 p.p. のいずれかで表せます。

的に，推定値の不確実性の度合いは，標本の観察数が小さいほど大きくなります．

7.2.2 平均の差推定量の信頼区間

平均の差推定量の信頼区間を設定する際にも同様の手順が使えます．第2章の分析に戻りましょう．そこでは，生徒を少人数学級か標準規模学級のいずれかに無作為に割り当てた実験，STAR プロジェクトのデータを分析しました．

以下のコードを実行すると，(i)データセットを読み込んで，*star* というオブジェクトに格納し，(ii)データセット内の観察数と変数の数を表示し，(iii)最初の6つの観察を表示し，そして(iv)少人数学級に割り当てられた生徒を識別する新しい二値変数 "*small*" を作成します(最初に作業ディレクトリを設定することを忘れないでください[9])．

```
star <- read.csv("STAR.csv") # データの読み込みと格納
```

```
dim(star) # データフレームの次元を表示：行，列
## [1] 1274    4
```

```
head(star) # 最初の観察を表示
##   classtype reading math graduated
## 1     small     578  610         1
## 2   regular     612  612         1
## 3   regular     583  606         1
## 4     small     661  648         1
```

---

9) 　再確認　DSS フォルダがデスクトップに直接保存されている場合，作業ディレクトリを設定するには，Mac ユーザーであれば setwd("~/Desktop/DSS") を，Windows ユーザーであれば setwd("C:/user/Desktop/DSS")（*user* は自分のユーザー名）を実行しなければなりません．DSS フォルダが他の場所に保存されている場合，作業ディレクトリの設定方法については，1.7 節(1)を参照してください．

```
## 5      small    614   636          1
## 6    regular    610   603          0
```

```
star$small <-
  ifelse(star$classtype=="small", 1, 0) # 処置変数を作成
```

ご記憶かもしれませんが，分析の目的は，少人数学級に通うことが生徒の学業成績の3つの指標(3年次の読解力テストの点数，3年次の算数テストの点数，高校卒業の確率)に及ぼす平均因果効果を推定することでした。ここでは，読解力の点数に対する因果効果に焦点を当てます。

処置は無作為に割り当てられたので，少人数学級に通う生徒は，標準規模学級に通う生徒と就学前において比較可能であったと仮定できます。その結果，平均の差推定量を用いて平均処置効果を推定することができます。

読解力テストの平均の差推定量を計算するために，以下のコードを実行します：

```
## 読解力の平均の差推定量を計算
mean(star$reading[star$small==1]) -
  mean(star$reading[star$small==0])
## [1] 7.210547
```

この結果から，STAR プロジェクトに参加した生徒のうち，少人数学級に参加した生徒は，小学3年生の読解力テストの成績を平均で7.21点向上させたと推定できます。この値は，実験に参加した1,274人の生徒の標本に対する平均処置効果の推定値です。母集団においてはどうでしょうか？ 標本が抽出された生徒らの母集団全体における少人数学級への参加の平均因果効果はどのくらいなのでしょうか？

ここでは，平均の差推定量の不確実性の尺度を設定することができます。平均の差推定量とその標準誤差を公式7.2に代入することで，95%信頼区間を

求めることができます：

平均の差推定量の 95% 信頼区間

下限：

$$\overline{Y}_{処置群} - \overline{Y}_{統制群} - 1.96 \times \sqrt{\frac{var(Y_{処置群})}{n_{処置群}} + \frac{var(Y_{統制群})}{n_{統制群}}}$$

上限：

$$\overline{Y}_{処置群} - \overline{Y}_{統制群} + 1.96 \times \sqrt{\frac{var(Y_{処置群})}{n_{処置群}} + \frac{var(Y_{統制群})}{n_{統制群}}}$$

ここで：

- $\overline{Y}_{処置群} - \overline{Y}_{統制群}$ は，平均の差推定量です．
- $\sqrt{var(Y_{処置群})/n_{処置群} + var(Y_{統制群})/n_{統制群}}$ は，平均の差推定量の標準誤差です．
- $var(Y_{処置群})$ と $var(Y_{統制群})$ は，処置条件および統制条件の下での Y の標本分散です．
- $n_{処置群}$ と $n_{統制群}$ は，標本内の処置群と統制群の観察数です．

　平均の差推定量の信頼区間を計算するために，まず，処置群と統制群の 2 つのデータフレームを別々に作成します．これは，計算を単純化するのに役立ちます．元のデータフレームを部分集合化するためには，演算子 `[ ]` を使います[10]．その左側に部分集合化したいデータフレーム（この場合，`star`）を指定します．角括弧の中に，(1) 行の選択基準，(2) 列の選択基準を指定します

---

10) **演算子** `[ ]` は，データフレームから選択された観察を抽出するために使用される演算子です．その左側に，部分集合化したいデータフレームを指定します．角括弧の中では，選択の基準を指定します．データフレームは行と列の 2 次元で構成されるので，1 つまたは両方の次元で選択基準を指定できます．まず，行の選択基準を指定し，次に列の選択基準を指定します（カンマで区切ります）．最初の基準が空白の場合，すべての行が抽出され，2 番目の基準が空白の場合，すべての列が抽出されます．例：`data[data$var1==1,]` は，データフレーム `data` 内で，`var1` の値が 1 である観察と，他のすべての変数の対応する値を抽出します．

（この順番で，カンマで区切ります）。処置群に属する観察を抽出するために，行の選択基準として star$small==1 を用います。統制群に属する観察を抽出するために，行の選択基準として star$small==0 を用います（ご記憶かもしれませんが，論理テストを設定するには関係演算子 == を使用します）。どちらの場合も，列の選択基準は空白のままにして，すべての変数を抽出したいことを示します。データフレームを2つに部分集合化し，新しいオブジェクトとして格納するために，次のように実行します：

```
## 群ごとに別々のデータフレームを作成
treatment <- star[star$small==1,] # 処置群について
control <- star[star$small==0, ] # 統制群について
```

次に，以下のように実行することで，2つのデータフレームそれぞれの標本の観察数を計算し，新しいオブジェクトとして格納することができます：

```
## 各群の標本の観察数を計算し，格納する
n_t <- nrow(treatment) # 処置群について
n_c <- nrow(control) # 統制群について
```

ここで，平均の差推定量の95% 信頼区間の下限を計算するために，次のように実行します：

```
## 平均の差推定量の 95% CI の下限を計算
mean(treatment$reading) - mean(control$reading) -
  1.96 * sqrt(var(treatment$reading) / n_t
              + var(control$reading) / n_c)
## [1] 3.167621
```

そして，上限を計算するために，次のように実行します：

```
## 平均の差推定量の 95％CI の上限を計算
mean(treatment$reading) - mean(control$reading) +
  1.96 * sqrt(var(treatment$reading) / n_t
              + var(control$reading) / n_c)
## [1] 11.25347
```

以上の結果から，対象母集団の全生徒において，少人数学級に通うことが小学 3 年次の読解力テストの点数に与える平均因果効果は，3.17 点から 11.25 点の間，言い換えると 7.21±4.04 点の増加であったと考えられます(信頼区間の幅は 11.25 − 3.17 = 8.08 点なので，許容誤差は 4.04 点です)。

7.2.3　予測結果の信頼区間

最後に，同様の手順で予測結果の信頼区間を設定することができます。第 4 章の分析に話を戻しましょう。第 4 章では，夜間光放射量の変化を用いて GDP 成長を予測する線形モデルを適合しました。

以下のコードを実行することで，(i)データセットを読み込んで co というオブジェクトに格納し，(ii)データセットの観察数と変数の数を表示し，(iii)最初の 6 つの観察を表示し[11]，(iv)関心のある 2 つの変数を作成します(最初に作業ディレクトリを設定することを忘れないでください[12])。

```
co <- read.csv("countries.csv")  # データの読み込みと格納
```

---

[11] 訳者注：本書では紙面サイズの都合で有効桁数が 4 桁(デフォルトは 7 桁)に設定されているため，`head(co)` で表示される出力が少し違って見えます。本書と同じ出力を得るには，関数 `options` を用いて `options(digits=4)` を実行すればよいですが，通常，変更する必要はありません。

[12] 再確認　DSS フォルダがデスクトップに直接保存されている場合，作業ディレクトリを設定するには，Mac ユーザーであれば `setwd("~/Desktop/DSS")` を，Windows ユーザーであれば `setwd("C:/user/Desktop/DSS")` (*user* は自分のユーザー名)を実行しなければなりません。DSS フォルダが他の場所に保存されている場合，作業ディレクトリの設定方法については，1.7 節(1)を参照してください。

```
dim(co) # データフレームの次元を表示：行，列
## [1] 170   5
```

```
head(co) # 最初の観察を表示
##   country    gdp prior_gdp  light prior_light
## 1     USA 11.107     7.373  4.227       4.482
## 2   Japan 543.017   464.168 11.926      11.808
## 3 Germany  2.152     1.793 10.573       9.699
## 4   China 16.558     4.901  1.451       0.735
## 5      UK  1.098     0.754 11.856      13.392
## 6  France  1.582     1.208  8.513       6.909
```

```
## GDP のパーセンテージ変化変数を作成
co$gdp_change <-
  ((co$gdp - co$prior_gdp) / co$prior_gdp) * 100
```

```
## 夜間光のパーセンテージ変化変数を作成
co$light_change <-
  ((co$light - co$prior_light) / co$prior_light) * 100
```

ご記憶かもしれませんが，夜間光放射量のパーセンテージ変化を用いてGDP 成長を予測するために，私たちは以下の線形モデルを用いました：

$$\widehat{gdp\_change}_i = \hat{\alpha} + \hat{\beta}\, light\_change_i \quad (i = 国)$$

ここで：

- $\widehat{gdp\_change}_i$ は，1992-1993 年から 2005-2006 年における $light\_change$ の値が $light\_change_i$ と等しい国の GDP の予測パーセンテージ変化の平均で

す。
- *light_change*$_i$ は国 i が 1992-1993 年から 2005-2006 年に経験した夜間光放射量のパーセンテージ変化です。

線形モデルを適合し，それをオブジェクトとして格納するために，次のように実行します：

```
fit <- lm(gdp_change ~ light_change,
          data=co)  # 線形モデルの適合と格納
```

```
fit  # オブジェクトの内容を表示
##
## Call:
## lm(formula = gdp_change ~ light_change, data = co)
##
## Coefficients:
##  (Intercept)    light_change
##       49.8202          0.2546
```

適合モデルは次のようになります：

$$\widehat{gdp\_change} = 49.82 + 0.25\, light\_change$$

では，このモデルを使って予測をしてみましょう。第 4 章では，13 年間に夜間光放射量が 20% 増加した国は，同期間の GDP 成長が平均で約 55% 増加すると予測されることがわかりました（49.82 + 0.25 × 20 = 54.82）。

データに潜在的なノイズがあるため，この予測には不確実性があります。前の 2 つの項で行ったように，この不確実性を測定するために 95% 信頼区間を設定します。この場合，計算がより複雑になるため，信頼区間を求める計算は R に任せます。

予測結果の 95% 信頼区間を計算するには，適合線形モデルに基づいて予測

を行う関数 predict() を使います[13]。この関数は，主引数として，関数 lm() の出力を含むオブジェクトの名前を必要とします。予測に使用したい予測変数の値を指定するために，オプションの引数 newdata を使用します。この引数にはデータフレームが必要で，これは関数 data.frame() を使って作成できます。この括弧の中で，予測変数の値を指定します。この場合，light_change=20 とします。最後に，予測値に加えて 95％ の信頼区間も R で求めたい場合は，オプションの引数を interval="confidence" と設定します。デフォルトでは，この引数は 95％ の信頼水準を使って区間を返します(異なる信頼水準で求めたい場合は，オプションの引数で level を指定します)。

```
## 予測の 95％ 信頼区間を計算
predict(fit, # lm() 出力を伴うオブジェクト
    newdata=data.frame(light_change=20), # X の値を設定
    interval="confidence") # 95％ 信頼区間を表示
##         fit      lwr      upr
## 1  54.91233 48.77123 61.05343
```

R が示す最初の数値は，指定された (i) 適合線形モデルと (ii) 予測変数の値に基づく予測結果です。その次の 2 つの数値は，95％ 信頼区間の下限と上限です。上記の出力に基づいて，私たちは予測結果の 95％ 信頼区間が [48.77, 61.05] であると述べることができます。

したがって，13 年間に夜間光放射量が 20％ 増加した国では，同期間の平均 GDP 成長は 48.77％〜61.05％，あるいは 54.91％±6.14 p.p. であったと結論づけることができます(この区間の幅は 61.05％ − 48.77％ = 12.28 p.p. なので，許

---

[13] **関数** predict() は，適合線形モデルに基づいて予測を行います。必須の引数は関数 lm() の出力を含むオブジェクトの名前だけです。デフォルトでは，この関数は線形モデルの適合に使用されたデータセットのすべての観察に対して予測値を生成します。予測変数の特定の値に基づいて 1 つの予測値だけを生成するには，オプションの引数を newdata=data.frame() と設定し，括弧の中に予測変数の値を指定します。また，生成された 1 つの予測値の 95％ 信頼区間を求めるには，オプションの引数 interval="confidence" と指定します。区間の信頼水準を変えるには，オプションの引数 level を指定します。例：fit <- lm(y_var ~ x_var, data=data) の後，predict(fit, newdata=data.frame(x_var=5), interval="confidence", level=0.99)。

容誤差は 6.14 p.p. です)。

7.3 ● 仮説検定

仮説検定(hypothesis testing)とは，あるパラメーターが特定の値になる可能性が高いかどうかを判断するために使用する手法です(仮説検定には他にも用途がありますが，ここではこの特定の用途に焦点を当てます)。例えば，平均処置効果が対象母集団で 0 と異なるかどうかを決定するために，仮説検定を用いることができます。

仮説検定は，背理法という考え方に基づいています。私たちは，証明したいことの反対を仮定することから始め，この仮定がどのように論理矛盾につながるかを示します。

具体的には，H_0 と表記される**帰無仮説**(null hypothesis)を定義することから始めます。これは，最終的に反証したい仮説，つまり，これに反する十分な証拠を見つけたい仮説です。例えば，ある処置が母集団において平均的に結果に影響するかどうかに関心がある場合，帰無仮説を設定して，パラメーターの真値——この場合，母集団における平均処置効果——が 0 に等しいとします。これは，処置の結果として，結果は平均して増加も減少もしないという意味になります。

一般に，帰無仮説は，真値が任意の特定の値に等しいという形式で記述でき，この特定の値を θ (ギリシャ文字のシータ)で表します。しかし本書では，帰無仮説は常にパラメーターの真値が 0 に等しいことに設定します。数学的表記では，帰無仮説は次のようになります：

$$H_0 : 真値 = \theta \quad (一般的な場合)$$

$$H_0 : 真値 = 0 \quad (本書の場合)$$

次に，H_1 と表記される**対立仮説**(alternative hypothesis)を設定します。これは帰無仮説に対置して検定する仮説です。本書では，パラメーターが θ より大きいか小さいかを限定せず，パラメーターの真値が θ でないとする，いわゆる両側対立仮説を用います。特に，本書では帰無仮説で θ を 0 とするので，対

公式 7.3 帰無仮説が「パラメーターの真値が 0 に等しい」である場合の，帰無仮説のもとでの検定統計量とその分布

検定統計量

$$z\,統計量 = \frac{推定量}{標準誤差} \overset{\text{approx.}}{\sim} N(0, 1)$$

ここで：
- **推定量** は，複数の仮想の標本を想定して求められる確率変数です。
- **標準誤差** は，複数の仮想の標本を想定して求められる推定量の推定標準偏差です。

立仮説ではパラメーターの符号を正か負に限定せず，パラメーターの真値が 0 でないことを述べます。数学的表記では，対立仮説は次のようになります：

$$H_1: 真値 \neq \theta \quad (一般的な場合)$$
$$H_1: 真値 \neq 0 \quad (本書の場合)$$

では，複数の仮想の標本を想定して求められる標準化推定量の分布に話を戻しましょう(公式 7.1)：

$$\frac{推定量 - 真値}{標準誤差} \overset{\text{approx.}}{\sim} N(0, 1)$$

もし帰無仮説が正しく，パラメーターの真値が θ に等しいとすると，次のようになります：

$$\frac{推定量 - \theta}{標準誤差} \overset{\text{approx.}}{\sim} N(0, 1) \quad (真値 = \theta の場合)$$

この確率変数は **z 統計量**(z-statistic)として知られています。z 統計量は**検定統計量**(test statistic)の一例で，帰無仮説を検定するために使用できる観察データの関数です。

パラメーターの真値を 0 とする帰無仮説では，検定統計量と複数の仮想の標本を想定して求められるこの統計量の分布は公式 7.3 のようになります。

仮に，同じ対象母集団から複数の標本を抽出し，各標本のz統計量を計算したとします。すると，中心極限定理のおかげで，帰無仮説が真であれば，z統計量は標準正規分布に近似的に従うことがわかっています[14]。しかし，現実には，通常，標本は1つしか抽出しません。その結果，私たちはz統計量の1つの実現値しか観察できません。私たちは，z統計量の観察値をz^{obs}と表現します。

　これで，観察された結果と帰無仮説との間の一致性の程度を測ることができます。一般的な考え方は次のとおりです。もし検定統計量の観察値が(例えば，右の図のz_1^{obs}の値のように)帰無仮説のもとでの検定統計量の分布に比べて極端な値であるなら，その観察値は，帰

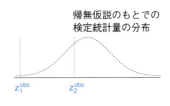

無仮説が真であれば，観察されることはまずありえません。したがって，帰無仮説は偽である可能性が高いと結論づけることになります。統計学的にいえば，**帰無仮説を棄却する**ことになります。あるいは，検定統計量の観察値が(z_2^{obs}の値のように)帰無仮説のもとでよく見られる値である場合，帰無仮説が真であれば，その観察値が観察されることはありうることです。この場合，帰無仮説が偽であると結論づけるには，十分な証拠がないといえるでしょう。統計学的にいえば，**帰無仮説を棄却できない**ことになります。さらに詳しく説明しましょう。

　帰無仮説のもとでの検定統計量の分布がわかっているので，帰無仮説が実際に真であった場合に，観察した値と少なくとも同じくらい極端な値が観察される確率を計算することができます。この確率は **p値**(p-value)と呼ばれます。ここでは，対立仮説が両側なので，両側検定のp値と呼ばれるものを計算します。

　両側検定のp値は，私たちが実数直線のどちらかの方向で統計量を観察した場合に，それと同じくらい極端な検定統計量を観察する確率を計算

---

14) **ヒント** 帰無仮説のもとでの検定統計量の分布は，帰無仮説が真であった場合に検定統計量が近似的に従う分布です。ここでは，帰無仮説のもとでの検定統計量の分布は，標準正規分布$N(0, 1)$です。

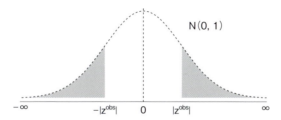

図 7.2 両側 p 値は，帰無仮説が真である場合の検定統計量の分布である標準正規分布において，$-|z^{obs}|$ 以下の検定統計量を観察する確率に，$|z^{obs}|$ 以上の検定統計量を観察する確率を加えたものです。

します[15]。ここでは，(i) 負の無限大と $-|z^{obs}|$ の間の標準正規分布の曲線下の面積に，(ii) $|z^{obs}|$ と無限大の間の標準正規分布の曲線下の面積を加えたものと等価です（ここでも z^{obs} は z 統計量の観察値です。図 7.2 の網掛け部分を参照）。

数学的表記では，両側検定の p 値は次のように定義されます：

$$\text{両側検定の p 値} = P(Z \leq -|z^{obs}|) + P(Z \geq |z^{obs}|)$$

標準正規分布は左右対称でゼロを中心とするので，$-|z^{obs}|$ 以下の値の確率は $|z^{obs}|$ 以上の値の確率と同じです。この性質は，両側検定の p 値の式を単純化することを可能にします：

$$\text{両側検定の p 値} = 2 \times P(Z \leq -|z^{obs}|)$$

両側検定の p 値を計算するときは，実数直線のどちらの方向の極値も考慮するので，上記の 2 つの確率を加えます。この種の p 値は，対立仮説が両側であるとき，つまりパラメー

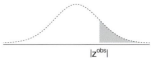

ターの符号を制約しないときに使います。もし（パラメーターが負になることはありえないと確信していたので）パラメーターが正であるという対立仮説を立てていたとしたら，片側検定の p 値を計算することができ，それは私たち

---

15) **再確認** Z が z_1 と z_2 の間の値をとる確率は，z_1 と z_2 の間の標準正規分布の曲線下の面積に相当します。

が観察した統計量と同じくらい極端な検定統計量が正の方向でのみ観察される確率に等しくなります(横の図を参照)。

一般に，p値が小さいほど帰無仮説に反するより強い証拠となります。p値が非常に小さいということは，帰無仮説が真であれば，検定統計量の観察値がとても起こりそうにないことを示します。つまり，p値が非常に小さい場合，次の2つの可能性があります。(a)帰無仮説が真で，とても起こりえないことが観察されたか，(b)帰無仮説が真でないか，のどちらかです。p値が極端に小さくなるにつれて，帰無仮説は正しくないという確信が深まり，帰無仮説を棄却します。

帰無仮説を棄却するためには，p値はどのくらい小さければよいのでしょうか？ 帰無仮説を棄却するのは，p値が検定の**有意水準**(significance level；あるいは単に「水準」)以下のときです。社会科学者は，通常，10％，5％，1％の3つの有意水準を使います。有意水準は検定の棄却域のしきい値を決定し，帰無仮説が誤って棄却される確率を表します。

本書では有意水準として5％を用います。したがって，p値が0.05(または5％)以下のときは帰無仮説を棄却し，p値が0.05(または5％)より大きいときは帰無仮説を棄却できないということになります[16]。

この手続きでは，**帰無仮説を採択する**ことは決してないことに注意してください。帰無仮説を棄却できないことは，帰無仮説を採択することと同じではありません。帰無仮説に反する証拠が見つからなかったからといって，帰無仮説が真であることを証明したことにはならないのです。しかし裏を返せば，そのように表現することは通常ありませんが，帰無仮説を棄却することは対立仮説を採択することと**同じ**です。

5％棄却域のしきい値を用いて帰無仮説を棄却でき，対応するパラメーターがゼロとは異なると結論づけられるとき，その結果は5％水準で**統計的に有意**(statistically significant)であるといいます。あるいは，5％棄却域のしきい値を用いて帰無仮説を棄却できず，対応するパラメーターがゼロとは異なるといえないとき，その結果は5％水準で**統計的に有意ではない**(not statistically

---

16) **再確認** 比率や確率をパーセンテージとして解釈するには，小数の値に100を掛けます。

significant）といいます。

　ある結果が 5% 水準で統計的に有意なとき，対応するパラメーターの真値がゼロでないことが確実にわかるのでしょうか？ いいえ，わかりません。p 値が 5% でも，パラメーターがゼロである可能性は否定できません。実際，中心極限定理により，帰無仮説が真である場合，有意水準 5% を使用すると，対象母集団から抽出した標本の 5% で，誤って帰無仮説を棄却することがわかっています。実際，検定の有意水準は，（**第 1 種の過誤**として知られる）帰無仮説が誤って棄却される確率を表します。検定で使用する有意水準が小さいほど，帰無仮説が誤って棄却される可能性が低くなります。帰無仮説を誤って棄却する可能性があることは，結論を確認するために社会科学的研究を再現することの重要性を示しています。どの標本でも帰無仮説を誤って棄却する確率は 5% ですが，同じ対象母集団から抽出した独立した 2 つの標本データを分析する場合，2 回連続で帰無仮説を誤って棄却する確率はわずか 0.25% です。

　帰無仮説を棄却するかどうかを決定するのに使われる検定統計量の基準値を**臨界値**（critical values）といいます。検定統計量の分布が標準正規分布で良く近似され，対立仮説が両側検定の場合，有意水準 5% の臨界値は 1.96 です。これは，絶対値が 1.96 以上の z 統計量を観察すれば，5% 水準で帰無仮説を棄却し，絶対値が 1.96 未満の z 統計量を観察すれば，5% 水準で帰無仮説を棄却しないことを意味します（説明は，下記の「公式の詳細」を参照してください）。

公式の詳細

まず，両側検定の p 値が次のように表せることを思い出しましょう：

$$\text{両側検定の p 値} = P(Z \leq -|z^{obs}|) + P(Z \geq |z^{obs}|)$$

$|z^{obs}|$ が 1.96 に等しい場合，両検定の p 値はほぼ 0.05（または 5%）になります：

$$\text{両側検定の p 値} = P(Z \leq -1.96) + P(Z \geq 1.96) \approx 0.05$$

以下がその理由です。第 6 章で見たように，Z が -1.96〜1.96 の値をとる確率は約 95% です。したがって，Z が -1.96 以下の値をとる確率と Z が 1.96 以上の値をとる確率を足すと約 5%（$1 - 0.95 = 0.05$）となります。

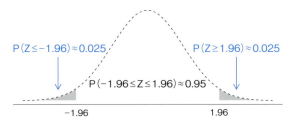

次に，$|z^{obs}|$ が大きくなるにつれて，つまり分布の両端に移動するにつれて，この確率を表す曲線下の面積が小さくなるため，関連する両側検定の p 値が小さくなることに注意してください（下図の左から右に移動するにつれて，$|z^{obs}|$ の値は大きくなり，関連する両側検定の p 値は小さくなります）。

まとめると，z 統計量の絶対値が 1.96 以上であれば，両側検定の p 値は 0.05（または 5%）以下となり，有意水準 5% で帰無仮説を棄却します。逆に，z 統計量の絶対値が 1.96 より小さければ，両側検定の p 値は 0.05（または 5%）より大きいので，有意水準 5% では帰無仮説を棄却できません。

要約すると，以下が，有意水準 5% を用いて，パラメーターがゼロと異なる可能性が高いかどうかを決定する仮説検定を実施するための正式な手順です。繰り返しますが，このとき観察された z 統計量の絶対値を 1.96 と比較するか，あるいは関連する両側検定の p 値を 0.05 と比較することができることに注意してください。これら 2 つの手続きは，数学的に等価であり，同じ結論を導きます。

有意水準 5% を用いた仮説検定

1. 帰無仮説と対立仮説を設定します：

$$H_0 : 真値 = 0$$
$$H_1 : 真値 \neq 0$$

2a. 検定統計量の観察値を計算します：

$$z^{obs} = \frac{推定量}{標準誤差}$$

2b. 関連する両側検定の p 値を計算します：

$$両側検定の p 値 = 2 \times P(Z \leq -|z^{obs}|)$$

3. 結果をまとめます：
- $|z^{obs}| \geq 1.96$ または p 値 ≤ 0.05 の場合，帰無仮説を棄却し，結果は 5% 水準で統計的に有意であると結論づけます。
- $|z^{obs}| < 1.96$ または p 値 > 0.05 の場合，帰無仮説を棄却できず，結果は 5% 水準で統計的に有意でないと結論づけます。

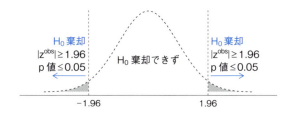

仮説検定を行う一般的な手順がわかったので，母集団において平均的に処置が結果に影響するかどうかを判断するために，この手順をどのように用いることができるかを見てみましょう。まず，平均の差推定量を用いた仮説検定の仕組みを学びます。そして，推定された回帰係数を用いた仮説検定の仕組みを学びます。

7.3.1 平均の差推定量を用いた仮説検定

STAR プロジェクトの分析に戻りましょう．これは無作為化実験なので，平均の差推定量を使って処置効果を推定することができます．

平均の差推定量を用いて仮説検定を行うには，まず帰無仮説を設定して，母集団における平均処置効果の真値がゼロに等しいとします．数学的表記では次のようになります：

$$H_0 : \mathbb{E}[Y_i(X_i = 1) - Y_i(X_i = 0)] = 0$$

ここで：

- $\mathbb{E}[Y_i(X_i = 1) - Y_i(X_i = 0)]$ は，母集団における平均処置効果で，ここで $\mathbb{E}$ は母平均を表します．
- $Y_i(X_i = 1)$ と $Y_i(X_i = 0)$ は，それぞれ個人 i の処置条件および統制条件の下での潜在的結果です．

次に，母集団において平均して，処置が結果を増加させるか減少させるかの対立仮説を設定します．数学的表記では次のようになります：

$$H_1 : \mathbb{E}[Y_i(X_i = 1) - Y_i(X_i = 0)] \neq 0$$

そして公式 7.3 を用いて平均の差推定量に対する次の検定統計量を設定します：

平均の差推定量の検定統計量

$$z\,統計量 = \frac{\overline{Y}_{処置群} - \overline{Y}_{統制群}}{\sqrt{\dfrac{var(Y_{処置群})}{n_{処置群}} + \dfrac{var(Y_{統制群})}{n_{統制群}}}}$$

ここで：

- $\overline{Y}_{処置群} - \overline{Y}_{統制群}$ は，平均の差推定量です．
- $\sqrt{\dfrac{var(Y_{処置群})}{n_{処置群}} + \dfrac{var(Y_{統制群})}{n_{統制群}}}$ は，平均の差推定量の標準誤差です．
- $var(Y_{処置群})$ と $var(Y_{統制群})$ は，処置条件および統制条件の下での Y の標

本分散です。
- $n_{処置群}$ と $n_{統制群}$ は，標本内の処置群と統制群の観察数です。

このケースで帰無仮説を検定するために何を計算する必要があるかがわかったので，7.2.2 項で始めた分析を続けましょう[17]。この例における検定統計量の観察値を計算する（そして格納する）ために，次のように実行します：

```
## 検定統計量の観察値を計算し保存
z_obs <- (mean(treatment$reading) -
        mean(control$reading)) /
        sqrt(var(treatment$reading)/ n_t +
            var(control$reading) / n_c)
```

```
z_obs # オブジェクトの内容を表示
## [1] 3.495654
```

私たちが分析している標本データでは，検定統計量の値は 3.5 です。その絶対値は 1.96 より大きいので，帰無仮説を棄却して，効果は 5% 水準で統計的に有意であると結論づけることができます。

それでも，引き続き関連する p 値を計算してみましょう。検定統計量は 3.5 なので，両側検定の p 値は標準正規分布で −3.5 より小さい値または 3.5 より大きい値を観察する確率です。これは，−3.5 未満の値を観察する確率の 2 倍に相当します。

R で p 値を計算するには，関数 pnorm() と絶対値（absolute value）を表す関

---

17) **ヒント** ここで新しい R セッションを開始する場合，7.2.2 項で書いた一連のコードを再度実行する必要があります：
- 作業ディレクトリの設定
- データセットの読み込みと格納
- 処置変数の作成
- 処置群と統制群の 2 つのデータフレームの作成
- 2 つのデータフレームそれぞれの標本の観察数の計算と格納

数 abs() を組み合わせて使います[18]。例えば，ここで p 値を計算するには，次のように実行します：

```
## 対応する両側 p 値を計算
2 * pnorm( - abs(z_obs))
## [1] 0.0004729011
```

上の出力に基づくと，帰無仮説が真であれば，（絶対値で）3.5 以上の検定統計量を観察する確率は 0.05% です（$0.0005 \times 100 = 0.05\%$）。これは極めて低い確率です。

p 値は 5% より小さいので，帰無仮説を棄却し，効果は 5% 水準で統計的に有意であると結論づけます。つまり，少人数学級に通うことは，STAR プロジェクトに参加した生徒だけでなく，対象母集団の**すべて**の生徒にとって，読解力の点数にゼロではない平均因果効果をもたらす可能性が高いのです。

7.2.2 項で計算した平均の差推定量の 95% 信頼区間を使っても同じ結論が得られたであろうという点に注意してください[19]。推定量の 95% 信頼区間にゼロが含まれない場合，5% 水準で対応するパラメーターがゼロに等しいという帰無仮説を棄却します。同じ理屈で，もしゼロが含まれれば，帰無仮説を棄却できません。

> **信頼区間と仮説検定の関係**：推定値の 95% 信頼区間にゼロが含まれない場合，対応するパラメーターが 5% 水準でゼロに等しいという帰無仮説を棄却します。同じ理屈で，信頼区間にゼロが含まれる場合は，帰無仮説を棄却できません。

この例では，平均の差推定量の 95% 信頼区間は [3.17, 11.25] でした。この

---

18) **再確認** pnorm() は，標準正規確率変数 Z が括弧の中で指定された値**以下**をとる確率を計算します。例：pnorm(0)。
関数 abs() は，括弧の中で指定された引数の絶対値を計算します。例：abs(-2)。
19) **ヒント** 信頼区間の計算と仮説検定を行うことは同等の手続きであり，信頼区間の信頼水準が 100 から仮説検定の有意水準の値を引いたものと等しい限り，同じ結論に導かれます。

区間にはゼロが含まれていないため，効果は 5% 水準で統計的に有意であると結論づけることができます．

7.3.2 推定された回帰係数を用いた仮説検定

平均の差推定量に基づいて，平均処置効果が統計的に有意かどうかを決定するための仮説検定の使い方を学びました．この手順は，交絡変数を心配する必要のない無作為化実験の分析に便利です．

第 5 章で見たように，観察データを分析するとき，交絡変数の存在によって処置と結果の因果効果が不明瞭になることが懸念されます．この場合，平均の差推定量は，もはや平均処置効果の有効な推定値を示しません．その代わりに，X_1 が処置変数で，他のすべての X 変数が交絡変数である重回帰モデルを適合することができます．すべての潜在的な交絡変数を統制変数として含むモデルであれば，$\hat{\beta}_1$（処置変数 X_1 の影響を表す推定係数）は，平均処置効果の有効な推定値と解釈できます．そして，仮説検定を使って，$\hat{\beta}_1$ で表される効果がゼロである可能性が高いかどうかを判断することができます．

第 5 章の分析に戻り，2014 年の選挙後にウクライナとロシアの国境から 50 キロメートル以内の選挙区に住むウクライナ人を無作為抽出した社会調査について見てみましょう．

以下のコードを実行することで，(i) データセットを読み込んで uas というオブジェクトに格納し，(ii) データセットの観察数と変数の数を表示し，(iii) 最初の 6 つの観察を表示します（最初に作業ディレクトリを設定することを忘れないでください[20]）．

```
uas <- read.csv("UA_survey.csv")  # データの読み込みと格納
```

---

[20] 再確認 DSS フォルダがデスクトップに直接保存されている場合，作業ディレクトリを設定するには，Mac ユーザーであれば `setwd("~/Desktop/DSS")` を，Windows ユーザーであれば `setwd("C:/user/Desktop/DSS")`（*user* は自分のユーザー名）を実行しなければなりません．DSS フォルダが他の場所に保存されている場合，作業ディレクトリの設定方法については，1.7 節 (1) を参照してください．

```
dim(uas) # データフレームの次元を表示：行，列
## [1] 358   3
```

```
head(uas) # 最初の観察を表示
##   russian_tv pro_russian_vote within_25km
## 1          1                0           1
## 2          1                1           1
## 3          0                0           0
## 4          0                0           1
## 5          0                0           1
## 6          1                0           0
```

ご記憶かもしれませんが，私たちはロシア系テレビ放送を受信することが，2014年のウクライナ議会選挙で回答者が親ロシア政党に投票する確率に与える影響を推定することに関心がありました。当時，国境沿いには軍事要塞が存在していたため，国境に近い場所に住んでいることが交絡変数になることを懸念していました。

処置変数は，russian_tv，結果変数は，pro_russian_vote，交絡変数は，within_25km でした。平均処置効果を推定するために，以下の重回帰モデルを用いました：

$$pro\_russian\_vote_i = \alpha + \beta_1\, russian\_tv_i$$
$$+ \beta_2\, within\_25km_i + \epsilon_i \quad (i = 回答者)$$

ここで：

- $pro\_russian\_vote_i$ は，2014 年ウクライナ議会選挙で回答者 i が親ロシア政党に投票したかどうかを示す二値変数です。
- $russian\_tv_i$ は，回答者 i が住んでいる選挙区がロシア系テレビ放送を受信していたかどうかを示す処置変数です。
- $within\_25km_i$ は，回答者 i が住んでいる選挙区が国境から 25 キロメート

ル以内にあるかどうかを示す交絡変数です。
- ϵ_i は，回答者 i の誤差項です。

線形モデルを適合し，それをオブジェクトとして格納するために，次のように実行します：

```
fit <- lm(pro_russian_vote ~ russian_tv + within_25km,
        data=uas) # 線形モデルへの適合と格納
```

```
fit # オブジェクトの内容を表示
##
## Call:
## lm(formula = pro_russian_vote ~ russian_tv
## + within_25km, data=uas)
##
## Coefficients:
## (Intercept) russian_tv within_25km
##      0.1959      0.2876     -0.2081
```

上記の $\hat{\beta}_1$ の値に基づいて推定すると，国境に非常に近い場所に住んでいるかどうかを示す変数を一定にした場合，ロシア系テレビ放送を受信すると，(受信しない場合と比較して)回答者が親ロシア政党に投票する確率が平均で 29 パーセンテージポイント増加しました。

これは，母集団において(つまり，ロシアとの国境付近に住むウクライナ人すべてにおいて)，平均処置効果がゼロと異なることを意味するのでしょうか？ 統計的に有意な証拠があるかどうかを判断するために，仮説検定を使用します。

まず，ロシア系テレビ放送の受信がウクライナ人の投票行動に与える平均因果効果は母集団においてゼロであるという帰無仮説を設定します。言い換えれば，β_1 の真値をゼロとします(真の回帰係数というとき，推定値ではないの

で、「ハット」は使わないことに注意してください。私たちは、モデルが母集団に適合された場合に得られる値について説明しています）。数学的表記では次のようになります：

$$H_0 : \beta_1 = 0$$

次に、対立仮説を「真の係数は0ではない」と設定します。つまり、ロシア系テレビ放送の受信は、母集団において平均して、ウクライナ人が親ロシア政党に投票する確率を増加させたか減少させたということです。数学的表記では次のようになります：

$$H_1 : \beta_1 \neq 0$$

次に、公式7.3を用いて、以下のように推定された回帰係数 $\hat{\beta}_1$ の検定統計量を設定します：

$\hat{\beta}_1$ の検定統計量

$$z\text{ 統計量} = \frac{\hat{\beta}_1}{\hat{\beta}_1 \text{ の標準誤差}}$$

ここで：
- $\hat{\beta}_1$ は推定された回帰係数です。
- $\hat{\beta}_1$ の標準誤差は、複数の仮想の標本を想定して求められる回帰係数の推定標準偏差です。

ここでは、$\hat{\beta}_1$ の標準誤差の計算方法は複雑なので省略します。その代わりに、Rにどのように計算を指示するかに焦点を当てます。

そのために、推定された回帰係数の標準誤差を含む、適合線形モデルに関連するいくつかの統計量を計算する関数 summary() を使うことができます[21]。

---

21) **関数** summary()$coef は、適合線形モデルに関連する以下の統計量を含む表を示します：推定された回帰係数、標準誤差、検定統計量、両側検定の p 値。必須の引数は関数 lm() の出力です。例：fit <- lm(y_var~x_var, data=data) それから summary(fit)$coef。

関心のある統計量に注目するために，関数 summary() の出力から coef という要素のみを表示するようにRに指示することができます。これは，summary()$coef を実行することで行うことができます。括弧の中には関数 lm() の出力を含むオブジェクトの名前を指定します (データフレーム内の変数にアクセスするときは，$ という記号を使うことを再確認してください。一般的に，この記号はオブジェクト内の要素にアクセスするために使用できます)。例えば，次のように実行してみましょう：

```
## 適合モデルの統計量を示す表を表示
summary(fit)$coef
##                Estimate Std. Error  t value    Pr(>|t|)
## (Intercept)     0.1959    0.03458    5.666    3.032e-08
## russian_tv      0.2876    0.07652    3.758    2.000e-04
## within_25km    -0.2081    0.07681   -2.709    7.080e-03
```

上に示したように，Rは適合線形モデルに関連する統計量の表を表示します。最初の列は，次の推定係数です：$\hat{\alpha}$, $\hat{\beta}_1$, $\hat{\beta}_2$。2列目は，各係数の標準誤差を表します。3列目は，各係数の検定統計量の値です。最後に，4列目は関連する両側検定のp値を示しています[22]。

デフォルトでは，Rは中心極限定理を使用するのに十分な標本の観察数を仮定していないことに注意してください。その結果，帰無仮説のもとでの検定統計量の分布は，標準正規分布ではなく，t分布と呼ばれる分布になります。そのため，式は同じですが検定統計量の名前がz統計量からt統計量に変わります (Rはt統計量の観察値をt値と呼ぶことに注意してください)。標準正規分

---

22) **ヒント** Rの2.000e−04とはどういう意味でしょう ($\hat{\beta}_1$と関連付けられたp値を参照)？ これは0.0002000，つまり2.000×10^{-4}という意味です。数値が大きすぎたり小さすぎたりしてコンパクトに表示できない場合，Rは科学的記数法として知られるものを使用します。このときeは「掛ける10の〜乗」を表します。科学的記数法がどのように用いられるかを知るには，以下の例を参照してください：

$$2e+04 = 2 \times 10^4 = 20{,}000$$
$$0e+00 = 0 \times 10^0 = 0$$
$$2e-04 = 2 \times 10^{-4} = 0.0002$$

布と比較すると，t 分布も左右対称で釣鐘型ですが，裾野はより太いです。ここで R によって計算される p 値はわずかに大きく，その結果，(帰無仮説を棄却することに対して) やや保守的な推論になります。しかし標本が非常に小さくない限り，この差は通常無視できます (実際，標本の観察数が大きくなるにつれて，t 分布は標準正規分布に収束します)。結論を導くときは，この違いは無視して，上の表で R が示す p 値に基づけばよいのです。

私たちが関心を持つ統計量は，*russian_tv* の影響を表す推定係数である $\hat{\beta}_1$ に対応する統計量です。なぜなら，この場合，この係数は平均処置効果として解釈できるからです。

上の結果の表から，$\hat{\beta}_1$ に対応する検定統計量の値は 3.76 です。これは，確かに，$\hat{\beta}_1$ をその標準誤差で割ると得られる結果です (0.2876/0.0765 = 3.76)。

検定統計量の絶対値が 1.96 (5% 水準での臨界値) より大きいので，有意水準 5% で帰無仮説を棄却し，効果が統計的に有意であると判断する十分な証拠がすでにあります[23]。

それでも，対応する p 値を見てみましょう。上の表から $\hat{\beta}_1$ に対応する両側検定の p 値は 0.0002 です。したがって，帰無仮説が真であれば，(絶対値で) 3.76 以上の検定統計量を観察する確率は 0.02% です (0.0002 × 100 = 0.02%)。

---

[23] **ヒント** データを分析するために線形回帰モデルを適合したほとんどの研究では，推定係数とその標準誤差を以下のいずれかのような表で報告しています：

	推定係数	標準誤差
ロシア系テレビ放送の受信	0.2876	(0.0765)
25 キロメートル以内	−0.2081	(0.0768)
切片	0.1959	(0.0346)

または，複数のモデルが適合されている場合：

	モデル 1	モデル 2
ロシア系テレビ放送の受信	0.1191	0.2876
	(0.045)	(0.0765)
25 キロメートル以内		−0.2080
		(0.0768)
切片	0.1709	0.1959
	(0.0336)	(0.0346)

検定統計量は示されていませんが，推定係数を標準誤差で割ることで簡単に計算できます。標準誤差は，通常，括弧の中に表示されています。

p値は5%より小さいので，ここでも帰無仮説を棄却し，効果は5%水準で統計的に有意であると判断します。

つまり，調査に参加したウクライナ人だけでなく，ロシアとの国境近くに住む**すべての**ウクライナ人にとって，ロシア系テレビ放送を受信することは，2014年の議会選挙で親ロシア政党に投票する確率にゼロではない平均因果効果をもたらした可能性が高いという結論になります。

7.4 ● 統計的有意性と科学的有意性

よくある誤解は，統計的有意性が科学的有意性と同じであるというものです。今見てきたように，ある効果がゼロではないと考えられるとき，その効果は統計的に有意です。対照的に，効果が**科学的に有意**(scientifically significant)であるとは，その効果が重要な影響を及ぼすほどに大きい場合を指します。したがって，統計的に有意な結果が科学的に有意であるとは限りませんし，その逆もまた然りです。

仮に，学級の少人数化がテストの成績に，ゼロとは統計的に区別できるものの，ごくわずかな効果しかもたらさないことがわかったとしましょう。この効果は統計的には有意ですが，科学的には有意ではありません。この調査に基づけば，少人数学級化政策を実施するために，教育資源を教員の増員や教室の増設に振り向けることは推奨されないでしょう。

対照的に，プログラムの規模が小さいため，その効果はゼロと区別できないものの，補習プログラムに参加することで高校を卒業する確率が2倍になることがわかったとします。この効果は統計的には有意ではありませんが，科学的には有意です。この調査に基づけば，少なくともより多くの生徒を参加させて研究を拡大することが推奨されるでしょう。

通常，私たちは統計的にも科学的にも有意な結果を見つけることを目指しています。

7.5 ● まとめ

　本章では，関心のある未知の母集団における数量について，標本データを用いて推論することを学びました。まず，関心のある数量の真値を含む可能性の高い値の範囲を示す信頼区間を計算することを学びました。そして，平均因果効果が母集団においてゼロと異なりそうかどうかを調べる仮説検定を学びました。最後に，統計的有意性と科学的有意性の違いについて論じました。その過程で，第 2 章から第 5 章までの分析の一部の仕上げを行いました。特に，分析データの標本に含まれる観察だけでなく，対象の母集団に含まれるすべての観察に関する結論を導き出すことができるように，推定値の不確実性の程度を数値化しました。

　本章で，『新・社会科学のためのデータ分析入門　導入編』は終わりです。本書を通じて，データサイエンスと現実世界の重要な疑問に答えるためにデータサイエンスがどのように利用できるかに興味を持っていただけたなら幸いです。

訳者あとがき

『新・社会科学のためのデータ分析入門　導入編』は，今井耕介著 *Quantitative Social Science: An Introduction*（以下，QSS）の中から特に重要なトピックを厳選し，それらの理解を深めるために最適な題材を新たに選定して執筆された *Data Analysis for Social Science: A Friendly and Practical Introduction*（以下，DSS）の翻訳書です．本書の「新」は，QSS とは異なる題材が採用されていることを意味しており，本書を学び終えた後に QSS の翻訳書である『社会科学のためのデータ分析入門』（上下巻）を学習することで，新たな視点を得ながら理解をさらに深めることができます．

著者の今井耕介氏は，1975 年東京生まれで，2003 年にハーバード大学で博士号を取得後，プリンストン大学でのキャリアを経て，2018 年よりハーバード大学の政治学部および統計学部の教授を務めています．同年からは，世界の上位 1% に入る被引用数を誇る高被引用論文著者（highly cited researchers）に連続で選出されています．今井氏の専門は政治学方法論であり，特に因果推論と呼ばれる，データから事象の原因と結果を識別する手法の研究が専門です．最近では，機械学習を用いた選挙区割りの提案や，生成 AI の因果推論への応用などにも研究対象を広げています．詳細は今井氏のホームページ（https://imai.fas.harvard.edu）をご覧ください．また，後進の指導にも情熱的に取り組んでおり，2023 年には優れた大学院生指導により政治学部の大学院生団体から表彰されています．

もう一人の著者，エレーナ・ローデ氏は，バルセロナ大学を卒業後，2014 年にハーバード大学で博士号を取得しました．現在はボストンのサフォーク大学政治学・法学部の准教授として，必修科目であるデータ分析入門の授業を主に担当し，その功績により大学の革新的教育賞を受賞しています．ローデ氏のホームページ（https://scholar.harvard.edu/ellaudet）には，英語版ではありますが本書の学習を深めるためのさまざまな教材が掲載されているので，関心のある

方はぜひご覧ください。

　QSSの革新的な特徴は，確率論，統計的有意性といった数学的予備知識や根気が必要な内容をいきなり学ぶのではなく，平均の差の比較などの基礎的な概念を通じて，世界的に有名な研究で用いられたデータを実際に分析しながら，楽しく少しずつ学習を進められる点にあります。DSSやその翻訳書である本書もこの構成を踏襲し，さらに導入編としてRを初めて学ぶ方のために，約30の関数や演算子，記号のみを用いて実践的な体験ができるよう工夫されています。また，『社会科学のためのデータ分析入門』は上下計500ページを超え，まとまった時間をかけて取り組む必要がありますが，本書は約300ページで構成されているため，基本的トピックを効率よく習得したい方に最適です。ただし，このように基礎に重点を置きながらも，第7章はやや難易度が高いかもしれません。しかし，この章の内容は，本書の内容を習得した後に計量社会科学の学びをさらに深めるために非常に重要です。第7章を理解するためには，推定量や推定値といった専門用語の定義とその違いに注意し，実際には観察できない複数の標本を母集団から抽出する作業を頭の中でシミュレーションしてみてください。

　本書の翻訳にあたっては，以下の点を念頭に置きました。前回の翻訳書が刊行された際，QSSの内容がある程度本格的であったため，読者がやがて英語のテキストを読めるようになることを期待し，英語用語の理解を助けるためにカタカナ表記を多用しました。しかし，近年日本でもデータサイエンスが普及し，関連書籍や情報が多く出回るようになりました。この変化に伴い，処置や統制，潜在的結果といった専門用語の認知度も高まったと考え，本書では可能な限り日本語の定訳が存在する場合はそれを用いるようにしました。また，読者の混乱を避けるため，同一の英語用語には一貫した訳語を割り当てるよう努めました。例えば，「fit」という単語の訳語は「あてはめる」がわかりやすく一般的ですが，この訳を用いると「best fitted line」（最良適合直線）が「最良あてはめ直線」となり，馴染みのない表現になります。一方で，「あてはめ」と「適合」が同義であることは本書の読者には必ずしも明らかではないと思われますが，すべての場合で説明するのは現実的ではありません。したがって，このような場合には「適合（させる）」と訳語を統一しました。最後に，「比較可

能」など，さらなる説明が必要と判断される箇所には「訳者注」として脚注を加えたり，本文中に括弧書きで補足を入れたりしています．

　本書の刊行に際し，多くの方々にご協力いただきました．この場を借りて心より感謝申し上げます．まずは，本書の翻訳の機会を与えてくださったハーバード大学の今井耕介先生，サフォーク大学のエレーナ・ローデ先生に深く感謝いたします．学習院大学の麦山亮太先生および学生の皆様には，私の急なお願いにもかかわらず本書の訳稿に対して多くの有益なコメントをいただきました．学生アルバイトの田草川菫さんには，R コードの確認やクイックガイドの校正のお手伝い，さらには学生の立場からの参考になる意見を提供していただきました．岩波書店の皆様にはプリンストン大学出版局との折衝や必要資料の入手など翻訳作業を円滑に進めるためにご尽力いただきました．また担当編集者の彦田孝輔様には，昼夜を問わず私の質問に答えていただき，翻訳作業において常に支えてくださり，私の力不足を補ってくださいました．そして，妻の文さんには，子どもたちの進学や私の大学移籍などで忙しい中，いつも明るく支えてくれたことに感謝します．

　最後になりますが，私は日本において，経済学を除く計量社会科学の基礎学力を形成するためのカリキュラムの標準化が未だ発展途上であると感じています．QSS に続き，微力ながら DSS の翻訳をお引き受けしたのも，その理由によるところが大きいです．基礎知識の標準化は，日本の社会科学がさらに科学として発展し，国際的な研究水準に近づくために不可欠だと考えています．世界中の名だたる大学で教科書として採用された QSS と同様に，DSS も 2022 年 11 月に刊行されたばかりにもかかわらず，すでに世界中の多くの大学で教科書として使用されています．このことは，DSS が計量社会科学における初学者向け教材として，国際的に認められていることを示していると思います．本書を通じて，日本の学生が世界標準の知識を身につけ，国際的な舞台で活躍するための第一歩を踏み出せれば，これ以上の喜びはありません．

2024 年 11 月

原 田 勝 孝

事項索引

英数字

2 変量線形モデル　148
p.p.　→ パーセンテージポイント
p 値　256
RCT　→ 無作為化比較試験
SSR　→ 残差平方和
TSS　→ 総平方和
t 統計量　269
t 分布　269
z 統計量　255, 262, 268
z 得点　110, 212

あ 行

誤った申告　69
一部項目無回答　69
一様分布　88
因果関係　38
因果関係を示す言い回し　60, 168, 176
因果効果　37, 40, 155, 247, 265
因果推論　37
因果推論の仮定　60, 156
因子変数　→ カテゴリ変数

か 行

回帰係数　240
回帰直線　121
外挿　134
外的妥当性　187
確率　193
確率分布　197
確率変数　197

確率密度関数　203, 204
仮説検定　254
片側検定の p 値　257
傾き　125
傾きの係数　125
カテゴリ変数　33
観察　26
観察研究　52
観察結果　120
観察単位　26
観察データ　52
観察データに基づく研究　187
関心のある数量の説明　37, 155, 233, 246, 262, 265, 271
関心のある数量の測定　65, 233, 242
関心のある数量の予測　117, 233, 250
記述統計　93
期待値　216
帰無仮説　254, 262, 267
許容誤差　245
クロス集計表　→ 二元度数表
係数　124, 126, 170, 171, 175, 184, 265
結果　194
結果変数　38, 118
決定係数　146, 191
現実の結果　43
検定統計量　255, 262, 268
検定の水準　258
交絡因子　157
交絡変数　157
公理　194
個別因果効果　40, 41

さ 行

再現性　242, 259
最小 2 乗法　128
最良適合直線　108, 120, 121, 127
残差　→ 予測誤差
残差平方和　128, 147
散布図　103
試行　194
事象　194, 197
自然対数　137
実験データに基づく研究　187
シミュレーション　200, 205, 225
重回帰モデル　148, 174
従属変数　38, 118
処置群　48
処置群の平均結果　51
処置後変数　177
処置条件　39
処置変数　38
処置前の特徴　48
信頼区間　240
推定誤差　236
推定値　234
推定量　234
数値変数　28
正規確率変数　202
正規分布　202
絶対値　263
切片　124
切片の係数　124
線形回帰　121
線形関係　107, 109
線形モデル　121, 148, 174
全項目無回答　69
潜在的結果　41
相関　107, 148

相関係数　107, 148
総平方和　147
測定単位　33, 60, 135, 166, 170, 171, 184

た 行

第 1 種の過誤　259
対数-対数線形モデル　141, 151
大数の法則　217
対数変換　137
代表的な標本　66
大標本の定理　217
対立仮説　254, 262, 268
互いに排反な事象　195
ダミー変数　28
単回帰モデル　121, 148
中央値　94
抽出枠　69
中心極限定理　222
データフレーム　25
適合線形モデル　122, 126, 174
適合直線　126
統計的統制　174
統制群　48
統制群の平均結果　51
統制条件　40
独立変数　38, 118
度数表　73

な 行

内的妥当性　187
二元度数表　81
二元比率表　83
二値変数　28, 39, 198

は 行

パーセンテージの変化　61, 142
パーセンテージポイント　61, 75, 166, 170,

179, 182, 184, 186, 245, 267
パーセンテージポイントの変化　61, 142
バイアス　→ 平均推定誤差
背理法　254
パラメーター　216
反事実の結果　43
ヒストグラム　85
非線形関係　114
非二値変数　29, 40, 202
非復元抽出　200
標準化　212
標準化推定量　239
標準化変数　212, 239
標準誤差　235
標準正規分布　208
標準偏差　96
標本　66
標本空間　195
標本統計量　216
標本分散　216
標本分布　228, 235
標本平均　216, 228, 242
標本変動　217
比率　34
比率表　74
頻度論的解釈　193
復元抽出　200
不偏推定量　237
分散　99
平均　31, 94

平均因果効果　45
平均処置効果　45
平均推定誤差　237
平均の差推定量　50, 164, 166, 246, 262
ベイズ的解釈　194
ベルヌーイ分布　198
変数　26
母分散　216
母平均　216

ま 行

密度関数　→ 確率密度関数
密度ヒストグラム　88
無回答　69
無作為化実験　47, 161
無作為化比較試験　47
無作為処置割り当て　47, 189
無作為抽出　67, 189
文字変数　28

や 行

有意水準　258
予測結果　119, 250
予測誤差　120, 128
予測変数　118

ら 行

両側検定の p 値　256
臨界値　259
累積分布関数　207, 210

数学的表記索引

α	122, 174
$\hat{\alpha}$	122, 124, 170, 175
β	122
β_j	174
$\hat{\beta}$	122, 125, 167, 170, 184
$\hat{\beta}_1$	176, 178, 179, 186, 265, 268
$\hat{\beta}_1$ の標準誤差	268
$\hat{\beta}_j$	175
Δ	41
ΔX	125
ΔY_i	41, 46
$\Delta \hat{Y}$	125, 136
ϵ_i	122, 174
$\hat{\epsilon}$	120
$\hat{\epsilon}_i$	123
θ	254
μ	202, 204, 205, 208, 213
π	204
Σ	32
σ	202, 204, 208, 213
σ^2	202, 204, 205, 208, 213
Ω	195, 196
$\approx$	199
$\sim$	202, 205, 208, 213
$\stackrel{approx.}{\sim}$	222
$\rightarrow$	39, 157, 172, 176
$cor(X, Y)$	107, 111, 148
$\mathbb{E}$	216, 223, 237, 238, 262
$\mathbb{E}(X)$	216, 218, 222, 228
$\mathbb{E}[Y_i(X_i = 1) - Y_i(X_i = 0)]$	262
e	137, 204
H_0	254
H_1	254
i	26
$\log(X)$	137
N（正規分布）	202, 205, 208, 213, 222
N（母集団の観察数）	66
$N(0, 1)$	207, 208, 213, 222, 239, 240, 255
n	30, 32, 46, 66, 218, 222, 244
$n_{処置群}$	248, 263
$n_{統制群}$	248, 263
P	195
p	198
R^2	146, 191
$sd(X)$	96
SSR	128, 147
TSS	147
$\mathbb{V}$	216, 223, 238
$\mathbb{V}(X)$	216, 222, 228
$var(X)$	99, 216
$var(Y)$	244
$var(Y_{処置群})$	248, 262

$var(Y_{統制群})$ 248, 262

X（確率変数）   27, 198, 202, 205, 213, 218, 222, 228
X（処置変数）   38, 157
X（予測変数）   118
X_1（処置変数）   176
$X_2, \ldots, X_p$（統計的統制）   176
X_i 27, 32, 122
X_{ij} 174, 175
$\overline{X}$ 32, 96, 216, 218, 222, 228
x   198, 204

Y 38, 118, 120, 157
Y_i 122, 174
$Y_i(X_i = 0)$ 41, 262
$Y_i(X_i = 1)$ 41, 262
$\overline{Y(X = 0)}$ 50
$\overline{Y(X = 1)}$ 49
$\overline{Y}$ 244

$\overline{Y}_{処置群}$ 51, 248, 262
$\overline{Y}_{統制群}$ 51, 248, 262
$\overline{Y}_{処置群} - \overline{Y}_{統制群}$ 51, 166, 248, 262
$\hat{Y}$ 119, 120, 125, 135, 251
$\hat{Y}_i$ 122, 174

Z（交絡変数）   157
Z（標準正規確率変数）   208, 212, 240
Z_i^X 110
z^{obs} 256
z   209

真値   236-239
推定誤差$_i$ 236
推定値$_i$ 236-238
推定量   238, 239, 241, 255
標準誤差   238, 239, 241, 255
標準誤差^2 238
変数名   32

RとRStudio索引

" 15
- 11
~ 132
() 17
* 11
+ 11
, 18
/ 11
<- 13
^ 100
== 53, 55
[] 57, 226, 231, 248
19
12
$ 30, 54, 56, 73, 133, 269

abline() 105, 134
abs() 264

c() 200, 225
cor() 113
CSVファイル 22

data 133
data.frame() 253
dim() 29

Error in plot.new(): figure margins too large 86, 131
exclude 76

FALSE 15, 53, 91

for(i in 1:n){} 226, 229
freq 91

Google 15

h 106
head() 24
hist() 86, 91

ifelse() 55, 72
interval 253

level 253
lm() 132, 133, 141, 169, 178
log() 137

margin 84
mean 205, 210
mean() 32
median() 95

n 25
NA 15, 76
na.omit() 78
na.rm 77
newdata 253
nrow() 244
NULL 15, 76

plot() 104, 131
pnorm() 210
predict() 253

print()　　230
prob　　218
prop.table()　　74, 83, 201

read.csv()　　22
replace　　218
rnorm()　　205
Rエラー　　9, 15, 19, 20, 23, 86, 106, 131, 135, 227
R関数　　16, 17
Rコンソール　　9
Rスクリプト　　9

sample()　　200
sd　　205, 210
sd()　　98
setwd()　　21
size　　218
sqrt()　　18
Stack Overflow　　15
summary()$coef　　269

table()　　73, 82, 201
TRUE　　15, 53, 77, 218
t値　　269

v　　106
var()　　100
View()　　23

x　　104

y　　104

エラー：オブジェクトがありません　　15
環境　　9
作業スペース　　14, 20
作業ディレクトリ　　21
実行アイコン　　11
引数　　17
プロットタブ　　10, 86
ヘルプタブ　　10
割り当て演算子　　13

エレーナ・ローデ

サフォーク大学政治学・法学部准教授。
2000年バルセロナ大学卒業。ハーバード大学より修士号(2008年，政治学)および博士号(2014年，政治学)取得。専門・関心領域は，政治学方法論，選挙，教育。ニューヨーク大学スクール・オブ・ローのブレナン司法センターの博士研究員，ハーバード大学の計量社会科学研究所の研究員を経て，2016年よりサフォーク大学政治学・法学部助教授。2023年より現職。

今井耕介（いまい こうすけ）

ハーバード大学政治学部，統計学部教授。
1998年東京大学教養学部卒業。ハーバード大学より修士号(2002年，統計学)および博士号(2003年，政治学)取得。専門は，応用統計学，計量社会科学，政治学方法論。前任のプリンストン大学では2003年から15年間にわたり教鞭をとり，統計・機械学習プログラムの初代ディレクターを務めた。2017年から2019年まで国際政治学方法論学会会長。2018年より現職。

原田勝孝

東北大学大学院情報科学研究科准教授。
シカゴ大学より博士号(公共政策)取得。専門は，計量政治学，歴史政治経済学。ニューヨーク大学スタインハート文科教育大学院博士研究員，政策研究大学院大学政策研究科助教授などを経て，2024年より現職。

新・社会科学のためのデータ分析入門 導入編
　　　　　　　　　エレーナ・ローデ，今井耕介

2025年1月30日　第1刷発行

訳　者　原田勝孝（はらだ まさたか）
発行者　坂本政謙
発行所　株式会社 岩波書店
　　　　〒101-8002 東京都千代田区一ツ橋2-5-5
　　　　電話案内 03-5210-4000
　　　　https://www.iwanami.co.jp/
印刷製本・法令印刷

ISBN 978-4-00-061677-5　　Printed in Japan

因果関係，測定，予測という大きなテーマのもと，
豊富な分析事例をつうじて
計量社会科学の魅力を理解する基本編

社会科学のためのデータ分析入門［上］

今井耕介
粕谷祐子，原田勝孝，久保浩樹 訳
A5 判・272 頁・定価 2860 円

テキスト，ネットワーク，地理データの分析といった
新たな分野を取り上げるほか，
確率論や統計理論の基礎もカバーする応用編

社会科学のためのデータ分析入門［下］

今井耕介
粕谷祐子，原田勝孝，久保浩樹 訳
A5 判・308 頁・定価 2970 円

———— 岩波書店刊 ————
定価は消費税 10% 込です
2025 年 1 月現在